U0839265

·山东大学法学学科复办四十周年系列丛书·

法　潮

——山东大学法学院校友风华录

主　　编｜杜言敏　周长军
副 主 编｜满洪杰　邹永厚
执行主编｜陈炳蔚　杨小超

山东大学出版社

图书在版编目(CIP)数据

法潮:山东大学法学院校友风华录/杜言敏,周长军主编.—济南:山东大学出版社,2020.11
(山东大学法学学科复办四十周年系列丛书)
ISBN 978-7-5607-6783-3

Ⅰ.①法… Ⅱ.①杜…②周… Ⅲ.①山东大学—校友—生平事迹 Ⅳ.①K820.7

中国版本图书馆CIP数据核字(2020)第225197号

责任编辑 王桂琴
封面设计 王 艳

出版发行 山东大学出版社
社 址 山东省济南市山大南路20号
邮政编码 250100
发行热线 (0531)88363008
经 销 新华书店
印 刷 济南乾丰印刷有限公司
规 格 720毫米×1000毫米 1/16
21印张 384千字
版 次 2020年11月第1版
印 次 2020年11月第1次印刷
定 价 67.00元

前言

法学英才济四海，归来仍是山大人。

山东大学的法学教育起源于20世纪初山东法政学堂、山东法律学堂两所法律学校的设立。1906年，山东巡抚杨士骧、提学使连甲筹议创设山东法政学堂，先后设立速成科、讲习科、审判夜班、财政夜班、别科等学科；1912年，山东法政学堂更名为山东第一法政学校。山东法律学堂则是山东提法使司1910年创办的以养成司法官吏为目的的学堂，学校设别科一科，于1912年更名为山东第二法政学校。1913年，两校合并，成立山东公立法政专门学校；1914年，学校设法律本科。1926年，山东省政府主席张宗昌将包括山东公立法政专门学校在内的山东六个公立专门学校合并，重新申办“省立山东大学”，开设法学院，下设有法律系，山东大学正式开始了自己的法学教育。1928年，济南“五三”惨案发生后，省立山东大学停办。嗣后，山东大学虽然复办，但法学教育陷入停顿状态。直至1980年，山东大学在科学社会主义系开设法学专业，招收首届法律大专班，才开启了现代意义上的山东大学法科教育。

时光荏苒，岁月如歌。倏忽间，近半个世纪已经悄然走过。四十年来，从1980年的法律大专班到1981年的法学本科招生，再到1985年的法学硕士研究生招生，发展到1999年的法律硕士专业学位研究生招生和2001年的法学博士研究生招生。四十年来，山东大学法学学科为国家和社会培养各类法学人才数十万人。他们中有刻苦钻研、潜心治学的专家学者，也有法安天下、克己奉公的政界贤达；有手持利剑、守望正义的司法精英，也有商海弄潮、实业报国的企业领袖；更有无数校友在各自的工作岗位上埋头苦干、默默耕耘，他们遍布世界各地、驰骋大江南北，成为构建祖国繁荣局面的基石和支撑民族时代精神的栋梁。四十个春秋，一代代山大法学人薪火相传、青蓝续接，春晖永在、教泽长存。

2020年是山东大学法学学科复办四十周年。为凝聚校友情谊、助力学院发展,法学院于2019年成立校友工作室并组建校友寻访团队。通过翻阅档案、查询网络等方式检索并整理法科复办四十载以来的学生名册、信使推荐、学院商议,确定了校友寻访名单。2019年7月以来,寻访团队以"采访一个人,代表一类人,影响一群人"为宗旨,采取线上线下相结合的方式,前往济南、青岛、烟台等山东省内10余地市及上海、南京、平顶山等省外城市拜访校友近70位。寻访团队整理访谈稿118万字,前后历经多次讨论、数次修改,最终形成20余万字的校友风华录,在此基础上编成本书。本书共分两部分:一是校友故事。62位校友(以入学年份为序)回忆山大故事、讲述职业经历、分享人生经验,充分展现了我院校友对"学无止境,气有浩然"校训和"崇实求新"校风的传承,以及在各自工作岗位上无私奉献、追求卓越的靓丽风采。二是校友寄语。受新冠肺炎疫情影响和疫情防控要求所限,寻访团队未能对北京、武汉等国内外的大批优秀校友进行访谈,因而我们以校友寄语的形式进行了一定的弥补。在此部分,30位校友(以姓氏笔画为序)吟诗作赋、抒发感想,表达了对学院的感激之情与发展期许、对在校学子的殷切勉励。阅读每一个故事,欣赏每一份寄语,都是与不同灵魂的相遇,从中感受四十年法学教育的成就,领略校友的职业风采和睿智思考。需要说明的是,囿于访谈准备的时间较短以及寻访团队的人力有限,无论是联系校友的范围,还是访谈稿件的写作,都存在着诸多的缺憾和不足,只能留待将来弥补,在此也请校友们予以理解。

山魂海韵,历史风华,人才济济,遍布华夏。学院今后将不断加强校友工作室的力量,常态化开展校友访谈、校友论坛等活动,为各行各业的校友提供更为细心、细致和到位的服务。参天大树,必有其根;滔滔江水,必有其源。学在山大,春风化雨,学院为学子提供成长平台;步入社会,饮水思源,学子为学院发展贡献力量。恳请广大校友继续关心、关注和支持学院的发展,积极建言献策;欢迎大家"常回家看看",畅叙情谊,共话未来。

"凡我在处,便是山大。"站在新的历史起点,让我们以时不我待、只争朝夕的精神状态,精诚团结、追求卓越,为学院的美好明天努力奋斗!祝愿广大校友身体健康,事业顺遂,生活幸福!

山东大学法学院党委书记　杜言敏

山东大学法学院院长　周长军

2020年11月于青岛

目录

·校友寄语·

·校友故事·

校友寄語

于玉

- 山东大学法学院 1987 级本科生、1996 级硕士研究生、2004 级博士研究生
- 枣庄市委副书记、峄城区委书记

时光荏苒，离开母校已二十九载。我欣喜地看到，法学院悠悠四十载，弦歌不辍、桃李芬芳。值此四十周年之际，祝山大法学院继往开来、再书华章！

一代人有一代人的长征，一代青年有一代青年的担当。愿广大法学学子，“铁肩担道义，所为是苍生”，德法兼修、胸怀天下，以法律人的担当建功新时代、奋进新征程！

时光荏苒，离开母校已二十九载。我欣喜地看到，法学院悠悠四十载，弦歌不辍、桃李芬芳。值此四十周年之际，祝山大法学院继往开来、再书华章！

一代人有一代人的长征，一代青年有一代青年的担当。愿广大法学学子，“铁肩担道义，所为是苍生”，德法兼修、胸怀天下，以法律人的担当建功新时代、奋进新征程！

校友签名：于玉

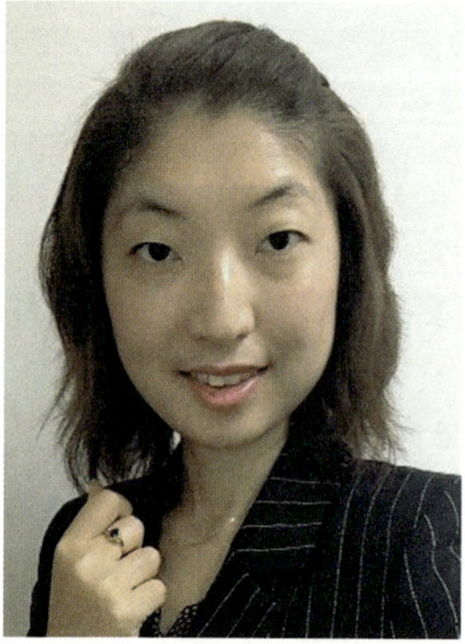

于佳佳

- 山东大学法学院2001级本科生
- 上海交通大学凯原法学院副教授

感谢师恩，时光流转，我成了您，教书育人，上下求索，初心永固。

——于佳佳

于晓东

- 山东大学法学院 1986 级本科生
- 临沂市中级人民法院党组书记、院长

三十四年弹指一挥间，缘结山大受益博远。“气有浩然，学无止境”的校训与我同行、催人奋进。法科复办四十年栉风沐雨，学院成长沧桑巨变。从泉城到琴岛，山大逐梦蓝海，法科学子外不寄傲，内润琼瑶，如彼潜鸿，扶羽云霄。祝愿法学院更加包容开放，胸怀大海，览胜法林，成为法学人才的摇篮、前沿学科的地标。

三十四年弹指一挥间，缘结山大受益博远。法科复办四十年栉风沐雨，学院成长沧桑巨变。从泉城到琴岛，山大逐梦蓝海，法科学子外不寄傲，内润琼瑶，如彼潜鸿，扶羽云霄。祝愿法学院更加包容开放，胸怀大海，览胜法林，成为法学人才的摇篮、前沿学科的地标。

校友签名：

万永海

- 山东大学法学院1981级本科生
- 最高人民法院刑四庭副庭长

广袤齐鲁，山水圣人；百年山大，华彩绽放。我作为山东大学法学院法科复办后的第一届本科生，曾在千佛山下，趵突泉畔，栉风沐雨，受益四载，收获多多，感慨多多！斗转星移，春华秋实。值此山大法科教育复办四十周年之际，真诚期冀亲爱的母校，继续秉持“立心”“请命”“继绝学”“开太平”的办学宗旨，多元包容、兼收并蓄，广纳大师、广育英才、广结硕果，尽早跻身世界一流法科教育院校行列！衷心祝愿山大法科教育事业越办越兴旺发达！山大法学院的明天更美好！

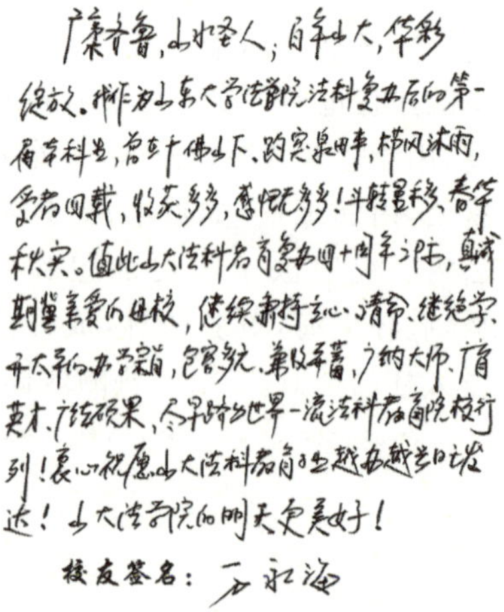
广袤齐鲁，山水圣人；百年山大，华彩绽放。我作为山东大学法学院法科复办后的第一届本科生，曾在千佛山下、趵突泉畔，栉风沐雨，受益四载，收获多多，感慨多多！斗转星移，春华秋实。值此山大法科教育复办四十周年之际，真诚期冀亲爱的母校，继续秉持立心、请命、继绝学、开太平的办学宗旨，包容多元、兼收并蓄，广纳大师、广育英才、广结硕果，尽早跻身世界一流法科教育院校行列！衷心祝愿山大法科教育越办越兴旺发达！山大法学院的明天更美好！

校友签名：万永海

王钦杰

- 山东大学法学院 2006 级博士研究生
- 聊城市人民检察院党组书记、检察长

四十年栉风沐雨，四十载春华秋实。山东大学法学学科复办四十年来，为国家培育了一批批栋梁之材。2006 年 9 月至 2009 年 7 月，我有幸在此度过了三年博士求知学涯。每当在法治实践道路上有幸得以收获时，我都由衷地感恩法学院的哺育；无论身处何方，我都密切关注着法学院的建设和发展。值此山东大学法学学科复办四十周年之际，我谨献上诚挚的祝福，衷心祝愿山大法学院蓬勃发展、蒸蒸日上；各位老师身体健康、平安顺遂；在校学弟学妹们学业进步、早日成才！

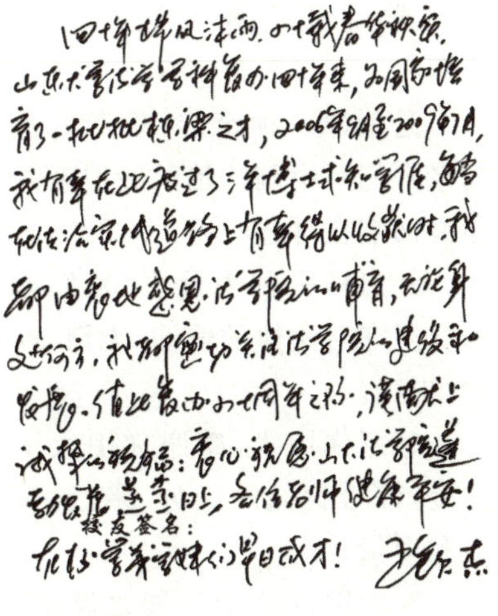

王蓓菁

- 山东大学法学院1995级本科生
- 北京坤杰律师事务所主任

是怎样一种缘分，让我从此刻上山大人的烙印。

是怎样一种幸运，得以在山大法学院开启我的法律践行之路。

是怎样一种牵绊，阶梯教室内老师们对中国法治的殷殷期盼始终回响在耳边。

是怎样一种力量，使我们有勇气坚守对法律的信仰，无悔，前行，更美。

感谢你山大，感谢你山大法学院，带给我们的缘分、幸运、牵绊和力量。

在中国的法治发展之路上，愿你取得更多的成绩与荣耀！

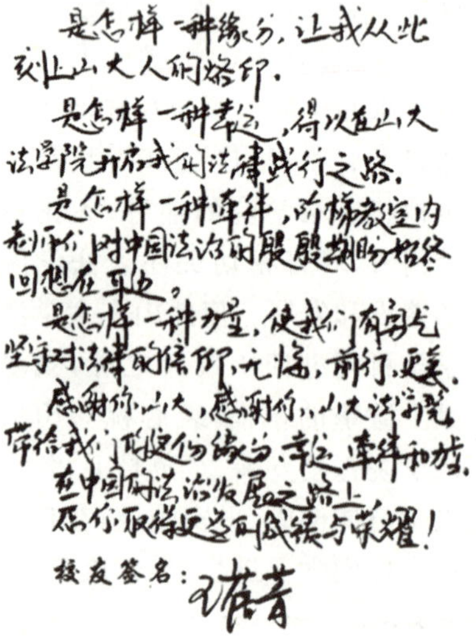

王雷

- 山东大学法学院2002级本科生
- 中国政法大学民商经济法学院副教授、博士生导师

一堂师友

山水一程，
风雨一更。
一堂师友，
琢磨磋切。
迷时师渡，
悟时自渡。

《一堂师友》
山水一程，
风雨一更。
一堂师友，
琢磨磋切。
迷时师渡，
悟时自渡。
*2002级校友王雷草拟小诗一首，感念师生情、同窗谊，谨贺母校山东大学法学院新岛日时！

校友签名：

王新建

- 山东大学法学院 2006 级硕士研究生
- 菏泽市人民检察院党组书记、检察长

三年山大求学路，一生山大校友情，让自己更加热爱法律，更加钟情检察事业。今后岁月，我定守住初心，不负恩师教诲。祝福母校桃李满天下，祝愿老师们身体健康、万事如意！

三年山大求学路，一生山大校友情，让自己更加热爱法律，更加钟情检察事业。今后岁月，我定守住初心，不负恩师教诲。祝福母校桃李满天下，祝愿老师们身体健康、万事如意！

校友签名：王新建

冯瑞

- 山东大学法学院1989级本科生、2001级硕士研究生
- 国家自然资源督察南京局分党组书记、局长

山东大学法科教育四十年薪火相传，硕果累累。作为一名曾经的山大法科学子，倍感自豪，深怀感恩。当前，全面依法治国已纳入“四个全面”战略布局，法科教育在新时代迎来大好机遇。潮平两岸阔，风正一帆悬。祝愿母校乘“法治中国”建设之东风，蒸蒸日上，桃李芬芳，蓬勃发展，再创辉煌，“为天下储人才，为国家图富强”。希望在校学子志存高远，脚踏实地，德法兼修，不负韶华，为学院增光，为国家献力！

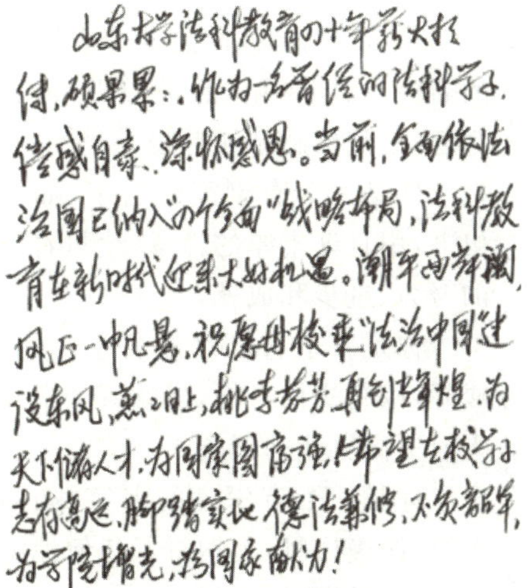

山东大学法科教育四十年薪火相传，硕果累累。作为一名曾经的法科学子，倍感自豪、深怀感恩。当前，全面依法治国已纳入“四个全面”战略布局，法科教育在新时代迎来大好机遇。潮平两岸阔，风正一帆悬，祝愿母校乘“法治中国”建设东风，蒸蒸日上，桃李芬芳，再创辉煌，“为天下储人才，为国家图富强”。希望在校学子志存高远，脚踏实地，德法兼修，不负韶华，为学院增光，为国家献力！

校友签名：冯瑞

巩海滨

- 山东大学法学院 1988 级本科生、2001 级硕士研究生
- 镇江市委副书记、统战部部长

山大法学院，你是一个有温度的名字，如同冬阳，照进心田，每每念起，总是倍感亲切温暖。

你是一个有刻度的名字，如同史书，用日渐丰厚的篇章，续写着你的努力、进步和成就。

你是一个有高度的名字，如同峻峰，以其雄伟挺拔，成就每个学子飞向更高更蓝的天空。

你是一个有深度的名字，如同大海，深邃广阔，容纳得了任何惊涛骇浪，任世事风吹浪打。

我爱你，山大法学院，走进你，就拥有了美好。

山大法学院，你是一个有温度的名字，如同冬阳、照进心田，每每念起，总是倍感亲切温暖；你是一个有刻度的名字，如同史书，用日渐丰厚的篇章，续写着你的努力进步和成就；你是一个有高度的名字，如同峻峰，以其雄伟挺拔，成就每个学子飞向更高更蓝的天空；你是一个有深度的名字，如同大海，深邃广阔，容纳得了惊涛骇浪，任世事风吹浪打。我爱你，山大法学院，走进你，就拥有了美好。

校友签名：

88级学生

吕涛

- 山东大学法学院2007级博士研究生
- 山东政法学院院长、教授、博士生导师

法律人不同于一般的社会人，应当秉持四颗“心”：

秉持公心。法律乃公器，法律人要始终保持对法律的敬畏和信仰，把公心挺在前面。

秉持良心。法律人有良心，法律才会有温度、有尊严，才能让人民群众从每一个司法案件中都能感受到公平正义。

秉持忠心。忠于事实、忠于法律，是法律人最基本的职业操守。追求真理，是法律人的使命。

秉持民心。法律人要牢固树立“以人民为中心”思想，为公民权利代言，让人民群众回归法治的主体地位。

——吕涛

刘士国

- 山东大学法学院 2001 级博士研究生
- 复旦大学法学院教授、博士生导师

山东大学法学院法学学科复办四十周年，其间，我在山东大学工作学习 11 年，见证了山大法学硕士点、博士点从无到有的创立。这一期间，山东大学法学院获得快速发展，成为国内最好的法学院之一。我深深怀念昔日的同事和同学，也衷心祝福现今工作在山大法学院的各位老师和正在学习的各位同学在优美的青岛校区生活、学习愉快！祝山大法学院对标国际一流标准，解放思想，务实创新，在不断前进的征程中再创辉煌！

——刘士国

刘晓

- 山东大学法学院1988级本科生
- 南开大学历史学院教授、博士生导师

山东大学法学院是我求学之路的第一个重要舞台。四年的学习生活虽然短暂，但却留下太多美好记忆，太多难以割舍的情怀。绿树成荫的小路，留下了我们青春的脚步，小桥流水潺潺，是我们激情岁月的回响。时光荏苒，岁月如梭，当年青春年少、懵懂无知的我早已过知命之岁，桃李满天下、春晖遍四方的法学院也将迎来四十周年华诞。值此金秋时节，丹桂飘香，衷心祝愿我们的法学院繁荣昌盛，人才辈出，再谱华章，再续辉煌。

山东大学法学院是我求学之路的第一个重要舞台。四年的学习生活虽然短暂，但却留下太多美好记忆，太多难以割舍的情怀。绿树成荫的小路，留下了我们青春的脚步，小桥流水潺潺，是我们激情岁月的回响。时光荏苒，岁月如梭，当年青春年少、懵懂无知的我早已过知命之岁，桃李满天下、春晖遍四方的法学院也将迎来四十年华诞。值此金秋时节，丹桂飘香，衷心祝愿我们的法学院繁荣昌盛，人才辈出，再谱华章，再续辉煌。

校友签名： 刘晓

孙英

- 山东大学法学院 1999 级硕士研究生
- 枣庄市中级人民法院党组书记、院长

法科复办四十载，铿锵坚定亦芳华。

洪楼钟声犹在耳，海风拂面共清欢。

往昔谆谆教诲之，而今桃李满天下。

谨祝山东大学法学院再谱华章、再续辉煌，期待各位老师培育更多法治栋梁，希望各位学弟学妹秉持法治初心、笃定法治理想，共做法治路上的追梦者，以青春之我，为中国法治建设贡献应有力量。

法科复办四十载，铿锵坚定亦芳华。洪楼钟声犹在耳，海风拂面共清欢。往昔谆谆教诲之，而今桃李满天下。谨祝山东大学法学院再谱华章、再续辉煌，期待各位老师培育更多法治栋梁，希望各位学弟学妹秉持法治初心，笃定法治理想，共做法治路上的追梦者，以青春之我，为中国法治建设贡献应有力量。

校友签名：孙英

孙富军

- 山东大学法学院 1988 级本科生
- 山东省农村信用社联合社党委副书记

风华正茂，更上层楼。

风华正茂
更上层楼
贺母校法学学科
复办四十周年

校友签名：孙富军

李建新

- 山东大学法学院1981级本科生
- 青岛市人民检察院党组书记、检察长

山大法学四十年，法治进程见证者。

我学习的最大收获是思维方式和思想方法。

山大法学四十年，
法治进程见证者。
我学习的最大收获
是思维方式和思想
方法。
——与诸校友共勉

校友签名：李建新

杨光忠

· 山东大学法学院 1987 级本科生
· 中共山东省纪委常委

时光荏苒，离开母校法学院已近三十个春秋。这里曾经是我触碰梦想的地方，而我的内心也被深深植入了公平和正义的法治理念和信仰。“三十功名尘与土，八千里路云和月”，在组织的培养下，我从青春少年到华发初生，从意气奋发到成熟稳重，唯一不变的是法学院赋予我的公平与正义的法治信仰。一路走来，我见证了国家监察体制的改革，正在经历着国家治理体系与治理能力现代化建设，法治文明正在社会各界开花结果。在山东大学法学学科复办四十周年之际，我为母校法学院献上最诚挚的祝福，祝福我们的法学院养天地正气，法古今完人，为新时代中国的法治建设培育出更多更优秀的法律人才。

——杨光忠

宋文娟

- 山东大学法学院 1987 级本科生、2000 级硕士研究生
- 济南市人民检察院党组书记、检察长

四十年砥砺奋进，四十年春华秋实。法学学科复办以来，山东大学法学院始终秉持法治初心、牢记法学使命，潜心法学研究、培育法律英才，精神薪火相传、事业蓬勃发展，在建设社会主义法治国家的伟大征途上镌刻下了鲜明印记。四十年，踏遍青山人未老，恰是风华正茂。在庆祝复办四十周年之际，衷心祝福沐浴百年山大山魂海韵的法学院，恰似山的巍峨、海的壮阔，蒸蒸日上、跨越发展，屹立全国前列，争创世界一流；衷心祝愿莘莘学子，以闻鸡起舞之志、日夜兼程之行，为新时代全面依法治国激扬青春、贡献力量。

40年，砥砺奋进铸辉煌，风华正茂续华章。衷心祝愿山大法学院：秉持法治初心，弘扬法治精神，学科蓬勃发展，事业薪火相传，为新时代全面依法治国贡献山大智慧和山大力量。

校友签名：宋文娟

张成武

- 山东大学法学院 1985 级干部培训班
- 山东省高级人民法院党组成员、副院长

久陷实务，法理无进，每遇疑案，唯索三十年前之师教。法学复科四十年之际，以己憾告学友，当惜在校光阴，基础尤重。

祝愿：法学院学术昌盛，老师幸福安康，学友学习进步！

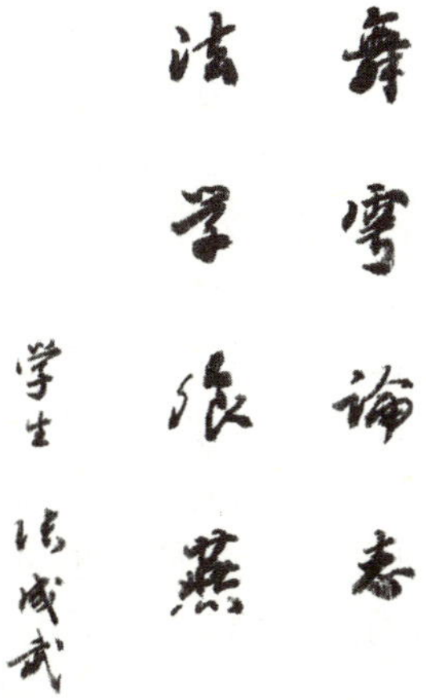

张伟

- 山东大学法学院 2003 级硕士研究生
- 威海市人民政府副市长

虽然已经毕业了好多年，但母校“学无止境，气有浩然”的校训始终萦绕在我的耳边，时刻提醒我坚持学习，努力工作。

正如习总书记所说，世界正处于百年未有之大变局，国际格局和国际体系正在发生深刻调整，全球治理体系正在发生巨大变革，国际力量对比正在发生革命性变化。作为山大学子，要积极践行母校“为天下储人才”的办学理念，勠力上国，流惠下民，建永世之业，刻金石之功，为法治中国建设贡献自己的力量！

作为山大学子，要积极践行母校“为天下储人才”的办学理念，戮力上国，流惠下民，建永世之业，刻金石之功，为法治中国建设贡献自己的力量！

校友签名：張伟

张爱云

- 山东大学法学院 1981 级本科生
- 济南市中级人民法院党组书记、院长

笃行四秩，胸怀山海。山东大学法学学科复办四十周年是法学院发展史上的重要里程碑，也是山大法律人谱写法治理想华章的新起点。作为山东大学法学学科复办后的第一届本科毕业生，我深感骄傲和自豪。衷心祝愿山大法学院乘势而上、行稳致远，为推进法治中国建设培育更多栋梁之材。

——张爱云

陈金钊

· 华东政法大学科学研究院院长、教授、博士生导师

文化底蕴深厚的山东大学，是促进我学术成长的最重要平台，希望我们的法学院创造更多辉煌。

文化底蕴深厚的山东大学，是促进我学术成长的最重要平台，希望我们的法学院创造更多辉煌。

校友签名： 陈金钊

姚潜迅

- 山东大学法学院1983级本科生
- 山东省人大常委会委员、法工委主任

临江仙·春日偶成

山外佳期都过了，
信乎山里飘香。
半层岭上半层凉。
枝高未可扳，
只合晒春阳。
去尽青丝来尽苍，
记曾年少疏狂。
老龙磨角理残妆。
饱听风雅颂，
不解有何妨。

临江仙·春日偶成
山外佳期都过了，
信乎山里飘香。
半层岭上半层凉。
枝高未可扳，
只合晒春阳。
去尽青丝来尽苍，
记曾年少疏狂。
老龙磨角理残妆。
饱听风雅颂，
不解有何妨。

校友签名：姚潜迅

栗峥

- 山东大学法学院1998级本科生
- 中国政法大学科研处处长、教授、博士生导师

学为慧本,法为行端。

学为慧本
法为行端

校友签名:栗峥

徐成光

- 山东大学法学院 1985 级本科生
- 中华人民共和国交通运输部办公厅主任

山大四年，是我人生的重要起点，也是命运的关键转折点。虽然大学毕业后我一直在交通运输系统工作，但系统全面的法学专业训练，深植内心对公平正义的价值追求，让我受益终身。山大法学院不仅满载着我的青春记忆，更是我心中永远的精神家园。青春不老，岁月如歌，四十年风华正茂。值此山大法学学科复办四十周年之际，真诚祝愿山大法学院再创辉煌、越办越好！真心祝愿学弟学妹们不负韶华、鹏程万里！

——徐成光

徐祥民

· 浙江工商大学法学院教授、博士生导师

生于一个历经清末以来一个多世纪沧桑，在齐鲁大地上几经辗转多城设坛建堂的著名学府，长于改革开放春风拂煦、新时代光芒普照的时节，山大法学院，根深叶茂，源远流长；成法学大家，育法治良才；殿览天下新秀，学显中华气派！

山東大学法学院
根深叶茂
源远流長

校友签名：徐祥民

高益民

- 山东大学法学院 1984 级本科生
- 日照市中级人民法院党组书记、院长

山东大学历史悠久，人文荟萃，法学学科虽复办仅有四十年，但在法学院师生的辛勤耕耘下，法学院学风醇厚，成绩斐然，造就了一批批优秀的学者、法官、检察官、律师等法治人才，为我国社会主义法治建设做出了突出的贡献。

在山东大学法学学科复办四十周年之际，作为山东大学 20 世纪 80 年代法学毕业生，我衷心地祝愿风华正茂的在校师弟师妹们珍惜青春时光、奋发图强，打牢法学基础，成为社会可造之才；祝福山大法学院追求卓越，不断发展进步走向辉煌！

祝山东大学法学院
越办越好！

校友签名：高益民

郭晓东

- 山东大学法学院 2001 级硕士研究生
- 德州市人民检察院党组书记、检察长

值此山东大学法学学科复办四十周年之际，谨送上对母校深深的祝福。祝福母校永葆青春、繁荣发展，为新时代输送更多高层次人才；祝福法学学科硕果累累、再创佳绩，为国家法治进步夯实根基；祝福学弟学妹学业进步、事业有成，为中华民族伟大复兴作出积极贡献。

时值山东大学法学学科复办四十周年喜庆之际，衷心祝福学院

桃李天下

再谱华章

校友签名：郭晓东

桑本谦

- 山东大学法学院 1999 级硕士研究生、2002 级博士研究生
- 中国海洋大学法学院院长、教授、博士生导师

管子孔圣遗泽，渡劫波弦歌不辍。

岱宗黄河气象，逢盛世绝顶当临。

那一排排整洁的课桌，一间间明亮的教室，门前的花草，窗外的大树，就是我们心目中山大法学院吗？不止。那里还有我们熟悉的面孔，重叠的脚印，从不褪色的记忆，和永远带不走的青春。

管子孔圣遗泽，渡劫波弦歌不辍。
岱宗黄河气象，逢盛世绝顶当临。

校友签名：桑本谦

焦宝乾

- 山东大学法学院 2002 级博士研究生
- 浙江大学光华法学院教授、博士生导师

十八年前，我从这里开始走上法学研究道路。衷心感谢母校法学院对我的培养！祝贺法学学科复办四十周年！恭祝母校法学院为中华民族伟大复兴中的法学教育事业作出更大的贡献！

我从这里开始走上法学
研究道路，感谢法学院对我
的培养！母校法学学科复办四
十周年，热烈祝贺！并祝母校法
学院为中华民族伟大复兴中的
法学教育事业作出更大的贡献！

校友签名：焦宝乾

校友故事

刘学信

修身治律师之业,明德弘法治之光

一、彬彬书生,求学之路

丹枫迎秋,又是一年开学季,刘学信微笑着回忆起自己1981年初入山大的情景:“去报到的时候,起初都没找到法律系的迎新摊位,转了几圈,才知道法学原来只是科学社会主义系下面的一个专业。”伴随几分憧憬,还有几分懵懂,他就这样闯入了法学殿堂,开启了四十年的法律求索之旅。1983年法律系正式成立,考试方式逐渐多元,“从乔伟老师的法制史开始开卷考试,重点考核学生的思维和写作能力,对我们提升研究能力很有帮助”,刘学信对此印象深刻。谈及大学四年的生活,刘学信对师生之间的深厚情谊记忆犹新,无论学习拜访还是业余交流,老师都十分热情,总是和学生们畅谈到很晚。刘学信表示,那时校园里弥漫着自由求真的氛围,师生之间“没有什么距离”,随时都可以谈天说地、共同探索法学的奥秘。在刻苦钻研法律专业的同时,刘学信也经常聆听历史系、文学系讲座,领略名师风采,吸收不同专业的知识,此时刘学信是同学们口中的“书生”。“作为一个法律人,要积极拓展自己的‘边界’,培养自己的历史深度与人文情怀”,山大浓厚的人文气氛深刻地影响着他,随着时间的推移,也逐渐积淀为他的内在能量,为他在法律行业的发展奠定了坚实基础。

1985年,本科毕业的刘学信选择赴西南政法大学深造,继续修炼自身法学功底。三年研究生毕业后,他放弃了司法部与高校的工作机会,又阴差阳错与省直机关失之交臂,最终选择到了沿海开放城市烟台,到该市刚成立的对外开放窗口——烟台对外经济技术贸易公司任职,既做进出口业务,又干公司法务。“心里还有一点匡扶正义的理想”,1993年初,秉持着充分发挥法学专业特长的初心，刘学信放弃国企优厚待遇，考取律师从业资格转型成为一名专职律师，开启了律师执业之路。

"从象牙塔走出来，书本知识够了，但是社会经验不够。"初为律师，如何快速适应社会角色是刘学信面临的首要挑战，"社会化就是修身的过程，需要养成社会心理，训练社会思维，适应社会角色。修身合格了，才能实现职业理想"。通过自身实践，他逐渐摸索出法律人社会化的思路与方法，从初出茅庐的法门"书生"，快速成长为适应社会发展的专业律师。

七年的法律学习积蓄了深厚的法学理论知识，结合国企的涉外工作经历，刘学信致力于为企业提供银行金融、城建地产、对外贸易等领域的法律服务。刘学信介绍，在办理某银行几十个亿的票据纠纷案时，在梳理案件事实与证据的基础上，他创造性地提出了"以倒打款方式操作的票据转贴现违反金融机构贴现和转贴现业务规范，因而应属无效"的抗辩理由，一开始未获法院认可，但最终被最高院发布的《第九次民商事审判工作会议纪要》所支持。这标志他作为一个执业律师学术上的前瞻性和高度。凭借扎实的基本功和勤奋的实践，刘学信为客户提供优质法律风险解决方案，在复杂民商事案件代理方面积累了丰富的经验、赢得了良好的口碑。

山东大学法律系八一级第四小组毕业留念

二、组建团队，初露锋芒

2002年，刘学信应邀接管烟台大学名下的山东黄海律师事务所，重组其为山东鑫士铭律师事务所。建所伊始，他便积极吸纳新人，逐步扩充团队实力，“作为律所主任，我最为关注的是青年律师的专业性”。本着法律职业需要“持续学习、终身学习”的理念，他请大咖、办沙龙，为青年律师扩展知识面，其中每周一次的“郭明瑞老师聊民法”已经成为律所沙龙的保留项目。与此同时，通过对自身经历的不断总结与反思，他提出了“律师职业社会化路径”理念，认为“只有完成从法律人到社会人的转变，才能成长为合格的法律从业者”。为此，他积极向青年律师传授自己的经验，培养青年律师掌握社会语言与社会心理的能力；通过实务案例训练青年律师社会思维，促使其适应社会规范。在刘学信的努力下，律所青年律师逐渐完成“社会化”过程，成长为鑫士铭的中坚力量。他还多次受邀参加点睛网、省律协及各大高校举办的青年律师培训，积极为法律新人传授心得与方法。

团队文化建设也是刘学信进行凝聚律所合力的重要环节。在他的倡导下，所立专门开辟了人文底色浓厚的“书房”，供律师随时阅读、分享经典著作，学习修身治业的道理；所里还组建了女子合唱队、篮球队、足球队等文体活动组织，并在所在写字楼购买了一百多平方场地装修为健身房专供律所员工健身之用。2020年疫情之后，他又倡导组建鑫士铭骑行团并积极参加骑行活动，将健康生活理念传递给身边的人。“骑行运动的开展不仅塑造了律所良好的氛围，更提高了团队工作效率与凝聚力”，刘学信如是说。

刘学信坦言，最令他骄傲的并不是业务的增长和各项荣誉的取得，而是来自客户的信任。“水能载舟，亦能覆舟”，他提出了“虔诚地对待每一个客户”的服务观，在为客户服务过程中，他会将每一个法律问题和相应的解决方案记录备案，装订成册之后留给客户。“这既是对自身的劳动负责，更是对客户的信任负责”，这一贴心周到的做法已经在业界作为典型经验得以推广。在刘学信的带领下，鑫士铭很快成长为业内翘楚，重组六年后就成为烟台首家全国优秀律师事务所，目前综合实力更是位居全省前列。同时，鑫士铭也在逐步扩张版图，2011年济南分所、2020年青岛分所先后成立，其在山东省内的“三金”布局已然形成。

三、参政建言，广献良策

2014年，刘学信开始担任山东省律师协会副会长，分管律师事务所建设委员会等部门，负责指导律所建立、组织调研活动、制定行业规则等。为此，他积极推动创办山东省律师事务所建设论坛，邀请国内外知名律师行业管理专家和优秀律所管理者充分交流，其推动律师事务所建设和律师业发展的一体化理念，得到了律师行业及社会各界的广泛好评。此外，他还召集多家律所共同编写并发布了《律师代理民商事诉讼案件风险防控操作指引》，为律师加强自我保护、防范执业风险提供了制度支撑和具体指导。“律协建设与律师行业发展休戚相关”，五年如一日，刘学信为山东省律师行业的健康和繁荣发展贡献了自己的才智和力量。

刘学信(中)与校友寻访队员合影

“律师在民主法制及经济建设领域应当中发挥更重要的作用。”在助力本行业发展之外，刘学信也充分履行省政协委员的职责，积极献言、参政议政。在山东省政协会议第十一届二次会议上，刘学信作了题为《加强法律风险控制，实现有效政府治理》的发言，提出有效的政府治理，要以政府公共管理效能为着眼点，以高效和善治为目标，而目标之达成，必须依赖于管理成本的控制，其中包含着法律风险的控制。时任省长郭树清听后作出书面批示：“所提三点意见都很重要，需要进行整改，要尽快把最基本的法律顾问制度建立起来。”刘学信表示，律师在获得客户与市场认可、实现财务自由后，更应尽己之力回馈社会，“这是我们的社会责任”。

作为山大法科毕业生，刘学信始终心系母校，热心于青年学子的成长。他表示，“青年法律人是法律职业共同体的后备军，他们终将成为中流砥柱，应当得到悉心的引导与培育。"为此，积极推动建立鑫士铭教学实习基地，为学生后辈提供实务指导。在刘学信看来，"尽我所能帮助后辈，是我作为校友的分内之事"。立法治文明进步之潮头，刘学信将坚守律师之业，矢志不渝践行法治初心，为社会主义法治建设添砖加瓦。

[**人物名片**] 刘学信，山东大学法学院 1981 级本科生，现任山东鑫士铭律师事务所主任、首席合伙人、一级律师。兼任山东省人民政府法律顾问、山东省律师协会副会长等社会职务。荣获全国优秀律师、山东省十佳律师等称号，荣立个人二等功两次、三等功一次。所创办的山东鑫士铭律师事务所系山东省居领先地位的律师事务所，享有良好的声誉，曾荣获全国优秀律师事务所、山东省十佳律师事务所等多项殊荣。

沈 雁

擎法务之盾，为钢企护航

山东大学法律学系八二级毕业留念

一、心之明镜，影影绰绰

站在位于黄浦江畔的中国宝武钢铁集团向北望去，气势恢宏的上海世博园中国馆群、高高耸起的“东方之冠”吸引着我们的视线。正沉浸于传统文化元素与现代艺术之美的交融中，沈雁如约而至，与我们细数他结缘法律四十载的光阴故事。提及选择法学专业的原因，他笑称自己对于法律的最初兴趣是“吵出来的”，由于儿时与亲戚朋友辩嘴时常常处于上风，大家都认为他具有成为优秀律师的潜质。中学时期,一部介绍“二七大罢工”的电影《风暴》再一次吸引了沈雁的目光,影片中施洋大律师匡扶正义的身影进一步加深了他对法律职业的无尽向往。于是,他在高考填报志愿时毅然选择了山东大学法学专业,由赣至鲁开始追寻自己的律师梦想。

时光回溯至1982年9月的山东大学,彼时法学专业还并未从科学社会主义系中分离,师兄在中心校区的学习生活虽平实简单却又分外惬意,“午间在小树林的石凳上看会杂书,傍晚时分去操场上打打篮球,晚饭过后再到教室温习功课”,拾起一块块饱含岁月的拼图,沈雁坦言这便是他内心珍藏的山大记忆。“虽然20世纪80年代的教学资源相对匮乏、生活条件较为艰苦,但我仍十分感激母校所提供的学习机会和成长平台。”时至今日,师兄仍能记起章道全老师在讲解刑法案例时的侃侃而谈、康维宁老师在传授民法知识时的循循善诱……尽管那时老师们大都已年过半百,却仍坚守一方净土、耕耘三尺讲台,用热情与经验培育时代法制新人,沈雁感慨:“这种精神令我们受益终生,更支撑我们不断前行。”

1985年底,宝山钢铁总厂一期工程胜利建成投产,肩负起振兴国内钢铁工业的历史使命。胸有立志投身国家重点工程建设的“钢铁情怀”,沈雁在本科毕业后并未返回江西老家或留在山东工作,而是选择了心驰神往的“魔都”上海。初入宝钢,师兄便得以发挥“法律专长”,被分配至宝钢职工大学,为一线干部职工讲授经济法学课程。三年间,他以己所学倾囊相授,将法律知识与行业特点有机结合,培养了一批兼具技术水平和管理能力的应用型人才。1989年,沈雁被调整至宝钢企业管理处经济法律科工作,开启了他三十年平凡亦非凡的“法务人生”。

二、法之利剑,兢兢乾乾

回想从事法务工作之初的场景,沈雁坦言自己并未遇到过太多困难与挫折,可谓“占据了‘天时’和‘地利’的优势”。原来,20世纪90年代初,国务院正式宣布开发开放浦东,这为宝钢的快速发展打开了大门、培育了沃土,企业对外投资项目呈“井喷式”增长。然而,那时宝钢的法务团队却恰处于青黄不接之际,作为“学术派”的师兄很快便开始参与到大型项目的合同起草与商务谈判之中。“机会永远是留给有准备的人的”,第一次接触项目时,由于对业务情况和行业术语一无所知,沈雁在遇到法律问题时也显得“力不从心”。为此,他大量查阅资料、多次请教前辈,主动下沉到业务一线学习调研,很快就具备了“独当一面”的综合能力与过硬本领。师兄介绍,从那时开始，他不仅可以对每一项合同内容条分缕析，更能“以最专业、最简洁的语言向客户阐明利弊”。

凭着认真负责的态度和踏实肯干的精神，沈雁从一名法务专员一路成长为宝武钢铁集团法律事务部部长。谈及法务部门的工作职责，师兄表示“企业发展过程中所有涉及法律条款的事务”均包含在内：不论是重大投资合同审核、公司规章制度审查，还是企业知识产权保护、涉诉案件纠纷处理，宝武法务人都会参与其中、冲锋在前。“只有把法律法规研究透彻，我们的工作才能真正做到有的放矢”，从组织员工每周集中学习讨论到邀请专家学者讲授专题课程，沈雁带领团队不断更新法律知识体系、明晰前沿热点问题，始终保持着领先于行业的前瞻性与专业度。“大千世界纵有千变万化，持续学习都是我‘应万变’的良方妙药”，师兄如是说。

沈雁表示，与具体仲裁诉讼案件的处理相比，如何实现“收益与风险”间的巧妙平衡是他日常工作中面临的最大挑战。“法务部门不是业务发展的‘拦路虎’，而是潜在风险的‘过滤器’。”师兄介绍，每当在合同中识别出相关法律风险后，他总会站在公司决策者的立场上综合考虑成本、效率等多种因素，提出最为切实可行的实施方案。沈雁强调，作为一名法务人，简单机械地要求对项目“一停了之”并非良策，唯有在坚守法律底线的同时兼顾商业利益，才能诠释其“企业发展护航人”的真正价值。

沈雁(中)与校友寻访队员合影

三、国之重器，浩浩汤汤

2016 年底，宝钢集团与武钢集团联合重组，成立中国宝武钢铁集团。作为法律事务部负责人，沈雁带领团队参与了从合同订立、公司章程制定到工商登记、经营者集中申报的全过程。谈及宝武“牵手”的原因，师兄表示多年粗放型发展模式使我国钢铁行业面临着产能严重过剩、企业集中度过低等困境，“这次重组不仅是推进供给侧结构性改革的重要举措，也是实现企业提质增效的必然选择”。合并过程中，沈雁最受触动的便是宝武集团在数万名职工转岗分流问题上所采取的努力：法律事务部与工会一同设计合乎法与情的安置补偿方案，从补贴金额、办理程序等方面尽全力保障职工各项权益……“我看到了一个企业的社会责任与使命担当”，每每回想起那段经历，沈雁心中都百感交集。

从事法务工作的三十年间，师兄也见证着整个行业的历史变迁。早在 1996 年，沈雁便参与了钢铁行业反倾销第一案——美国热轧定尺钢板反倾销案。案件的具体细节师兄早已淡忘，但办案过程中的艰难他却仍记忆犹新，“反倾销案对于当时的钢铁行业法务人员而言是一个全新的领域，更遑论美国对于国有企业所谓非市场经济的歧视性挑战”。二十年间，随着中国钢铁企业“走出去”拓展海外市场，“两反一保”案件的数量由数年一起上升为一年数起，中国宝武应对的案件也从美国反倾销案扩大到反补贴、201 条款、301 条款、232 条款、337 条款等各类案件甚至世界各国的贸易救济案件。

2016 年 5 月，中国 40 余家钢铁企业被美国钢铁公司申诉，美国国际贸易委员会宣布对中国输美钢铁产品发起 337 调查。“企业一旦在该调查中败诉，相关产品将被永久禁止进入美国市场。”面对美国设置的贸易壁垒，宝钢集团迅速发声、积极应诉，沈雁也带领法律事务部投身这场漫长而又紧张的“硬仗”之中。针对原告提出的盗窃商业秘密诉点，他们先后整理学术论文、科研成果、材料认证等书面证据百余万页，有力地证明了我国的高强钢制造技术已经遥遥领先于美国。经过 22 个月的不懈努力，美国国际贸易委员会最终裁定终止了对中国钢铁产品的 337 调查，此案以中国钢铁企业的全部胜诉而告终。“无惧无畏世界变局，坚守钢铁报国使命”，沈雁今后将继续立足岗位、坚守初心，跟随宝武集团这艘钢铁航母引领行业高质量发展，用法律思维为钢铁生态圈建设保驾护航。

［**人物名片**］沈雁，山东大学法学院1982级本科生，中欧国际工商管理学院EMBA。现任中国宝武钢铁集团有限公司副总法律顾问、法律事务部部长，兼任上海宝信软件股份有限公司监事会主席。

马俊欣

检界“保尔”的奔跑人生

一、法学之梦渐萌芽，历经磨难获重生

启程中原之前，我们搜索了马俊欣的大量资料，新闻报道中多次出现“当代保尔”“英模榜样”等各种赞誉，但马俊欣接受采访邀请时，却表示自己是一个再普通不过的平凡人。一个平凡的人物，为何会入选感动中国？一个普通的检察官，为何会影响中国法治进程？带着诸多疑问与满心期待，我们在山东大学校友办副主任于德宁老师的带领下，来到河南省平顶山市郏县人民检察院一探究竟。

马俊欣（中）、于德宁（左三）与校友寻访队员合影

马俊欣的学习成绩自幼名列前茅。1983年，他以郯县文科状元的身份报考了地处孔孟之乡的山东大学，尽管农村出身的他对法学知之甚少，但他认为“法学”二字符合自己心中“外圆内方”的形象，繁体“灋”字也十分具有美感，于是选择了法学专业。回忆起徐显明老师讲授的第一堂专业课，马俊欣用“有深度，有广度，有热度，有温度”予以评价。一位硕士刚刚毕业的青年才俊，两个小时深入浅出的细致讲解，让马俊欣对法学有了更为全面的认识，更帮助他打开了法律世界的大门。国际贸易法课堂上，老师强调把握理论的逻辑性、严谨性，避免因理论缺陷造成实践失误，促使师兄在工作中牢记理论与实践相结合的方法指导；刑事侦查学课堂上，老师用实务经验传授笔迹鉴定、照片冲印等侦查方法，增添了课程学习的实践性和趣味性，这些技巧都为马俊欣日后的检察工作所使用；思想政治理论课上，老师关于中共党史的生动诠释，对师兄价值观的形成产生了巨大而深远的影响，同时坚定了他加入中国共产党的信念。

大学四年的时光充实又难忘，山大法学院陪伴和见证着马俊欣的成长。马俊欣对未来有无数个憧憬，然而一场意外却改变了他的人生。毕业前的一次体育活动中，马俊欣不慎从双杠上跌落，头部着地，脊柱、颈椎遭受重创并当场昏迷，被送进医院抢救时已经奄奄一息。医生告知从老家赶来的母亲，必须马上手术，费用需要8万元左右。在20世纪80年代，这对生活本就拮据的农村家庭而言无异于一个天文数字，母亲摸着口袋里四处借来的300元钱，一夜间愁白了头。危急关头，山东大学出资援助，并动员全校师生捐款，解决了手术及术后的部分费用问题。同时，学校与医院协商专门从上海、北京请来两位专家，经过8个小时的手术，师兄得以保住性命，但却留下了严重的后遗症——左手、左腿完全瘫痪，仅右半身可以勉强活动。植入脖颈后的钢板钢针造成他转动脖子时剧痛无比，连翻身、起坐的动作，对他来讲都是奢望。

在学校和学院师生的帮助下，马俊欣逐渐康复并如期毕业。毕业之际，马俊欣回想洪楼四年岁月，入学时老师教他叠被，生病时舍友帮他买药，课堂上老师们谆谆教导，宿舍里同学间倾心交谈，无论是专业学识的积累、理想信念的树立，抑或是师生们如家人般的备至关怀，都让他念念不忘。那场意外事故是不幸的，但在这不幸中，马俊欣又是幸运的，“从死亡线上爬过来以后，我最坚定的想法是，这辈子要报恩”，马俊欣激动地表示：“我的第二次生命是山东大学给的，是全校师生给的，母校的恩情，这辈子我都还不完。”

二、孜孜不倦方无愧，精益求精成榜样

毕业后，思量再三，拖着病躯的马俊欣选择回到家乡，成为郏县检察队伍中的一员。检察院的领导考虑到他的身体情况，允许师兄再休养一年，但马俊欣婉拒后，坚持白天正常上班，晚上进行康复训练。“不要考虑我的身体，我什么都可以做”，马俊欣再三要求将自己分配到办案任务重、压力大的经济检察科。上万字的工作总结，师兄逐字逐句斟酌起草，逐本逐卷修改誊抄，他经常熬到深夜，本不灵活的右手更是疼痛发酥。同事一个小时能完成的工作量，马俊欣却需要四五个小时，作为八九十年代郏县唯一的山大本科生，凭借“不能给学校抹黑”的念头，师兄坚持到现在，对待每份材料都一丝不苟，尽自己所能将每个任务做到极致。

马俊欣出色的工作能力得到了领导的肯定，先后被调至办公室、研究室、业务监管中心工作，从青涩的新人成长为独当一面的负责人。2011 年，郏县人民检察院人事制度改革，时任业务监管中心主任的他认为自己的精力“比不上年富力强的同志”，便主动辞去主任职务，不再参与任何中层干部的竞选，选择回到办公室继续从事文字工作。时任河南省人民检察院党组成员、政治部主任的李自民得知马俊欣的事迹后，精准总结了他岗位变动的“规律”：从烂摊子、新摊子开始，每当工作进入正轨后，他就主动退出来，把更多的机会留给年轻人。“功成身退”、不求名利，如今不担任何职务的马俊欣，虽只是一名普通的检察官，却依旧每天工作十几个小时，兢兢业业、毫无怨言。

“只要能思考，我就能用所学为社会做更多的事情”，马俊欣不仅负责检察院内大部分的文字材料，同时也承担案件办理工作，他的“较真”放在案件中，成为公平正义的原则底线。2008 年，一名失恋青年在精神恍惚下点燃了曾经约会的林地，幸而护林员及时扑灭，没有造成严重后果。郏县人民检察院公诉部门认为嫌疑人犯罪情节轻微，拟作出不起诉决定。作为业务监管中心主任的他在认真审查卷宗后却认为，该案定罪量刑的关键细节不清楚，坚持亲自前往案发现场调查。山坡陡峭车辆无法通行，马俊欣在同事的搀扶下，一步一步向前挪动，左脚拖出了一条长长的痕迹。在案发现场，他发现过火点地处林地中央，周围全是半米多高茂密的蒿草，与林地连成一片，若非护林员及时将火扑灭，后果不堪设想。仔细核实与讯问后，马俊欣建议对嫌疑人提起公诉但从轻量刑，最终法院采纳了检察院的量刑建议，依法对被告人以放火罪判处有期徒刑三年。马俊欣的细致与扎实使得案件真相得

以查明、法律尊严得以捍卫，而从轻量刑的建议又体现着法律的温情，诠释着法律效果和社会效果的统一。

对待案件，马俊欣坚持真相、秉公执法；对待当事人，师兄耐心倾听、答疑解惑；对待困难与挑战，他则执着钻研、勇于担当。2009 年，郏县人民检察院决定创办内部刊物《郏县检察》，任命马俊欣担任责任编辑。没有任何办刊经验的师兄查阅各种资料，数十次前往省内外请教专业人员，历经二十余次修改，最终呈现出各方满意的办刊方案。方案出台后，只剩不足一个月的时间，马俊欣通宵达旦，全盘负责稿件的采编、排版和校对工作。《郏县检察》首刊如期出版分发后，图文并茂的版式、生动精彩的文章得到郏县检察人的夸赞。面对工作难题，师兄从不畏惧退缩，他把困难视作锻炼、把挑战化为机遇，苦心孤诣奋斗十余年，将《郏县检察》打造为检察官们经验交流、理论学习的平台，为郏县检察文化建设增光添彩。

三、故乡真情永流露，集体关怀暖心间

医生嘱咐马俊欣："千万不能感冒，更不能跌倒，否则随时可能站不起来。"三十多年间，马俊欣却在集体的关照下一直站得倔强又挺拔，走的蹒跚又坚定。马俊欣的办公室被安排在离卫生间最近的地方，途经之处全部配备无障碍扶手，不论谁看到他上下楼都会主动搀扶；午饭时，同事们会为师兄打饭带回办公室，待其用餐完毕再将餐具放回食堂；加班时，领导们亲自帮他点煤球取暖，同事们主动留下送他回家。最近几年，考虑到师兄的实际困难，单位申请协调，并在当地县委县政府的大力支持下，用公款为师兄购买房屋，免费让他终生居住，并且每月发放 200 元交通补助。三十三年如一日，尽管检察院的领导班子几经调整，但关心帮助马俊欣的举动从未间断，团队多年来的持续关爱和帮扶一直让他感念在心、感恩在怀。

真情无时无刻不在流露，马俊欣受到的关爱来自四面八方，不仅是单位集体，还有郏县的街坊乡亲。身体不便的师兄每天乘坐出租车上下班，逐渐地，司机师傅们自发地每天早上 7 点钟准时在他家楼下等待。"的哥"王军普坦言，接送马俊欣要多花 20 分钟的时间，但他们从不在乎，"因为我们大家敬佩他、愿意帮助他"。2005 年冬天，几场大雪过后道路结冰，马俊欣 5 岁的儿子深夜突发高烧不退，他只好求助于邻居王英明，王英明夫妇急忙抱着孩子冲到医院，一直陪伴到天明。自此，为能够"随叫随到"，王英明养成了晚上保持手机畅通的习惯。王英明夫妇在马俊欣加班时替他接送儿子，节假日经常陪孩子外出游玩，对马俊欣父子的照顾无微不至，如此邻里乡亲的关

怀,像春天般温暖、如阳光般灿烂。

“对他们的感激之情,我只能通过努力工作加以回报”,针对郏县检察工作的实际问题,马俊欣先后总结推行“周小结、月讲评”制度,加强了工作任务的条理性和计划性;实践推广“检委会委员评查点评卷宗”方法,增进了卷宗评查的透明性和权威性。在马俊欣的建议下,郏县人民检察院率先成立业务监管中心,有利于执法公正的监督制约,优化检察职能配置;创新成立“业务咨询小组”,为案件提前“把脉”,大大提高了案件质量……一系列出谋献策使检察院的工作效率和成果水平得到了显著提升。领导和同事们将马俊欣的埋头苦干“看在眼里”,劝他多歇歇,但他总是笑着拒绝,“备受重视、备受关怀,这种动力让我更要把工作做好”。

马俊欣(左二)深入群众

本职工作之余,师兄主动利用自身法律知识为群众提供法律咨询和帮助。2009 年,马俊欣偶然间接触到一位上诉无望的老人,他的儿子杨宗奇在工地作业时受伤导致双腿无法行走,用工单位因工伤认定的程序违法被法院撤销而不予赔偿。深入了解情况后,马俊欣与检察院民事行政检察科同事一起,先后数十次前往工地与用工单位交涉,最终促成双方达成了一次性赔偿 13 万元的调解协议。鉴于杨宗奇部分丧失劳动能力,马俊欣建议其经营电器维修部用以维持生计,目前,红火的电器维修生意成为一家人生活的主要保障,杨宗奇对马俊欣也一直心存感激。2014 年 8 月,“马俊欣工作室”在郏县人民检察院挂牌成立,从帮助张某成功寻找失散多年的亲人,到帮助失足少年郭某办理户口、联系工作,再到帮助河南商丘年近八旬的王大娘解决困扰其几十年的劳动纠纷……马俊欣借助工作室这一平台更好地联系群众、服务群众。

马俊欣对他人的求助从不推辞、从不懈怠、从不抱怨，尽管生活拮据，他仍然省吃俭用，资助十余名失学儿童、帮扶数百家贫困农户。此外，他还用自己的慰问金和奖金专门救助残疾人士。“这些钱我不该得”，马俊欣总是说自己受到的关怀已经足够多了，他也要尽一己之力去帮助更多的人。受惠于社会的关爱，马俊欣更懂得雪中送炭的珍贵，他用自身的乐观鼓舞人心，用微薄的收入扶贫济困，用感恩的真心温暖他人。

四、坚定信仰守初心，残健融合播大爱

自己步履维艰的辛苦，让马俊欣切身体会到一名残疾人士的生活不便。作为全国残联代表、平顶山市残联副主席，师兄竭力推进平顶山市无障碍改造的深入开展。以郏县为例，520 户贫困重度残疾人家庭进行了门铃安装、蹲厕改坐便等无障碍改造，沿街店铺都建有无障碍通道，公共卫生间全部配备无障碍设施，极大地便利了他们的日常生活。马俊欣还曾受邀到河南省残友就业培训孵化基地作励志报告演讲，并被聘为法律顾问，免费为残疾人提供法律咨询。“力所能之事为之，力所不能之事则想办法为之。”2020 年，叶县一位亟须前往中山大学某附属医院治疗视网膜的脑瘫患者，求助于师兄联系某专家。马俊欣并不认识这位专家，但他快速通过山大校友会“牵线搭桥”，几天内成功为其安排好专家进行手术。“听说手术很成功，我的努力没有白费”，师兄感慨道，“我能做的尽我所能去做，这样对老百姓有利、对社会发展有利。”

除日常为残疾人答疑释惑、提供帮助外，法科出身的马俊欣更希望通过运用法律知识推动残疾人事业发展和残疾人维权。他坦言，我国 2018 年《残疾人保障法》的修改，有力地促进了残疾人康复、教育劳动就业等工作的全面开展，但由于各地市经济发展水平、残疾人比率现状不同，残疾人事业的发展存在较大差异，存在着残疾人保障相关政策的落实力度不够、残疾人维权观念意识不充分等问题。马俊欣认为，目前的制度政策已经为残疾人工作奠定了框架基础，只有借助现有法律法规，在实际运行过程中及时发现损害残疾人权益的新问题、新矛盾，并提出解决之策，才能推进残疾人事业再上一个新台阶。

马俊欣介绍，河南省 18 个省辖市和 158 个县残联均设立了残疾人法律援助工作站，这为残疾人维权提供了专门的法律平台。以工作站为载体，马俊欣利用多种形式积极参与平顶山市残联开展的各种形式的残疾人维权宣

传教育、提供法律援助，促使残友们牢固树立维权意识，同时推动社会各界更加关注、体恤和保护残疾人权益。“残联工作充满挑战，我仍需不断学习补充、与时俱进”，与检察工作不同，马俊欣坦言自身的专业知识难以满足残疾人工作各方面的要求，但他始终相信，在全社会的共同关注和残疾人工作者的共同努力下，我国对残疾人的保障将会愈加全面和周详。

访谈中，马俊欣始终充满笑容，回忆起这些磨难，他平静而又温和。“精神不垮，人就不垮”，积极向上的心态，使他越挫越勇，在平凡的岗位上做出了不平凡的业绩。三十余年间，中央政法委、最高人民检察院、河南省委政法委、中共平顶山市委等单位相继作出向马俊欣同志学习的决定；马俊欣在人民大会堂先后受到胡锦涛、习近平等党和国家领导人的亲切接见，也受邀到其他省市和母校作事迹报告，用自身的正能量感染着更多的人。为全景式记录师兄事迹，号召学习他百折不挠、敬业奉献的精神，长篇报告文学《生命的追问》于 2014 年出版，全国首部非虚构电影短片《温度》于 2015 年首映。在无数荣誉和光环加持之下，马俊欣受到了更高的关注和期待，但他没有骄纵浮躁，依旧立足本职，踏踏实实地做好点滴之事。

此次寻访之行，我们找到了马俊欣成为楷模、感动中国的答案。团结友爱的集体，是他乘风破浪的帆船；长征精神的信仰，是他披荆斩棘的铠甲；社会给予的关怀，是他工作奋斗的动力。无私奉献、敬业担当的信念，使他成为温暖他人的光芒：他用行动为百姓化解错杂的纠纷，用真心向群众传达法律的温度。“只要活着，就要用感恩的心来报答党的恩情和社会的关爱。”今后，在服务群众、坚守正义的道路上，马俊欣仍将怀揣感恩之心、恪守法律准则，一如既往地奋勇向前，正如李德敏先生诗曰：

少年骄子“状元郎”，折翅雏鹰返故乡。
跌谷涓流化瀑布，翔云鸿鹄“炼成钢”。
两旬五载青春度，一路廉歌正气扬。
“病树”丹心系百姓，“破车”风骨迓朝阳。

[人物名片] 马俊欣，山东大学法学院 1983 级本科生，现任河南省平顶山市郏县人民检察院检察员，兼任平顶山市残疾人联合会副主席。曾荣获全国模范检察官、全国“五一劳动奖章”、全国“创先争优”优秀共产党员、全国自强模范等称号，获评中国十大正义人物、影响中国法治进程十大人物、“感动中原”十大人物、山东大学十大杰出校友，入选 2012“感动中国”候选人。

范进学

深耕理论法学的笃行者

一、孜孜不倦求学路，上下求索砥砺行

“纵使疾风起，人生不言弃。”中学时代的范进学曾多次走进高考考场，数次的折戟沉沙并没有使其放弃自己，反而愈挫愈勇，怀着守望社会公平正义的理想信念一路坚持，终得以结缘山大、踏入法律之门。岁月荏苒，沧海桑田，而今师兄已然成长为法学理论学科的带头人，深耕学术沃土、勇立时代潮头。坐在相约访谈的咖啡厅里，伴随着优雅的轻音乐，氤氲着浓浓的咖啡香，范进学将几十载光阴娓娓道来，一个才思睿智、坚强沉毅的学者形象愈发清晰立体。

谈及初到山大的时光，师兄表示，那时图书馆常常“一座难求”，他总是在晨光尚且熹微时便奔向图书馆，沉浸在卷卷书香中，反复研习课堂笔记、广泛阅读课外文献。每每遇到自己不懂的问题，即使普通话说得“大家都听不懂”，范进学也会及时向老师请教，求知之心浓烈可表。在日积月累的努力下，师兄在本科时取得了优异的专业课成绩，成为同学眼中公认的学霸，因而也常被好友调侃为“范教授”。无心的玩笑却催发出范进学留校念头的萌芽，本科毕业时，面对不同的就业选择，他遵从于内心的学术理想和对学校氛围的热爱，毅然选择留校任职。任职期间，有缘接触到众多学者，师兄总是毛遂自荐，主动参与学术创作，“在持续的法理学及各部门法书籍编纂的大量写作中，确定了对于理论法学的研究兴趣”。1994 年，山大法学院设立宪法学硕士点，师兄把握机会、刻苦准备，成为徐显明教授指导的首届硕士研究生。

谈及恩师，范进学的感激之情溢于言表，忆及昔日，徐老师不管多忙都

会抽出时间与他的学生们学术交流，在研讨过程中，师兄不断体验不同学科的思维碰撞，感悟理论法学的奥妙精深，由此迸发了其无穷的学术灵感。但当他把灵感付诸笔端时，却往往陷于研究瓶颈止步不前，此时，徐老师又会耐心细致地帮他分析问题实质，启发其推进研究进程，在文章完成时还不厌其烦地一遍遍修改，标上密密麻麻的批注。在恩师的循循善诱、谆谆教诲下，范进学潜心学习，“焚膏油以继晷，恒兀兀以穷年”，认真对待每一次写作，不仅多次参与徐老师主编书籍的撰写，还先后在核心期刊发表论文十余篇。师兄表示，“在学习氛围浓厚的环境里，得遇恩师，潜心问学实乃人生最宝贵的财富。”正是山大法学院给予他的自由徜徉学术的平台，为其之后武大的博士生涯、人大的博士后经历奠定了扎实的学术基础。

范进学(右二)与老师同学们在校园

二、兢兢业业为人师，普法宣讲匠人心

2008 年，范进学离开山大，被聘为上海交通大学凯原法学院教授；2017 年被聘为长聘教授，2019 年被聘为学校特聘教授，于三尺讲台，继续践行着传道授业解惑的初心。“教书育人，应常怀敬畏之心。”每次授课前，无论事务如何繁忙，师兄都会坚持“读、思、改、增、练”备课法，提前将授课内容细细研读，反复思考如何讲得更好，修改不合适的表述，增加新的理论或案例，辅以不断地演练。两个小时授课的背后是多天的课前准备甚至是数年的学术积淀。法理学授课时，学生往往感到无聊且烦闷，为了解决这一问题，范进学反复琢磨授课方法，“以案例带理论”，从泸州遗赠情妇案中使学生感悟道德与法的冲突，从里格斯诉帕尔玛毒死祖父获遗产案中分析法律原则与法律规则的位阶与应用……原本枯燥无趣的法学理论课变得生动活泼起来，

师兄的讲授不仅帮助学生迅速掌握了抽象的法学原理，那些翔实的案例也大多都深刻地留在了学生的脑海中。范进学表示，“法学教育绝不是简单的经验主义、工具主义，而是要培养出具有法治理念、法律思想的专家”，为此“躬身力行，将教学理念融于点滴课堂，吾志所向矣”。

教学工作之余，师兄还充分发挥专家学者的优势作用，于2017年受聘为农工民主党中央理论研究骨干，2018年受聘上海市宪法宣讲团成员。在大半年的时间内，他先后赴上海及全国各各地开展了70多场主题为“2018宪法修改及对中国未来影响”的宪法宣讲，普及听众数万人。为了把知识讲深、讲透，范进学不断挖掘宪法修改背后的故事，比如在谈及为何把“习近平新时代中国特色社会主义思想”载入宪法序言中时，师兄从习近平总书记的个人成长史谈起，讲其思想、立场与经历，内容深入浅出，让受众更加深刻地理解了习近平新时代中国特色社会主义思想，使宪法修改更加深入人心。凭着有目共睹的卓越表现，范进学在2018年度宪法宣传工作中被评为宣讲团优秀成员，这更坚定了他坚持普及宪法的决心。“高校教师是宪法研究的主体，是传播宪法精神、弘扬宪法理念的使者。”道阻且长行则至，初心不忘志育人，作为宪法学领域的知名学者，师兄时刻谨记推进宪法宣传的义务，践行着知识分子在新时代的使命与担当。

三、砥志研思精于法，学海波澜畅未来

“知之者不如好之者，好之者不如乐之者。”法律学习浩如烟海，理论学科的晦涩艰深更是众所周知，范进学却总能在理论研究的朝乾夕惕、秉烛夜读中觅得乐趣。在研究法理与私法的关系时，他沉浸在古希腊古罗马的法理发展中肆意感触前人的智慧，流连在自由法学、目的法学、利益法学等众多思想中尽情领悟思维的碰撞，探究私法中蕴含的精深法理，以窥私法法理之窅渺为旨趣，最终层层剖析出法理与私法间紧密的内在逻辑与外在勾连关系，诸如此类不一而足。“心向往之，即吾心安处。”在这份兴趣的驱使下，师兄逐步找到了研究方向：在法理学的抽象理论中深邃思索，领略“法学体系的理论基石与思想宝库”；在宪法学的原则与精神中孜孜以求，晓悟“法学体系之核心”，深耕不辍，让法学研究成为一种习惯和生活方式。

范进学表示：“漫漫科研路，兴趣仅是引路人，创新驱动方可行至长远。”宪法学界在讨论合宪性审查制度时，通常聚焦于国家层面上的制度审查，而党内审查却鲜有人问津。师兄充分把握党和国家的基本动态，多角度进行现实制度的实证考察，对当前党内法规和规范性文件的备案审查制度给予

了创新且精准的定位，提出了在中国建构国家层面与执政党层面二元并存的合宪性审查制度的主张。“做学术研究，断不可随波逐流，人云亦云。”持续的务实求新，探索推进，使师兄在法学理论的研究之路上成果斐然，迄今在权威期刊上发表学术论文近200篇，出版个人专著、译著及合著近20部，同时他也在担任教育部重大攻关项目及社科重点项目负责人、权威期刊论文的评审专家、农工党中央理论研究骨干，在法学理论领域起着举足轻重的作用。

范进学（左二）与校友寻访队员合影

作为法学理论学科带头人，范进学对于学术研究颇有心得。他表示，要时刻关注时事政治与学术热点，具备问题挖掘意识、了解现有研究现状，“带着使命感与自信才能写出好文章”。谈及学科未来发展，师兄坦言近代以来我国法学理论领域大都“西学东渐”，特有的法治话语或方法极少，当前法理学及宪法学都面临着如何中国化的重大问题。为此，范进学始终坚持法治实践基础上的思想创造，他拓展了我国宪法解释理论研究，自2000年攻读博士以来即致力于该领域的学理与方法论研究，出版了我国第一部专门研究宪法解释理论的著作，被学界公认为我国宪法解释领域研究的主要代表学者之一。他撰写的《认真对待宪法解释》一书于2009年获得司法部第三届全国法学教材与科研成果二等奖，目前45万字的《宪法解释制度比较研究》国家社科重点课题的研究已趋于尾声。他开拓了权利政治理论研究，2003年出版了《权利政治论》，是我国较早研究权利政治理论的学者。他在宪法实施与监督研究领域所取得的研究成果得到了学界的充分肯定，由此而获得了2018年度教育部重大攻关课题“宪法实施、教育与监督研究”；同时推动并完善了我国合宪性审查制度与机制的研究，他的研究基于中国国情，突出了合宪性审查制度的中国特色，起草的《合宪性审查程序法(草案)》，获得了相关部门的充分肯定。“构建起中国自有的法学理论话语体系仍任重而道远”，范进学将一如既往地坚守初心、立足本职、砥砺前行，通过“学术的力量”丰盈理论研究大厦，与众多学界同仁一起，为理论法学的繁荣群策群力，为法治中国的建设添砖加瓦。

［**人物名片**］范进学，山东大学法学院1983级本科生、1995级硕士研究生，现任上海交通大学凯原法学院特聘教授、博士生导师。兼任中国宪法学研究会常务理事、中国法理学研究会常务理事，上海市法学会宪法学研究会副会长、上海市法学会法理学研究会副会长。

范晓东

投身交通三十载，亲历高速新发展

一、砥砺求学，难忘母校温暖岁月

“能见证山东高速从无到有、由小到大的全过程，我深感荣幸。”作为一名从事交通管理工作三十年的“老交通人”，在山东高速集团的办公室里，范晓东师兄与我们谈起他与交通初结缘、与高速共成长的全过程，而故事的起点，便是山东大学法律系。

范晓东（前排右一）与同学们在校园

1983年，范晓东在机缘巧合下考入山东大学法学专业，而这一年恰好山大法律系成立。作为亲身见证者，师兄表示“我很幸运地赶上了法学开疆拓土的时刻”。忆及求学时光，令他感触最深的是四载师生之情和同窗之谊。“1980年刚刚恢复办学，法律系的人数有限，彼此间熟悉得仿佛一家人。”师兄印象中，老师们经常与学生交流，关心学习状况和生活冷暖；学校的学术氛围浓厚，主动性强的同学们之间经常“切磋技艺”，各抒己见。但彼时教学资源匮乏，师兄告诉我们，法学课程几乎没有指定教材，大多数使用任课老师自己编写后油印出的课本，他至今仍保存着当年老师刻板而写的《婚姻法教程》。

笛卡尔曾说:“越学习,越发现自己的无知。”范晓东也深有体会:“接触法学后发现要补充大量的其他学科知识。”闲暇时,他最喜欢去资料室,徜徉在浩如烟海的书籍里阅读思索,汲取知识的养分。师兄表示,山大提供的丰富外国文献和法学原著开阔视野、增长见识,对他日后的进步发展起到了不可或缺的作用。“四年法学学习的最大收获是让我养成了至今贯穿于工作中的法律意识、法律精神和法律思维,它们引领着我少走弯路。”范晓东表示大学阶段的学习让他对法律有了整体、全面且深入的了解,建构起一套法律知识体系且养成了良好的法治观。

二、入行交通,法治护航高速发展

1987 年,毕业后的范晓东进入山东省公安厅工作,负责公安交通法制建设。正值全国法制建设和全民法制意识的“萌芽期”,完善公安交通管理法律法规、规范公安交通执法行为迫在眉睫。“那时没有经验可供借鉴,只能根据自己掌握的法学知识,运用法律思维去解决问题”,师兄与同事一起调研实践中常见情况,进行归纳总结后反馈给各职能部门。1997 年,由于熟悉交通领域的法制建设,范晓东被调任至山东省交通厅法制处工作。

20 世纪 90 年代末,中国公路建设呈现“加速度”发展,山东省实施了“五纵七横”高速公路网建设。1999 年,山东省高速公路总里程率先突破 1000 公里,跃居全国第一,民间流传“山东的路,广东的桥”这一说法。师兄表示:“山东公路建设‘标杆’作用与交通领域的法治化进程密不可分。”那时对高速公路的投资建设管理主要依据政府部门的规范性文件,系统的法律规范尚未出台。山东省率先启动高速公路立法工作,师兄等人在法律框架下思考行政权力的界限,是否与现行法律法规、国家政策相冲突。他们反复研讨、多次调研,与相关部门就职能划分进行磋商,听取企业、群众代表的意见,最终制定出颇具前瞻性的《山东省高速公路条例》。

“立法实现了高速公路的建设体制、经营模式标准化”,师兄表示该《条例》的出台进一步促进山东高速公路事业的蓬勃发展。2001 年,山东省委、省政府启动高速公路投融资体制改革,组建山东高速集团有限公司,范晓东被调至该集团负责高速公路运营管理方面的法务工作。高速公路建设和运营中必然会涉及征地拆迁补偿纠纷、施工合同纠纷等法律问题,师兄都一一化解,他表示“遇到的问题错综复杂,但只要擅于运用法律思维解决,坚持底线思维和规矩意识,就没有解决不了的难题”。

三、跨界管理，打造高速品质工程

之后师兄的岗位几经调整，但兜兜转转始终未曾离开交通领域，他笑称“这可能是我与交通的难解之缘”。2018年末，隶属于山东高速集团有限公司的山东高速建设管理集团有限公司成立，范晓东担任董事长一职。“如何建设、管理高速公路是我们的主责主业”，师兄介绍，山东高速建设管理集团主要职责是高速公路投资、建设、运营管理及产业链创新开发等，肩负着推动全省高速公路发展的重任。集团里大多数员工均是工程专业技术人员，范晓东在“跨界”管理上煞费苦心，他不仅发挥专业优势、依托法治思维实现公司制度化建设，而且强调文化对于企业发展的重要性。在他看来，“企业文化是企业延续的根和魂，也是企业追求的目标”，而山东高速建设管理集团倡导的“以人为本、品质工程、勇于创新”发展理念，言简意赅地阐明了“山东高速人”为民、保质、求新的永恒追求。

范晓东（右二）与校友寻访队员合影

打造品质工程，是高速公路建设者的永恒追求，贯穿于设计方案、工程招标、施工队伍和建设材料的选择及现场管理等各个环节。只有弘扬工匠精神、抓好质量安全环保，时刻保持对工作的敬畏感，才能以匠心打造品质工程，做到行稳致远。从原先为通路而修路到如今“将每条高速公路都打造为艺术作品”，他们不但考虑人车路的统一，更注重路与自然的和谐共生。以潍日高速为例，范晓东告诉我们，集团秉承着“在建设中保护，在保护中发展”的绿色理念，建设过程中强调高速公路与周边环境融为一体，让人们在行驶过程中享受“车在路上走，人在画中游”的体验。此外，他们对所辖服务区进行大幅度提升改造，实现场区园林化、停车规范化、服务设施星级化、餐饮购物休闲化，展现出创建国内高速公路服务区品牌的决心。

四、创新引领，推进智慧高速建设

从以“城市之间通高速”为口号的高速公路 1.0 时代到公路网基本建成的高速公路 2.0 时代，交通领域的基础设施建设日新月异，民众也开始期待更加舒适化、便捷化的服务。如今，高速公路发展已经迈入 3.0 时代，师兄表示“以人为本是核心要旨”，为满足人民群众对美好生活的向往，建设安全舒适便捷的智慧高速是人们对交通设施升级的追求，山东高速建设管理集团作出不懈努力。

5G、物联网、AI 等技术的发展为建设全方位“智慧高速”提供成熟的方案，师兄表示“智慧交通的本质是综合利用信息化手段提供高效、便捷的服务”，如今他们已经建立起覆盖收费、路政、养护、出行等多项业务的高速公路运营综合信息系统。目前，他们正在研究推进建设具备车道级精准管控、准全天候通行、车路协同自动驾驶、智能化管理决策等功能于一体的“智慧高速”，未来将实现行驶在高速公路上的车辆与车辆、车辆与道路之间实时“对话”，为出行者提供更加精细化、自主化服务。

范晓东亲历并见证着交通领域三十余年的飞速发展，他觉得“高速公路是为社会公众服务的基础设施，每个人都是其发展的受益者”。从满足“百姓想致富，路是先行关”的基本通行需求到为出行者提供“全过程”“一站式”的品质服务，山东高速建设管理集团始终坚持“以人为本”，竭力为公众营造更愉悦的出行体验。师兄表示，未来他们在承担国有资产保值增值的经济责任同时，还将继续助力于山东省新旧动能转换，实现服务百姓“美好出行”的社会责任。

[人物名片] 范晓东，山东大学法学院 1983 级本科生，现任山东高速集团有限公司副总工程师，曾任山东高速建设管理集团有限公司党委书记、董事长，获评“山东省富民兴鲁劳动奖章”。

高从军

尽职履责守关门，面海而立海关人

一、学风化春雨，润物细无声

穹顶之下，黄海之滨，耸立着一座雄伟高楼，其上海关关徽熠熠生辉——商神手杖与金色钥匙交叉而成，象征中国海关依法实施进出境监管，维护国家主权和利益；长空朗朗，蓝波渺渺，云端之下的这片经济热土上，矗立着青岛海关业务体量最大、队伍人数最多的隶属海关——黄岛海关。在这个光荣而神圣的地方，黄岛海关副关长高从军师兄款款而至，沐浴在温暖的阳光之中，高师兄将他的山大故事与我们娓娓道来。

高从军（右二）与校友寻访队员合影

1983年的秋天，高从军踏入了山东大学的校门。“忆往昔，峥嵘岁月稠。”三十余年倏忽而逝，但那段风华正茂的岁月里，伏案于图书馆读书学习的勤勉不怠，奔跑在洪家楼校区操场上的恣意昂扬，甚至连曦园食堂令人食指大动的珍馐佳肴仍都历历在目。忆及本科阶段，学习任务并不轻松，师兄的课余时间大部分在图书馆中度过，查阅资料、小组讨论、模拟辩论……迎着晨曦入馆，伴着繁星而出的悉心准备和课堂上不同观点的展示、碰撞，为他奠定了深厚扎实的法学功底；学习之余，加入田径队的经历点燃了他对于运动的热忱，四年的运动不断锤炼着他的身体，也赋予了他跑步这个可以伴随一生的爱好；辅导员春风化雨的教导、亦师亦友的关怀、无微不至的照顾，也令其收获了深厚隽永的师生情谊。四年的悠悠岁月中，高从军不仅储备了丰富的法学知识，养成了严谨缜密的逻辑思维，更从老师们潜移默化的教导中、在待人接物的不断探索中，塑造了更为完善的三观与性格。“大学最宝贵之处就是对学生精神的滋养和人格的锻造。”虽离校30余载，但四年所学的法律知识、所养成的法律思维、所积淀的人格品质，仍如丝丝细雨，潜移默化地影响着他。

1987年从山大毕业后，高从军进入青岛海关调查处工作。初次接触海关实务，他面临的第一份考卷是整理一起绕关走私案的证据。此案所涉证据类型纷繁复杂，包括汽车、香烟、塑料等物证和邮件等书证，如何对证据进行分类整理、怎样形成一条完整的证据链对于初出学校的他来说都是不小的难题。“进入社会往往会面临所学与所需之间巨大的鸿沟，但除了努力，别无他法。”于是师兄时常带着反复凝练的问题向前辈请教，不断学习他们的工作经验和方法。夜晚归家，他便结合借阅的关于证据的“大部头”书籍和网络上查阅的相关资料，将杂乱无章的证据采用不同标记标注以作提示，最终分门别类地归纳整理。正是秉持着学无止境、好学笃行的精神虚心求教、学以致用，他最终提交了一份令人满意的工作答卷，在职场生涯中谱出了一章接近完美的序曲。

二、在位谋其职，担当有作为

“学习非朝夕之事，而是恒久之功。”坚信并不断践行这一信条的高从军经过数年的朝乾夕惕，兢兢业业，逐渐成长为调查处的业务骨干，并对海关工作有了更深入的了解和认识。谈及海关职能，师兄笑称，海关看似遥远而陌生，但其职能类似于电影院的“检票员”，负责征收“票款”，检查观众是否有逃票、漏票的行为，并对这种行为依法予以处罚。在调查处审理科工作的高从军主要负责部分走私违规案件的审理工作。“审理科对于业务能力和学习能力的要求非常之高，不断会有疑难案件的争议点、新的走私类型的出现，催促着你像齿轮一样不停运转，去研究，去思索，去总结。”曾有一起进口香烟走私案，走私者试图雇请他人驾船从未设立海关的地点运输香烟入境以逃避海关监管。在审理此案时，关于涉案船舶上未被追究刑事责任的船员是否应当给予行政处罚的问题产生了不同意见，于是高从军等人不眠不休，彻夜研读案件相关资料、查阅相关案例并反复研讨，了解案件事实、分析争议所在和权衡不同结果，最终根据我国《海关法》及《海关行政处罚实施条例》等相关法律法规，认定其行为属于条例规定的“逃避海关监管，构成走私的其他行为”，处以罚款并给予了严重警告。师兄曾见证江泽民总书记对山东乳山“7·19”走私案件的批示，曾亲历 1993 年山东沿海打击走私狂潮，曾战斗在遏制走私蔓延的海关一线岗位。从业 30 余年，师兄一直将“以事实为依据，以法律为准绳”的执法精神作为自己的职业信念，认真对待参与审理的每一起案件。

正是得益于这种尽职履责的工作态度和满腔热血的工作热情，高从军于 2010 年调任德州海关关长。“在其位，谋其政，任其职，尽其责。”为了充分发挥德州海关对经济发展的促进作用，上任伊始，高从军就开始着手解决德州因经济体量较小导致的海关业务规模较小、服务企业效能不足的问题。他首先带领团队研究德州经济发展现状，积极深入企业进行调研，数次召集各大企业负责人开展反馈通关问题的研讨会。“解决问题就应当深入基层抓实际，潜心调查搞研究。”针对一些外贸企业反映的通关速度慢的疑虑，制定“一对一”的服务措施，并推广“多点报关，口岸验放”“区域通关”等新模式，将监管和服务有效结合，保障企业进出口“一路顺畅”。深入调研、创新工作的同时，师兄还注重整合人才队伍，进行合理的人事安排。“知人善任，善为伯乐，是一个领导最为重要的品质之一。”他根据不同的职责定位和下属的综合能力统筹安排协调相关工作，力图实现“人尽其才，才尽其用”。通过大刀阔斧的改革和稳扎稳打的建设，2010 年德州海关税收入库 4.16 亿元，同比增长 33.94%。这是德州海关建关以来税收首次突破 4 亿元。师兄介绍，税收增长的重要拉动因素是辖区进出口总值快速增长、税基不断扩大，这得益于德州海关人尽职履责、分工配合，为炼钢、纺织、机电等工业企业生产，特别是铁矿砂、棉花等大宗资源性商品进出口服务，为推动德州外向型经济进一步发展打下了良好的基础。飙升的税收数字是他们数月以来用汗水和心血浇灌而成，见证了以高从军为代表的所有德州海关人的共同努力。

高从军参加青岛广电“行风热线”节目

三、团队齐协力，守关著成效

得益于以往三年的德州海关经历积累下的丰富工作经验，调任黄岛海关副关长的高从军在处理工作过程中格外得心应手，游刃有余。目前他分管两个综合部门的业务，主要负责海关业务工作的统筹协调，政策制度的组织落实和相关业务的对外沟通。为了进一步提升工作效率，促进业务规范化，师兄带领部门人员共同学习全国通关一体化的工作要求，并根据黄岛海关业务体量大等特点，与团队拟订通关运行管理工作制度。“制度的生命力不仅在于科学的制定，更在于强有力的执行”，师兄以身作则，带领团队严格执行制度，“正人先正己，其身正，不令而行，其身不正，虽令不从”；同时建立了重点工作事项督查督办制度，督促落实并定期调度实施落实情况。这一举措推动了黄岛海关通关工作的规范管理，极大提高了通关效能和服务质量。在黄岛海关人的齐心协力之下，黄岛海关作为“大码头”“大口岸”的副厅级隶属海关，正在积极打造成为关区乃至全国系统隶属海关的“样板关”。

2020 年，全球肆虐的疫情给海关带来了新的挑战。面对来势汹汹的疫情，黄岛海关人迅速采取行动、发扬担当精神，在做好关内船舶卫生检疫环节、疫情防控等各项工作的同时，外防输入，内促生产。“远程核查零见面，申报业务零跑腿，出口查验零接触，政策咨询零距离”，用专业高效筑牢国门安全屏障；“绿色通道零等待，防疫物资零关税，审批通关零延时，进口货物零滞留”，海关人用专业高效筑牢国门安全屏障。“海关人要有家国情怀，让我们办理的每一票通关，联系服务企业的每一项工作都有温度”，师兄经常这样告诫所联系部门人员，他分管牵头优化口岸营商环境、稳外贸稳外资企业服务队，促进外贸稳增长小组、打造精简高效政务新生态等各项工作，都扎扎实实，可圈可点。积极落实海关总署、青岛海关各项惠企政策，及时开展滞报金退还工作，有效缓解了外贸企业资金压力。在疫情这场重要考试中高从军师兄携手黄岛海关人，也交上了一份沉甸甸的答卷。

海关是依法行使进出口监督管理职权的国家行政机关，是国门的第一道防线。高从军在海关的岗位上辛勤耕耘三十余载，从调查处试用期干部到调查局审理处副处长，从德州海关负责人再到黄岛海关副关长，变得是职务，不变的是守卫关门的决心和尽职履责的恒心。一朝入海关，一生海关人，无数海关人面海而立，将誓与海关共进退的铮铮誓言烙于心间，担于肩上，写于蓝海，他们用热爱和青春驻守关门，用奋斗和坚守共筑国门。

[**人物名片**] 高从军，山东大学法学院 1983 级本科生，现任青岛海关下属黄岛海关副关长，曾任德州海关关长。

冷春

行为民公证事，传守己山大魂

一、回首山大，难忘恩师同窗

2019 年 6 月 15 日，法学院在青岛举办了乔伟先生塑像安放仪式，冷春也受邀参加。“乔伟先生是一位把握时代脉搏的法学家，我们在他身上嗅到的是强烈的时代气息”，凝视着乔伟先生塑像的她不免思绪万千。三十载光阴如白驹过隙，恩师的谆谆教导和同学们的欢声笑语仿佛仍在耳边萦绕，在操场挥洒汗水的身影和在图书馆潜心学习的模样依然历历在目，大学的峥嵘岁月再次浮现在眼前。

冷春（左二）与同学们在校园

超前的法律教学模式、浩瀚的法律图书馆、循循善诱的老师、古朴厚重的校园……严谨优良的学风让冷春一直心无旁骛地钻研学问，脚踏实地的精神始终让冷春兢兢业业地埋头工作。“山大不仅让我学会了仰望星空，更教会了我脚踏实地。我们每个人都是一缕微光，应该尽自己的一分力量，为行业的发展作出自己的努力。”自 1988 年毕业后，冷春便一直从事公证工作，见证着这些年来我国的法治建设的发展进步，尽管法律环境已经发生了翻天覆地的变化，当年学习的法律法规大多已发生变动，但是山大法学教育培养她的法律思维始终没有变。“那时培养的法律思维是我成长道路上的启明星，使我终身受益。”每当遇到棘手复杂的公证业务难题时，它总能帮助冷春摆脱困境，看到“柳暗花明”。

冷春受邀参加乔伟先生塑像安放仪式时，法学院已从洪家楼校区搬迁至青岛，虽然学院位置变了，但她对法学院的关心与对乔伟先生的敬仰始终如故。就读山大期间，乔老先生虽未给师姐直接授课，但还是经常会为学生们作学术报告。“三十五年，时光不断流逝，但先生的高风亮节一直伴随山大法学茁壮成长。”乔伟先生严谨的治学精神、高尚的人格魅力和非凡的学术成就对师姐影响深远；潜心钻研让她学会了“唯厚积薄发方可行路致远”，投身实践让她明白了需要将自身学识变为“民之喉舌”。乔老先生追求真理的学术风骨和刚毅厚重的文化品格感染着冷春，让她在读书和工作时始终保持踏实严谨的态度，并最终成就自我。

二、坚守岗位，释放公证能量

法律职业共同体不缺乏勤奋者，更需要关键时候的突破者，在绝大多数同学都从事检察官、法官行业时，师姐毅然选择了公证行业。“我愿变成一颗螺丝钉深深地扎根在这个行业中，将纠纷和争议消灭于未然。”多年来，冷春在保障弱者基本权利和捍卫社会公平正义的道路上不断前行。在工作中，师姐有时也会因为遭遇当事人的误解而感到失落和烦恼，但那时她总会默默提醒自己：“作为公证员的我有责任让当事人了解公证制度、让他们的合法权益得到维护，我应该筑牢正义的第一道防线。”如此忘我的奉献和坚定的信念让师姐在面对困难时能无所畏惧、砥砺前行。

出类拔萃的业务能力、雷厉风行的行事风格、一心为民的公仆情怀，让冷春能够游刃有余地处理各种突发事件，“解民生之所急”。2011 年，中国台湾阿里山小火车颠覆事故中有多名青岛籍游客受伤，游客家属急需赴台处理相关事宜，但是需要持亲属关系公证书才能办理赴台手续。冷春接到青岛市政府通知后，立即带领公证人员加班加点工作，多次通过省公证员协会协调联系海基会，及时出具了台湾地区需要的公证书，最终让伤者亲属得以在第一时间赴台。为解决拆迁这个“老大难”的问题，冷春带领同事多次深入社区村落和拆迁现场，现场为有需要的群众解答疑问并办理公证，为娄山后、李沧区东部近十个村整体搬迁改造的顺利推进提供了及时有效的法律支持，最终推动了拆迁回迁工作的顺利进行。“找准公证工作在新时代大背景下的定位和使命，服务大众、奉献社会始终是我工作的目标。”冷春始终深入到群众中努力维护弱势群体的利益，解决大众关注的利益问题，充分发挥公证工作预防纠纷、化解矛盾的优势，践行着她的初心与使命。

“我们盼望有纠纷的兄弟和姐妹可以握手言欢、相逢一笑泯恩仇；我们希望有争议的企业和公司能够同心协力、消除争议同发展。”作为群众矛盾纠纷的调解者、社会公平正义的捍卫者和国家经济建设的服务者，冷春每年办理各类涉外公证事项达数千件，同时围绕多个重点工程建设重点提供公证法律服务。在她的带领下，青岛市中团队主动免费上门为老弱病残服务数百次，为公众提供公益法律咨询多达万余次。

冷春（中）与校友寻访队员合影

三、重任在肩,助力公证发展

欧洲大陆有一句谚语:“每新开一家公证处,那么就可以关掉一家法院。”法院与公证处都是解决纠纷的重要组成部分,而公证则可以将纠纷消灭于未然。作为青岛市中公证处的主任,为了保障公证处能在改制之后保持良好运行和发展,冷春常不辞辛劳地奔波于各大律所、金融机构及企业间进行业务拓展。“要想积累一份看上去‘很幸运’的业务清单,运气和勤奋缺一不可,而且越努力越幸运。”冷春正是通过她的勤奋和努力带领青岛市市中公证处实现了一次又一次的突破。

冷春除了是一名亲身经历公证行业发展变革的资深公证员外,更是山东公证行业的杰出的引路人。三十多年来,公众从公证意识薄弱到逐渐接受,她也经历了从公证行业从收养、赠予、继承等传统的民事公证,到土地流转、林权流转等统筹城乡发展公证的领域扩展;从城市拆迁、企业改制等民生热点公证,再到金融、房产、投资等经济生活中的各类公证的发展变革。“公证协会就是公证行业里的眼睛和滤网。”这些年来山东省的公证事业发展呈现良好态势,这离不开山东省公证协会的规范引领。自 2014 年开始担任山东省公证协会会长以来,冷春负责对山东省公证机构、公证员的执业活动进行规范管理,带领协会积极协助指导全省公证工作、定期组织会员开展学术研讨和工作经验交流,格外注重人才梯队建设,为山东省公证行业的发展和公证人才队伍的建设提供了长期稳定的保障。

在我国公证行业制度改革不断推进的背景下,我国的公证行业的发展前景持续向好,冷春希望有更多的青年才俊投身到公证事业中。冷春坦言,我国传统公证业务远未达到饱和状态,同时仍然处于起步阶段新型公证业务也有较大发展空间,她希望能有更多青年才俊能投身于公证行业。为了加强公证人才队伍建设,冷春积极挖掘公证人员潜力,为年轻人提供一条规范化的上升途径。为提高公证员整体队伍职业素养,她组织协调省内外同行开展多层次高频度的互动交流,2017 年利用省市县三级视频系统所举办的公证业务培训班更是全国首创。

“路漫漫其修远兮,吾将上下而求索。”在未来的岁月里,冷春将继续带领团队把握时代脉搏,贴近社会生活,向民众提供更优质、高效的公证法律服务,为国家的法治建设贡献力量。

[**人物名片**] 冷春，山东大学法学院1984级本科生，现任山东省青岛市市中公证处党支部书记、主任，一级公证员，山东省第十届党代会代表，兼任山东省公证协会监事长，中国公证协会公证质量管理委员会主任委员，中国公证协会常务理事等职务，曾任山东省公证协会会长，曾被评为第五届全国优秀公证员、山东省司法行政系统先进个人。

赵晓燕

一朝劳动仲裁人，卅载民生保障路

一、那时山大，像极了老舍笔下济南的冬天

冬日的济南城恰如往昔、无风响晴，阳光映照下的省人社厅大楼熠熠生辉，初见赵晓燕师姐，她的一句“虽然早已离开母校，但心中的温暖始终不曾改变”打开了自己记忆的闸门，将思绪拉回到了三十多年前的青葱岁月。回想起山大古朴的建筑、宁静的校园，她最常驻足的还是洪家楼校区的那条小河，“那清清的流水、摇曳的水草，像极了老舍笔下济南的冬天”。

山东大学法律系经济法班八八届本科毕业生师生留影

作为山东大学法律系成立后招收的第一批本科生和第一批经济法专业生，师姐坦言"八四级"在学院发展历程中有着里程碑式的意义，作为其中的一员她感到无比幸运。谈及那时的学习生活，赵晓燕表示虽然面临诸多困难，但没有什么能阻挡他们求知的脚步：没有教材讲义，主讲老师就手写油印；缺少图书资料，全班同学就相互传阅……"学习便是我们四年山大时光的'主旋律'"。除了求知若渴的学子，老师对教学研究也都怀有极大的热情，不论是"文革"前已任教职的资深教授，还是恢复高考后名校毕业的青年学者，师姐感慨，"他们都富有激情，关心爱护着我们的发展成长"。

除了循循善诱的老师，师姐印象最深的还有那朝夕相处的43名同学，他们至今仍然都保持着密切的联系。"每次聚会都像是一个精神加油站，让我们从中汲取力量，整装再出发。"提到2018年刚刚举行的毕业三十周年返校活动，赵晓燕的言语间透露着温暖与感动。她表示尽管大家的经历各有不同，但"法律人"的烙印却永远铭刻在每个人的心中。法治的信仰和精神、法律的思维和方法，也伴随着师姐三十年与劳动者结缘的职业历程。

二、劳动人事争议仲裁工作事关民生之稳

谈到劳动人事争议处理，赵晓燕笑称自己还是有一定"发言权"的，不仅是这一制度恢复的见证者，更是制度发展的亲历者、制度完善的参与者。1988年7月她加入省劳动厅仲裁处时，部门刚组建还不到两个月的时间，"让更多的用人单位了解，让更多的劳动者信任，是我们当时面临的首要任务"。从进行名词解释和案例编写、普及劳动争议的救济制度算起，二十八年如白驹过隙，师姐已逐渐成为这个领域的行家里手，也始终践行着"干一行、爱一行、专一行"的职业信条。参与制定地方性法律法规、推动仲裁机构实体化建设、探索解决仲裁员办案补助……赵晓燕对自己的每一项工作都如数家珍。2017年，她牵头组织起草的《山东省劳动人事争议调解仲裁条例》颁布实施，所带领的省劳动人事争议仲裁院也获评"全国巾帼建功先进集体"。师姐坦言，"看到山东在劳动人事争议调解仲裁方面走在了全国前列，我感到无比自豪"。

不过，最令赵晓燕感到幸福的事情，还是老百姓从"信访不信法"到"有争议找仲裁"的转变。"劳动关系是最基本的社会关系，和谐劳动关系是民生之稳。"赵晓燕认为，仲裁机构从小到大、仲裁案件由少变多只是这一制度发展的外在结果，纵观国际经验及行业趋势，劳动者维权意识和法制观念的提升才是核心驱动力。作为劳动人事争议仲裁院的院长，她坚持把为劳动

者争取权益、为弱势者主持公平放在首位，充分发挥仲裁相较于诉讼更加柔性、便捷、高效的优势，使仲裁真正成为矛盾纠纷多元化解的准司法手段、劳动人事争议解决的第一道防线，让“和谐仲裁、阳光仲裁、温暖仲裁”的品牌形象深入人心。

三、织密织牢工伤保险这张民生保障网

2017 年，赵晓燕被调整到工伤保险处工作，“工伤保险管理服务”成为她所面临的全新命题。师姐表示，尽管从民法、社会法领域转向行政法领域，但具体工作内容仍有交叉，“工伤认定是职工获得工伤权益的基本前提，除挂靠、非法发包等有明确规定的特殊情形外，确认劳动关系的存在仍是工伤认定的前提”。基于此，赵晓燕倡导将“释明义务”的理念引入工伤认定领域，把工作做在前面，在工伤认定板块直接把好劳动关系确认关，“如果能引导劳动者主动收集一些证据，实现事实劳动关系的确认，我们的工作也会好做很多”。为了实现这一目标，她提出了工伤认定人员要争做复合型人才的号召，带领部门同事全方位熟悉相关法律法规和具体业务流程，凭借良好的服务态度和扎实的专业知识，“使更多工伤职工的权益得到更快捷的保障”这一理念已深入人心。

赵晓燕（左三）与校友寻访队员合影

两年多的时间，师姐对工伤保险工作也有了更为全面和深刻的认识。面对链条长、环节多、服务对象特殊等实际问题，赵晓燕牢牢抓住“调查保障不足”这一关键，探索通过政府购买服务的方式与商业保险机构进行合作，借助商业保险机构人员的力量，有效解决了“案多人少，保障不足”的难题。通过两个城市的成功试点，这一经验已经在全省得以推广，师姐不仅得到了各级领导的肯定和兄弟单位的认可，还连续两年在全国工伤保险工作座谈会上进行典型发言。“工伤保险制度是我国社会保险制度的重要组成部分，

应当成为因工作遭受事故伤害或患职业病的职工合法权益保障的安全网”，以帮助万千普通家庭为己任，赵晓燕有信心在今后的工作中继续织密织牢工伤保险这张“民生保障网”。

四、法律的基本意图是让公民尽可能地幸福

“在鼓励和解、强调调解的政策背景下，选择劳动人事争议调解仲裁工作，未来必将大有可为。”谈到法科毕业生的就业选择问题，赵晓燕表示多元化的就业时代已经到来，她希望学弟学妹可以放开思路、拓宽视野，在择业前详细了解目标行业，遵从自己的本心，选择一份可以持续热爱的事业。具体到劳动仲裁员这一岗位，师姐坦言“法学院培养出来的学生是有优势的”，她认为在校期间“崇真、求实”的治学准则让法学生表现出更高的道德修养和业务修养，“公道正派、严谨细致，这是做好调解仲裁工作的基础”。

从事人力资源与社会保障三十余年，赵晓燕见证着我国法治建设的跨越式发展，也在工作过程中更加懂得了法律的真谛。“法律的基本意图是让公民尽可能地幸福”，这是古希腊著名哲学家和思想家柏拉图的名言，也是她一直坚守的一句座右铭。师姐表示，处理好劳动争议的关键可以总结为“三心，三情，三理”——“三心”，就是要有热心、有细心和有诚心；“三情”，就是要用真情、用温情和用热情；“三理”，就是要讲公理、讲真理和讲法理。“法律不是冷冰冰的条文，它是有温度的”，提到每年春节当事人给她拜年的电话和短信时，师姐的眼眶不禁有些湿润。

“作为新时代的弄潮儿，你们正值大好年华。”结合她了解到的实际情况，赵晓燕语重心长地叮嘱我们“千万别在最好的年纪，活得太安逸”，希望学弟学妹珍惜大学校园时光，增加知识储备、提高专业素质，面对未来真正做到“不打无准备，无把握之仗”。访谈的最后，赵晓燕师姐期待新一代山大法律人勇做法治信仰的追寻者、法治精神的践行者，为实现中华民族伟大复兴的中国梦贡献青春力量！

［人物名片］赵晓燕，山东大学法学院 1984 级本科生，现任山东省人力资源和社会保障厅工伤保险处处长、中国医疗保险研究会工伤保险专业委员会常务理事。曾任山东省人力资源和社会保障厅调解仲裁管理处副处长、山东省劳动人事争议仲裁院院长，从事劳动人事争议调解仲裁工作 28 年，先后被评为全国优秀劳动争议仲裁员、山东省首届省直机关“诚实守信”道德模范提名奖，荣立个人三等功一次。

李良品

良言议国是，品正解民悬

一、求知若渴，立志散播法治良种

一个阳光明媚的午后，走进李良品师兄的办公室，我们看到他正与三两校友视频通话，商议济宁校友会为庆祝山大百廿校庆将要举办的校友活动。沉稳的气质、亲切的笑容一下拉近了我们的距离，谈及母校，师兄的记忆像打开的闸口，回顾洪楼读书的本科四年韶光，徐显明老师伏案疾书的场景最先浮现在师兄脑海中，古书灯下、雨夜窗前，师兄每次路过办公室时都能看到徐老师凝眉思索后奋笔直书的样子。本科毕业后，李良品来到山东财政学院任教。“山大赠予的自由、包容、求是、创新精神让我受益终身。”在教学中，他从不照本宣科，而是结合实务案例深入讲解；从不苛责训斥学生，而是循循善诱加以引导，多年来教学经验使他形成独特的案例教学法，深受学生欢迎。“学高为师，德高为范。”师兄注重教学的同时不忘关注学生的德智发展，他经常与同学们一起进餐、一起谈心，与学生打成一片，亦师亦友，正是这般春风化雨让他赢得了全院学生的热爱。

当然，李良品始终牢记做一名学术型老师，“要想给别人一勺水，你必须有一桶水”，在经年累月的教学中他逐渐认识到自身法律学识尚有不足，于是便在 1995 年重返母校攻读宪法与行政法学硕士学位。从本科到硕士，从意气风发到沉稳干练，七年的山大求学经历造就了李良品严谨周密的法学思维和务实勤奋的优良品质，携着这些人生财富，他的法治建设之梦继续扬帆远航。

“饮水思源，落实思树。”毕业多年的李良品非但没有忘记山大，反而一

李良品(右)与徐显明教授合影

直用自己的切实行动反哺母校。作为山大济宁校友会会长,师兄大力组织开展校友联谊,增进彼此感情;矜恤病弱校友,积极发动众筹捐款捐物,加强信任互助。献力山大周年校庆,搭建了校友与百廿母校沟通的连心桥;成立学人创新学会,拓宽了校友与各行精英结识的成才路。师兄借助校友会,发动校友力量,招商引资、招才引智,促进产学研结合,加强政校企合作。越来越多的山大学子在济实习、来济工作,李良品也会携手济宁校友会一如既往地帮助学弟学妹实现人生价值,共圆法治中国梦。

二、沉心法院,多方回应群众诉求

硕士毕业后,李良品仍然任教于山东财政学院。2001 年一次偶然的机会,师兄通过报纸了解到济宁市中级人民法院正面向全国招考副院长,怀揣一颗为民伸张正义的心,他毫不犹豫地报考并被顺利录取。“在法院的 18 年丰富了我的人生,砥砺了我的志向,成就了我的事业。”曲阜一农民夫妇刚满 20 岁的儿子驾驶摩托车上班途中身亡而请求认定工伤,但因其子属于无证驾驶,又系单方事故无致害方,于法无据。当事人在败诉后不断上访,师兄接访后一边耐心劝其息诉罢访,了解其生活特别困难后又设法协调,为其争取到 10 万元司法救助金,既维护了法律尊严,又抚慰其丧子之悲、纾解其生活之困。李良品处理各类疑难案件数百次,他以专业的法学素养、高超的审判技巧和认真的工作态度实现了法律效果与社会效果的至臻统一。

“以不息为体,以日新为道。”师兄始终坚持在法院岗位上有的放矢地化解审判难题。2012 年,由于行政案件相对较少且各县区审判力量不均,师兄带领济宁中院行政庭反复调研论证,在全国率先提出行政案件集中管辖,指定四个基层法院,集中受理原由全市 12 个基层法院管辖的全部一审行政案件。其中部分案件采用中院指定管辖的方式实行异地交叉管辖,使得行政诉讼案件立案难、审理难的问题得到缓解。2016 年,济宁中院启动“以当事人选择权为核心”的跨行政区域管辖试点工作,全市共分为任城区人民法院等三个片区，除限定的一审行政案件类型外，实施跨行政区域管辖，有效破解了行政案件的地方保护难题，为我省行政审判诉讼制度改革提供可复制、可推广的经验。

师兄的工作内容从分管立案、审监到负责行政、赔偿几经更变，但他“为民解忧，替民办事的信念”从未动摇。2019 年起，济宁中院在提升服务质量，化解社会矛盾等方面成绩斐然。通过聘请行业调解组织和特约调解员，参与诉前案件的调解，推动诉源治理工作，济宁中院切实提升了一站式多元纠纷化解机制效能；通过建立 24 小时法院，设立诉服中心导诉台，网上立案服务区、案件查询区等电子显示屏，提供便民手册和诉讼指南，济宁中院逐步打造出信息化、立体化、集约化、综合化的便民诉讼服务中心。筚路蓝缕终不负，一站式多元解纷机制和诉讼服务体系建设成效显著，结案数量大幅提升，新收案件大量减少，这是师兄立足岗位、为民纾困的最好诠释。

三、履职政协，坚持为民建言发声

“中国民主促进会是一支以教育、文化、出版界人士为骨干的、具有政治联盟性质的参政党。”这与师兄长期以来扎根教育事业、坚持文化育人的理念不谋而合。“我愿意以民进组织为平台，发挥自身法学专业优势参政议政，为执政党助力、为国家尽责、为人民服务。”2000 年，师兄经介绍毅然决定加入其中。抚今追昔，回想起在民进的 20 个春秋寒暑，李良品感慨颇多。在负责筹建民进济宁市委时，虽然面临无机构、无编制、无人手，并且各民主党派之间竞争激烈等诸多挑战，但“接过这个担子，就要坚持做下去”，师兄毫不畏惧、勇于担当，在短短五年内将会员发展至 200 余人，增加近一倍。为壮大力量、强化队伍，又积极吸纳一批法律界、医学界、经济界人士加入，会员界别呈现多元化特征。2013 年，中国民主促进会济宁市第一次代表大会召开，李良品当选为民进市委主委。2018 年，师兄主导建设的民进会史馆揭牌成立，作为济宁第一个民主党派会史馆，其展示了民进自身建设和履职尽责的丰硕成果，为会员了解会史会章搭建了平台。

“政协提案是一个政协委员参政议政最重要的手段和最便捷的途径。”截至 2019 年，师兄作为省市两级政协委员已经提交过 20 余个提案，涉及经济发展、教育公平、环境保护、司法改革、城市建设等诸多领域。2008 年 1 月，在十届山东省政协一次会议上，他即提出了“关于试行垃圾分类的建议”，堪称我省倡议垃圾分类第一人。为保障学有所得，提升考生的志愿命中率，2013 年李良品提交了《关于推行高考平行志愿的建议》，倡议每位考生由仅能填报一个志愿到可以填报六个志愿；为实现统一管理，统筹学校的资源用度，2015年师兄提交规范高校放假提案，建议学校每年教学时间必须达到规定要求，不得因节省水电而任意缩短或延长学生假期；为提升弱势群体福利待遇，加强济弱扶倾，2019年李良品提交残疾人生活保障提案，完善低保认定条件，实行家庭收入刚性支出和就业成本扣减。“一朝政协缘，十载为民情。”办公桌上堆积如山的调研材料是他跋涉田野乡间的最美见证；座谈会上铿锵有力的发言质问是他为民夙夜操劳的杰出体现。

李良品（左二）与校友寻访队员合影

2008年以来，法科出身的师兄作为济宁市政协副主席始终关注当地法治建设。以立法为基础，李良品狠抓城市管理，强化问题导向，高度重视城镇化进程加快对城镇化质量水平带来的挑战，明确要从法律制度上解决现代“城市病”。以执法为支撑，师兄走进企业督查环保整改落实情况，要求加大环保监督执法力度，严厉打击生态环境保护违法违规行为。以普法为触角，李良品走访社区，参与“12・4国家宪法日”“青少年普法讲堂”等宣传活动，亲自解答法律疑问，弘扬法律精神。“一人多岗，初心不改。”无论是在法院研精覃思的他，在民进高掌远跖的他，在政协焚膏继晷的他，还是在校友会革故鼎新的他，师兄都将用他兢兢业业的责任心和勤勤恳恳的使命感，继续坚持一言一行常思为民排忧，一举一动不忘替民解难。

时间过得真快，不知不觉三个小时过去了。分别的时候，师兄语重心长地说道：“作为法律人，首先要热爱我们的国家、坚信我们的制度。祖国永远是我们的坚强后盾，抗击新冠肺炎战役的伟大胜利，再次彰显了我们所坚持制度和道路的无比优越性。”李良品表示，一名优秀的法律人要信仰法治、维护法律尊严，做尊法、学法、守法、用法的典范，而不要想方设法钻法律的空子，去破坏法治、践踏法律尊严。同时，他勉励学弟学妹珍惜时光、不负韶华，在学校要认真学习、刻苦钻研，以优异的成绩迎接时代挑战。将来无论到什么岗位，都要注重知识更新、不断充电，充实提高自己。“唯此，才能与时俱进，在风险困境中磨砺自己，在竞争挑战中获得成功。”

[人物名片] 李良品，山东大学法学院1985级本科生、1995级硕士研究生，现任济宁市政协副主席，民进济宁市委主委，济宁市中级人民法院副院长，山东大学济宁校友会会长，一级高级法官，山东省第十、十一、十二届政协委员。

孙 丽

检法立身，行政立业，法治思维立本

一、四年山大法学缘，二十三载法律情

“烟笼寒水月笼纱，夜泊秦淮近酒家。”流连于六朝金粉夫子庙、文人之邸乌衣巷、香君故居媚香楼、风雅园林白鹭洲，我们亲身感受到拥有“南京名片”盛名的秦淮风光。作为这张名片的打造者之一，孙丽的秦淮情缘还要回溯到18岁初次踏入山大校园时。

孙丽（前）与同学们在校园

1985年，随着国家法律体系逐渐完善，法律人才成为社会稀缺性人力资源，抱着“为国家法治建设尽绵薄之力”的初心，师姐选择报考山东大学、结情法学专业。师姐对那时丰富多彩的课余生活印象深刻，骑行爬泰山、打拳

梅花桩、勤练健身操……在法学专业学习外，师姐积极地融入学校多样的氛围之中。本着务实的理念，孙丽在校期间就已尝试法律实践，她帮助父亲进京处理专利侵权案件，亲身参与专利听证、申请、续费等环节，初步了解了法学的实用性功能。在处理调查取证工作中，师姐有时感到力不从心，这让她认识到自己在法律应用上的不足，关注焦点由学术领域更多转向实务领域。1989 年，怀着法治信仰与检察向往，孙丽选择来到南京市江宁县人民检察院工作，身着豆绿制服以青春与热情投入了检察事业。

1992 年，南京市中级人民法院缺少青年法律人才，孙丽选择加入审判队伍。工作十余年，从刑事审判到民事审判，再到行政审判工作，师姐积累了丰富的实务审判经验。2003 年，孙丽调任南京市白下区人民法院副院长，师姐注重法院文化建设，以定纷止争为导向，全面推进审判监督调解工作。在信访案件中，师姐带领审判人员深入了解当事人动机与诉求，耐心细致与当事人沟通，力争案结事了，有效避免了矛盾的激化，最终形成了多元化纠纷解决机制示范效应。

2008 年，孙丽来到白下区政府法制办公室任职，负责全面推进依法行政和法治政府建设工作。初至法制办，师姐意识到"政府的依法行政仍存在薄弱环节，亟待完善"。以拆迁工作为例，决策程序和文书送达的不规范让政府行为效力和威信均受到损害。孙丽通过组织听证、法制宣传、沟通协调等方式促进政府执法规范化，加强当事人权利保护，最终以合法化程序运作有序推进了拆迁工作，强化了执法人员法治意识，为法治政府建设工作打开了突破口。"法学背景和司法工作经历是法律实践有益助力。"师姐运用法治思维着力推进法治政府建设，以行动验证了法律规则与行政管理的深度融合是法治政府建设的有效途径。

二、法治思维巧应用，南京名片精打造

2012 年初，《国家环境保护"十二五"规划》发布，环境保护与管理成为全国重点工作，孙丽被任命为白下区环境保护局局长。时值 2014 年第二届青年奥林匹克运动会举办的准备阶段，本着"请客要先把家里收拾干净"的想法，师姐以加强执法管理为导向，全面推进环境整治与保护工作。孙丽以统一执法人员思想为基础，号召以法治思维为引领，"用好法，行好权，尽好责"，加大执法力度，确保环境违法行为整改到位，环保执法工作得到有效提升，环保工作成效显著，干净整洁的"南京之家"也让八方来客倍感愉悦。"环保关系到我们每一个人，关系到我们的子孙后代。"孙丽始终坚持"守护

环境质量,维护人民健康”的初心,这是师姐妥善处理发展与环保之间矛盾的精神要旨,也是师姐推进环保事业的精神动力。

2015年,孙丽调任夫子庙—秦淮风光带风景名胜区管委会规划与法规处处长,后任管委会副主任。在此期间,师姐寄愿于南京“旧景焕新机”,对法规建设和调研规划等工作亲力亲为,着力打造南京历史古城的文化名片。在规划建设过程中,文化保护与经济发展之间的矛盾难以回避,孙丽在管理中就遇到了老城改造、遗产保护等棘手问题。“既要注重文化遗产的保护,也要看重它的彰显传承和发展”,师姐以“保护与发展并重,保护就要保留”为指导理念,在对历史建筑进行开发利用过程中尽可能保留其本身样态。孙丽在景区总体规划中,对历史文化街区注重保留原有的街巷肌理,注重保留原有的历史文化建筑,采取镶嵌、平移等方式,通过对风格的统一把控,使古建筑与现代建筑融为一体。这种文化与经济的融合发展成为孙丽推进古城再建工作的主线思维。“逻辑化、系统化、精细化是法治思维的内在魅力。”在法治思维潜移默化的指导下,孙丽统筹规划古城建设,注重前期精细化调研,在保留古城文化底蕴的基础上使其再彰显、再传承、再发展,着力打造历史气韵与现代气息交相融合的秦淮风光。严谨、精密、系统的法治思维正是师姐游刃于各项管理工作的思维秘诀。

三、结缘九三彰民主,法治信仰显于行

九三学社章程规定:“九三学社是以科学技术界高、中级知识分子为主的具有政治联盟特点的政党,是接受中国共产党领导、同中国共产党通力合作的亲密友党,是中国特色社会主义参政党。”2014年孙丽加入九三学社,后担任九三学社秦淮区基层委员会主任委员一职。在师姐的带领下,社员积极参政议政,开展民主监督和社会服务,近年来多次中标社省委调研课题,有的转化为全国政协提案,提出的社情民意信息多次被各级政协和上级九三机关采用,并多次被各级领导批示在相关工作中予以采纳;广泛开展捐资助学、疾病义诊、义务植树、法律咨询、助老服务等各类公益活动和社会服务,尤其是2020年新冠疫情以来,广大社员自发捐款,并从境外采购紧缺急需的医疗物资,及时捐赠给南京援助武汉的医疗队、绥芬河市、九三王选关怀基金会用于前线抗疫,许多医卫界社员夜以继日战斗在病房,其他社员有的奋战在防疫物资保障第一线,有的积极投身社区防控志愿服务。秦淮区九三学社社员秉承科学精神,用行动诠释着九三学社爱国、民主、科学的优良传统,服务发展,服务民生,服务社会,成为促进南京地方改革发展与稳定

的有益助力。

2017 年,孙丽开始担任南京市秦淮区副区长,先后分管市场监管、行政审批、政府法制和司法行政、信访稳定、人民防空等工作。上任伊始,孙丽便把保障食品安全作为首要任务,在全市率先开展小餐饮综合整治行动,对近千家证照不全小餐饮实施关停、转向、规范分类整治,对有特殊困难的创新实施备案管理。“事后监管只是治标之策,唯有强化事前行政指导方能治本”,为此,孙丽带领相关部门采取了强化事前行政指导、优化服务、证照联办、批管结合等举措,加强源头管理,真正捍卫了百姓“舌尖上的安全”。“民生工作很重要,直接关系到人民群众的切身利益”,关注百姓生活不仅仅是师姐的本职工作,更是她的职业信仰和行动准则。

孙丽(右二)与校友寻访队员合影

任职期间,孙丽还积极探索尝试、开辟新路:整合行政审批和机构改革工作,推进相对集中行政许可权试点工作;综合改革市场监管执法,实施“一次上门,全面体检”;深入推进相对集中行政处罚权改革,率先赋予街道行政执法主体地位,强基层,强基础;协调南京铁路运输法院与秦淮区矛盾纠纷调处服务中心共同成立行政争议协同化解工作站,强化矛盾纠纷多元化解……在师姐的努力下,秦淮区政府相关工作展现出更多生机与活力。身立司法岗,孙丽执信于公平正义,身处行政岗,师姐全心为民愿,山大法学院学习与十余年司法从业经历缔造了孙丽身上难以磨灭的“法律印记”,师姐以法治思维为内在向导破解难题,以法治信仰为精神寄托协调工作,以法治政府建设为职业追求砥砺前行,“有规有矩成方圆”,师姐立规于心,执矩于外,但为画法治之方,愿终成民生之圆。

[人物名片] 孙丽，山东大学法学院1985级本科生，现任南京市秦淮区人民政府副区长，九三学社南京市委员会副主任委员、秦淮区基层委员会主任委员。历任南京市白下区人民法院副院长，白下区政府办公室副主任兼法制办公室主任，白下区环境保护局局长，秦淮区环境保护局局长，南京市夫子庙—秦淮风光带风景名胜区管委会规划与法规处处长，副主任兼规划建设处处长，秦淮区人大常委会副主任。

姜学成

受人尊敬是人生最大的幸福

一、梅花含苞，待放山大

暮云初起，余晖洒落，倦鸟未归，微风入怀。烟台大学的校园里，在一片粗壮的杨树之间，已有人影闪动。走进一看，数十人在空旷地中或静或动，闪转腾挪。在拳场中央，是一位精神焕发、技法纯熟的拳者，他便是中国第一批非物质文化遗产梅花拳第十八代传承人——姜学成师兄。在这里，鸟语花香、万木葱茏，人与自然默契和谐，姜学成将他与山大的故事和着煦风娓娓道来……

1985 年，高中毕业的姜学成考入山东大学法律系，自此开始三十五年法律征程。每每提及山大时光，师兄总是笑容满颜、滔滔不绝。“往事幕幕萦绕脑海，记忆深刻恰如昨日。”三尺讲台上老师们深入浅出的知识传授，宿舍楼道中同学间啼笑皆非的青春趣事，均深深镌刻于姜学成的光影回忆。“记忆中的洪楼味道，当属图书馆的木香与书香。”因酷爱阅读，姜学成笑称学生时代自己的业余时间大多“泡”在图

姜学成（左一）练习梅花拳

书馆里。“爱好阅读就是爱好阅读本身,不限于专业,综合阅读丰富眼界、提高能力。上大学前哪里有这么多书可读?每每抬头看着窗外,或细雨绵绵,或阳光灿烂,或雪花飘飘,似与书中情景相吻,这似乎是世间最幸福的时光。”山东大学法学院深厚的学术底蕴,四年徜徉书海的积淀,不仅涵养出了姜学成的诗书意气,更为他今后三十余年的工作奠定了理论基石。

学业精进的同时,姜学成的一生爱好亦在此悄然发芽。于山大洪家楼校区的操场上,姜学成遇到了中国非物质文化遗产梅花拳第十七代传人——山东大学数学系燕子杰教授。“习拳贵在持之以恒,一步一个脚印。”无论寒冬酷暑,姜学成每天傍晚便雷打不动地奔向操场锻炼,向燕老师虚心请教。从起初“两眼一抹黑”研究梅花拳理论知识,到怀着好奇与未知开始动作僵硬地“拉架子”,姜学成对梅花拳的理解在一招一式下愈发深刻,对梅花拳的热爱亦在朝朝暮暮间日益浓烈。汗水不负耕种人,姜学成的拳法逐渐纯熟,动作行云流水。单枪入双刀、徒手夺匕首,三尺三高、碗口粗的梅花桩上,姜学成亦是如履平地,将梅花拳法舞得虎虎生风。在图书馆与操场两点一线的或静或动间,四年山大时光转瞬即逝。毕业后的姜学成来到山东省烟台市芝罘区人民法院,踏上了作为一名法院人的正义之旅。回望洪楼,姜学成的一生事业和一生爱好皆于这片沃土深深播种,生根发芽、含苞待放。

二、寒冬初绽,且耕且歌

是脚下生风的拳者,更是司法为民、细致耐心的法官。从芝罘区人民法院到烟台市中级人民法院再到莱山区人民法院,从书记员到执行庭庭长再到政治部主任,姜学成始终如同练拳般一步一个脚印,把温和沉稳、认真负责的工作作风带到各个岗位,将删繁就简、举重若轻的拳法精神融合于每一案件。

“执行是实现法治的最后一公里。”谈及于从事执行工作的十年风雨,姜学成不禁感慨案件得到执行之日才是公平正义真正到来之时。而当每一个疑难复杂的案件顺利办结,看到双方当事人握手言和和同事们喜悦的欢笑,工作的乐趣让人陶醉。姜学成清楚地记得他承办的第一个案件,是一家民营企业与国家某部委下属研究所的技术转让合同纠纷案,经一审、二审后又申诉到最高人民法院,案情复杂。申请执行人担心姜学成太年轻,老同事们也替他捏把汗。阅卷花了一个多周的时间,当又一个周后姜学成从北京返回时,双方的当事人都来到法院找到领导表示感谢,案件得以执行,双方当事人也都从最高法撤回了申诉。问及其中秘诀，姜学成淡然一笑：本着一颗公平正义之心，设身处地，想当事人所想，急当事人所急。就像面对一堆毛线，找到线头迎刃而解，找不到线头越理越乱。任执行庭庭长期间，所接手的一起某银行与某知名上市公司间的执行案件也是如此。因宣判后双方当事人依旧针锋相对、互不相让，并各自找关系进行行政干预，该案一拖五年多未能执行。后烟台中院裁定将该案指定由莱山区人民法院执行。姜学成接到案件后没有任由双方继续针尖对麦芒，而是根据多年办案经验迅速厘清案情、找准争点，通过耐心调解合理确定赔偿数额。最终双方当事人自愿达成执行和解协议，原本僵持不下的案件成功以和平方式落下了帷幕。“轰轰烈烈有时难免虎头蛇尾，润物无声有时反而事半功倍。”谈及多年工作心得，姜学成坦言方法与努力同样重要，只有温和细致，抽丝剥茧，才能捋顺案子的同时捋顺人心，真正达到“案结事了人和”。

2009 年，姜学成来到政治部从事政工工作。从陌生到熟悉，从精通一门业务到全面综合统筹，姜学成继续以认真踏实的态度对待每一次活动，坚持用温和豁达的精神感染周围每一个人。脱贫攻坚，姜学成带领干警展开实地走访，确保顺利脱贫“摘帽”；司法体制改革不断深入，姜学成在前期充分调研的基础上迅速作出安排部署，推动内设机构改革稳步进行；干警们工作压力大，姜学成适时安排各种文体活动，让大家放松身心，舒缓压力，重新抖擞精神；许多高校表达建立教学实习基地的愿望，姜学成耐心细致，排除困难，积极热情，每年都安排多所高校的学生来院实习，并与院校合作，进行学术研讨，研究疑难复杂案件；推动文化建院，创造学习氛围，宣传法治思想，姜学成创刊院刊《探索与交流》，受到广泛好评。十年政工，十年充实，姜学成以昂扬的精神在服务审判、服务干警的道路上不断前行。

步入职场后的姜学成亦未曾停止对梅花拳的热爱，同事更是纷纷评价：“老姜的生活除了工作就是练拳。”每日夕阳黄昏，下班后的姜学成走向拳场，与城市喧闹分道扬镳，在风声鸟鸣和万木葱茏中，与大自然贴心对话、彼此交融；也在对学员的教学与“喂拳”中共同体悟梅花拳的奥秘，探究中华传统文化的精髓。近二十年坚持下来，自己的身心得到锻炼和充实，从学的人也受益匪浅。“对他人好，对社会有益，对自己也好，人的一生做这样的事情才是有意义的。财富和权力并不必然给人带来幸福，受人尊敬才是人生最大的幸福。”这是姜学成的人生体悟和追求。

姜学成(右二)与校友寻访队员合影

三、姹紫嫣红,香飘万里

“取梅花之名,喻君子之风骨气节。”梅花拳自春秋时传承至今,动静间皆为浩然正气,招式下尽显历史古韵。作为中国非物质文化遗产梅花拳第十八代传承人,姜学成更是形象地称之为“真文大武”,乃“以武治心”之术。“薪火相传之后才有可能历久弥香。”为弘扬梅花拳这一中华古老拳种,进一步传承这一梅花桩上的精粹国学,姜学成工作之余积极投身于梅花拳的传承。于乱石纵横、杂草丛生的七平米荒芜之地,姜学成带领第一批学员搬石除草、辟平场地,用摸爬滚打铺就出拳场最初的模样。忆及此事,师兄不禁感慨这片滴落有大家汗水的土地,早已成为一种“情感系带”,一处共同的“精神家园”。近二十年来,在烟台大学等各界的支持下,从学者不仅有各高校的大学生,许多大学老师和周围的中小学生及家长们也参加进来,可谓“梅花精神广传,桃李遍布天下”。

2009 年,为向纪念五四运动九十周年献礼,姜学成自费组织五六十名学员,于烟台大学自编自演“强体魄,报国恩”武术展演晚会,尽展梅花拳和谐圆融之美。当地新闻媒体对此纷纷报道,梅花拳的矫健身姿一夜便惊艳千家万户。2010 年上海世博会期间,姜学成的学员向世界各国友人表演梅花桩功夫,凝神忘形、不着不住、拳随心动,赢得满堂喝彩,将梅花的种子播向了世界。“拳术锻精功,学养成真禅。捷步传古韵,快手拨新弦。”与梅花拳结缘的三十余年间，姜学成以文养武，以武促文，在自身拳术精进的同时推动梅花拳创新性发展，将梅花“文武合一”之精神弘扬四海。

“独树古桩立中华，根盘九州聚一家。”在将梅花拳发扬光大的同时，姜学成更是带领烟台市梅花武术志愿者服务队组织承办各类传统文化公益活动。从设立“梅花大讲堂”讲述传统文化知识到利用节假日组织中小学生诵读经书，从开展“传统武术进校园”传播武术精神到举办“青少年传统功夫秀”引领全民健身，十余年来，姜学成不断摸索文化复兴新模式，致力于让更多中华优秀传统文化绽放魅力、发光发热。“文化传承远非一时一人之事。”谈及未来中华传统文化的保护与宣扬，师兄期待可以有更多充满活力的年轻人的加入，人人接力，代代相传，让梅花拳以及更多的传统文化在新时代下再发新芽、重焕自信光泽。

[**人物名片**] 姜学成，山东大学法学院 1985 级本科生，现任烟台市莱山区人民法院党组成员、政治部主任，中国非物质文化遗产梅花拳第十八代传承人，山东工商学院客座教授。先后被授予人民满意政法干警、党建工作先进个人、烟台市优秀志愿者、烟台市最美家庭等荣誉称号。

李志艳

勇做舆论监督领头雁，甘为广电发展孺子牛

一、难忘山大求学时光，找准我心中的热爱

“作风热线，监督作风，创新环境。朋友们大家早上好，欢迎收听收看正在直播的《作风监督热线》，我是肖雁。”每个清晨，李志艳亲切悦耳的声音都会回荡在济南的大街小巷，萦绕在泉城市民的耳畔。在 FM105.8 济南新闻广播全媒体直播间，我们见到了干练中透着亲切的李志艳，虽是初见，但当她那熟悉的声音在耳边响起，难以抑制的激动不禁涌上心头。

李志艳（前排左二）与同学们在校园

"山大四年是我最难忘、最美好的青春岁月。"忆及母校时光,李志艳对静谧的大学校园、浓厚的学习氛围和隽永的师生情谊记忆犹新。"法律人需要百科全书式的博闻强识。"课堂上,一个个观点展示、一件件案例剖析、一次次思想碰撞……山大法学院四年系统的专业学习,李志艳不仅养成了严谨缜密的逻辑能力,还奠定了扎实深厚的法学功底。"家事国事天下事,事事留心皆学问。"课堂外,李志艳广泛涉猎社会各个领域的前沿热点问题,在世间百态中汲取知识、经验与智慧。每当朝阳从晨露间升起,李志艳都会打开录音机收听中央人民广播电台第一套新闻综合频率播出的早间新闻,"它将渺小的我与广阔的世界连接在了一起",每日一小时的广播不仅成为李志艳接触新鲜事物的窗口,更让她开始对播音主持职业心生向往。

本科毕业后,李志艳听从父母师长的建议,选择了一份安稳的工作——高校教师。教书育人的日子里,李志艳充分备课、反复教研、不断总结,引领着一批批学生踏进了经济法的世界。本该就此走上学术研究的道路,奈何一颗"不安分的心"不愿就此沉寂:1992 年济南广播电视局进行大规模社会招聘,在心底那份热爱的驱使下,李志艳义无反顾地报考并被顺利录取,成为一名"用声音向世界传递力量"的记者。

二、从记者成长为专家型新闻节目主持人

作为一名"跨界媒体人",李志艳入职之初便充分发挥自身优势,多角度、全方位地审视每一条资讯。由于善于以敏锐的洞察力将客观真实的信息呈现给观众,她逐渐得到了领导和同事的认可。然而李志艳却丝毫不敢懈怠,无时无刻不在琢磨如何提高表达技巧、采访技能与文字功底,努力弥补着自身专业上的不足。"因为需要学习的新知识实在太多,那时我的时间都是以分钟为单位计算的。"数不清熬过多少个夜晚、阅读过多少本书籍、观摩过多少次访谈,一点一滴积淀下的李志艳渐渐地从一名懵懂无知的新闻小白成长为功底扎实的专业记者。时至今日,李志艳仍然保持着精准严格的时间观念和事无巨细的工作态度,高效地利用工作中的每一分每一秒,努力"把平凡的工作做得不平凡"。二十八年如一日,李志艳在新闻领域结下累累硕果,不仅数篇专业论文在国家级刊物发表,更有多部作品荣获中国新闻奖、中国广播影视大奖等殊荣。

2003 年,李志艳开始主持《以案说法》节目,每晚七点调频济南经济广播 FM90.9 成为许多济南市民饭后的习惯。"群众利益无小事,一枝一叶总关情。"从结婚时使用虚假信息登记是否可以撤销到离婚时夫妻共同财产应当

如何分割，从买车买房时的法律风险到交通事故中的责任承担，秉持“给弱者公平，与法律同行”的理念，《以案说法》渐渐成为给百姓解决法律难题的“金钥匙”。在为听众答疑解惑的过程中，李志艳也渐渐认识到全民普法的必要性和紧迫性，将工作重心从线上拓展到线下，通过安排记者后续跟踪采访、组建律师公益帮扶团队等形式，搭建起为公众普及法律知识的“前沿阵地”。“一个社会的文明程度取决于其中每一个公民的法律意识”，李志艳如是说。

三、《作风监督热线》：沟通、理解、监督、促进

2011 年 7 月，李志艳开始担任《作风监督热线》这档济南市创办最早、受众最广的政务监督类节目的主持人。每个工作日，济南市职能部门和窗口单位的主要负责人轮流做客直播间，接听热线、受理投诉并解答问题。李志艳坦言，这份看似光鲜的工作实则“压力山大”，如何游刃有余地把控节目节奏和尺度是她作为主持人所面临的首要难题。“百姓因信息不对称不明就里而会心生牢骚，干部受客观条件限制无法处理也是有苦难言。”李志艳表示，《作风监督热线》最大的价值便是让两者在真诚沟通下有效化解隔阂、实现相互理解。“台上一分钟，台下十年功。”李志艳将每天的节目形象地比作一次“考试”，通过熟悉政策理论、掌握业务知识等耐心细致的“备考”，她得以在直播过程中实现舆论监督力度和体恤百姓温度的完美融合。

在 2019 年的一次节目中，有听众来电反映某村一处泵站建成六年却仍未启用，百姓赖以为生的庄稼地无水可灌。直播过程中，李志艳层层剖析问题、句句切中要害，“步步紧逼”地追问政府财政投入是否全部落实、相关职能部门是否履职到位，很快便找准问题症结，不到三小时就使泵站实现了正常运转。“由小及大、以点带面是我们的最终目标。”李志艳在节目后多次组织群众回访和跟踪报道，推动该辖区内此类问题真正得以解决。此外，李志艳还与团队主动走出直播间，组织近百场现场办公特别节目，深入一线倾听百姓所思所

李志艳（中）与校友寻访队员合影

想、解决群众所急所盼。“脚下沾有多少泥土，心中就会沉淀多少真情。”九年间，李志艳完成节目直播近 3000 期，接听热线电话 5 万余个，解决百姓难题近 2 万个，在发出舆论监督“最强音”的同时，架起了政府与百姓间的连心桥。

四、多重角色从容转换，彰显敬业奉献精神

节目中的李志艳以亲切嗓音和为民情怀扶弱济困，节目外的她用干练风范和认真态度继晷焚膏。2011 年 7 月，李志艳开始担任济南广播电视台节目中心副主任，全面负责电台总编室的相关工作。李志艳介绍，从规章制度建设到人员培训考核，从节目播出管理到宣传策划推广，总编室虽仅有六人，却扮演着节目中心“总枢纽”的角色。尽管工作头绪众多、事务繁杂，但李志艳总是一丝不苟，不论是材料审核时的字斟句酌，还是编排校对时的精益求精，她都坚持“把每件事做到极致”。细细数来，出台绩效考核方案时的煞费苦心给李志艳留下了尤为深刻的印象：由于那时济南电台七个频率的发展状况参差不齐，为使方案在发挥奖优惩劣杠杆作用的同时兼顾因客观原因造成的现实差距，李志艳反复调研实际情况、多次听取不同声音，短短一周内先后测算 200 多稿，综合衡量后提出的方案得到了大家的一致认可。

2017 年起，李志艳兼任法务审计部主任，承担起全台的法务工作。“作为一名法律人，能将自己的专业专长应用到工作中本就是一件幸福的事。”几年间，从数亿元标的额合同的审查、商标侵权纠纷的处理，到数十个规章制度的出台、全台法治意识的提升，再到新闻宣传、节目制作、合同订立中潜在法律风险的多次成功化解，李志艳充分运用自身法律知识和法学素养，为济南广电的发展提供“法治护航”。作为敬业奉献领域的“中国好人”，已在新闻战线默默耕耘二十八载的李志艳表示，她将继续追寻法律学子的初心、坚守舆论监督的使命，尽己所能为更多泉城市民排忧解难，群策群力为济南经济社会发展添砖加瓦，真正成为社会进步的推动者、公平正义的守望人。

［人物名片］李志艳，山东大学法学院 1985 级本科生，主任编辑，现任济南广播电视台节目中心副主任、法务审计部主任，兼任《作风监督热线》节目主持人（播音名肖雁）。曾任《公仆与公民》《以案说法》等节目主持人、制作人，山东省第十一届党代会党代表，先后被授予山东省“巾帼建功”先进个人标兵、山东省优秀共产党员等荣誉称号，2019 年荣登敬业奉献“中国好人”榜。

殷启峰

怀利他合作之心，铸律师职业之路

一、忆母校——聆听洪楼岁月

初见殷启峰师兄，是在山东大学青岛校区2019级新生开学典礼的会场。随着学院2017年迁至青岛校区，作为山大青岛校友会副会长的他有了更多与母校“近距离接触”的机会，也更为关注学院的发展和学弟学妹的成长。时隔一个月有余，在远洋大厦文康律师事务所的会议室，我们又见到了师兄，热情亲切的笑容一如初见。

殷启峰（左一）与同学们在校园

回忆起自己对法学的初印象，殷启峰脑海中又浮现出三十多年前高考志愿填报时那段机缘巧合的往事。“执法不应受背景的影响，也不应受被告情绪的影响，法律只凭获得的证据定罪。”时至今日，师兄对电影《人世间》中的这句台词仍记忆犹新，对影片中精彩激烈、跌宕起伏的法庭论辩仍历历在目。也恰是这部偶然间看到的电影，让他对法律产生了浓厚的兴趣，最终填报了山大法学专业。三十年后回头看，殷启峰坦言尽管大学四年只是漫漫人生路上的短暂一瞬，甚至很多人毕业后从事的工作与所学专业并不相关，但“大学之大不在于大楼，而在于大师”，老师们身上的那股“书卷气”潜移默化地影响着他，把“得天下英才而教育之”作为人生之乐，也成为让他终身受用的山大印记。

提到具体的学习生活，殷启峰娓娓道来：天主教堂的阵阵钟声，让充满人文气息的校园更显厚重与静谧；小树林中朗朗的读书声，与清晨操场上梅花拳的口号声相映成趣；老师上课时的声音铿锵有力、抑扬顿挫，即使不用话筒也能贯穿两百人的阶梯教室……伴随着师兄的讲述，我们仿佛“聆听”到了那段岁月的纯粹与美好。从洪家楼到鳌山卫，这份跨越三百公里的情谊更为厚重，图书馆门前落日余晖映射的身影愈发清晰，坚守法治精神、追寻公平正义的脚步也越加坚定。

二、做律师——践行利他助人

大学毕业后，殷启峰进入一家国有综合开发公司工作，从合同管理员到办公室主任，五年的历练让他对建设领域有了较为深入的了解。然而，逐渐繁多的行政事务让师兄觉得自己“离法律越来越远”，于是在 1995 年选择成为一名专职律师。不过也正是这段经历，让他能够充分发挥熟悉项目开发与施工建设实务操作的优势，将法律与行业进行深度结合，成为国内较早专注于房地产与建设工程法律方向的专业律师。谈到具体的工作内容，师兄笑称干这行不仅需要“下得了工地，看得懂图纸”，还需要熟悉招标投标、造价核算、资金融通等实务操作。项目执行中一旦涉诉往往面临标的大、周期长、环节多、鉴定难等不利因素，殷启峰在长期实践中形成了独特的“法商思维”，即从客户角度出发，引导企业认知、防范并解决法律风险，最大限度地实现法律合法合规和商业可行可控，实现法律风险控制与商务机会把握的有机结合。从业二十余年，正是心怀“把客户的委托雕琢成自己的作品”这一初心，他得到了更多企业的信赖和业内同行的认可。

谈及成为优秀律师的关键，师兄认为还是应当秉持一颗利他助人之心。

“利他是最好的利己。”殷启峰表示，在实现经济独立、经验积累及价值跃迁的同时，有机会帮助他人更好地解决纠纷，这本就可以创造快乐。一方面，师兄在参与《优秀律师网上面对面》《周末说法》等栏目时，将严谨准确的“法语”切换为便于百姓理解的“人话”，抓住法律内核和逻辑关系将道理讲清讲透；另一方面，他深知“虽隔行如隔山、但隔行不隔理”的道理，在面对客户时善于将法律内容翻译为相关行业的“方言”，在律师与客户的共同频道上寻求问题解决的路径。“将问题复杂考虑、简单处理，这不仅是一种能力，更是一种艺术”，殷启峰如是说。

三、谈行业——鼓励合作制胜

“没有完美的个人，但可以有完美的团队。”殷启峰坦言律所的发展需要团队的合作。为丰富自身知识结构、提升律所管理水平，他考取了西安交通大学工商管理博士研究生，逐渐形成了“行业＋法律＋管理”三位一体的知识结构。师兄表示，在进行团队搭建的过程中，不仅要考虑成员的业务特长、性格特点、经验差异，还应当根据具体业务需求找到不同的狼羊侠搭配、九型人格搭配、知识结构搭配。团队中的每一个成员都应当充分发挥自己的长板优势，有人负责客户沟通，有人负责业务承办，既专业分工又优势互补，最终实现“与优秀的队友一起战斗”，让每个人都成为价值链条上不可缺少的一环。

殷启峰（中）与校友寻访队员合影

不仅是律师行业，殷启峰认为合作同样是法律职业共同体建设的重要前提。尽管细分行业的成员都有其各自的角色定位、职业理念和价值追求，但师兄坦言共同体中的每个人“既同根同源，又殊途同归”。所谓同根同源，即“从同一处来”，不同行业、不同领域的法律人有着共同的教材、共同的老师、共同的逻辑及共同的信念；而所谓殊途同归，即“到同一处去”，在相互信任、相互尊重、相互沟通的基础上，共同体内部可以实现和而不同的“和谐化”。作为律师，殷启峰表示他会尊重不同行业的“游戏规则”，与其他法律职业群体在价值观层面寻求更高层次、超越利益的合作，各司其职、互相尊重，凝聚一切法治力量解决多元矛盾纠纷，共同推动法治中国的建设进程。

四、育英才——照亮青年未来

作为律所的创始合伙人，殷启峰一直以培养事业传承人为己任，帮助青年律师更好地完成由大学生到社会人的角色转换。与学生阶段经济压力小、试错成本低的“安稳”不同，初涉职场的残酷竞争让很多应届毕业生大跌眼镜。对此，师兄坦言“任何完美都是不断精心打磨的结果”，通过在比赛中选拔、在实战中训练等方式，系统提升每一个文康人的学习力、亲和力和执行力。“学习是一辈子的事情。”殷启峰一直保持着关注社会、经济、法律热点的习惯，他认为唯有通过学习不断提升自我，才能适应法律服务行业的飞速发展。同时，从事这样一个与人打交道的职业，师兄表示不论是对团队还是对客户，“用心服务，以诚相待”是他的做人信条，而将计划落到实处、用工作成果说话则是他的处事原则。“我们对年轻人最大的价值，就是让他们少走弯路。”在殷启峰的带动和影响下，很多青年律师都有了更为清晰的成长路径，在同龄人中迅速脱颖而出。

“每一次体验都是一场历练。”师兄还将目光投向校内，希望学弟学妹能充分利用大学时光，在踏入职场前作足准备。为此，他参加发起设立“法学院校友基金”，资助学生赴香港等地访学交流；多次返校进行经验分享，对学生的职业发展路径进行规划和指导；推动律所与学院合办法律文书大赛、助力开设法律谈判课程，提升学生文字写作与口头表达这两项“每个法律人都应具备的硬功夫”……在殷启峰看来，用自己的知识、精力和经验去帮助学弟学妹，这是他作为校友的分内之事、应尽之责。当然，师兄也期待着能够在新一代山大法科学子的心中种下成为优秀法律人的种子，并在更多校友的共同呵护与滋润下，生根发芽、茁壮成长。

[**人物名片**]殷启峰，山东大学法学院1985级本科生。现任文康律师事务所高级合伙人、监事会主席，山东大学青岛校友会副会长，山东省律师协会房地产专业委员会副主任、青岛市律师协会房地产专业委员会副主任。曾获评全国公共法律服务先进个人、青岛市十佳青年律师、山东省人民满意律师、山东省非公有制经济人士优秀中国特色社会主义事业建设者，连续获得ENR/建筑时报“最值得推荐的中国工程法律60位专业律师”荣誉称号，荣立个人二等功、三等功各一次，所带团队被评为“最值得推荐的中国工程法律30家专业团队”。

王 见

做传播法律的使者

一、律师梦是选择法律学习之因

在山东广播电视台25楼《周末说法》节目直播间，我们见到了王见师姐，她热情洋溢又亲切随和。从事媒体行业三十年，从报社记者到电台主持，她始终与法律相伴相随，把法律知识和法治理念传播给更多的人，追逐梦想的脚步坚定执着、永不停歇。

“小学五年级时，我就立志要做一名女律师”，王见坦言选择法学最初是缘于印度老电影《流浪者》。影片讲述了女主角丽达作为一名律师，在法庭上为被指控偷盗抢劫的童年伙伴拉兹进行辩护的过程。女律师精彩的庭审表现点燃了少年时代师姐心中的“星星之火”，也促使她在高考填报志愿时坚定地选择了山大法律系。回忆母校时光，尽管时隔三十余年，师姐仍能如数家珍：午

青年时期的王见

后图书馆的阵阵书香，清晨和黄昏小树林的琅琅书声，晚间洪楼电影院的人潮涌动，还有每逢周日去挤唯一一趟1路公交车时的呼朋引伴……三十年河东河西，物非人亦非，但"山大留下了我们青春的记忆，是此生中最难忘怀的"。

"母校给我的影响是终生的。"王见表示，法学院四年培养了她运用法学思维、法律逻辑来分析和解决问题的思维习惯，这让她终身受益。"我周围都是法律人，用全面的视角、严密的逻辑、客观的立场来看待和评判新闻，也成为我媒体从业生涯的独特优势。"如今师姐不仅作为济南仲裁委首席仲裁员，经常调解、裁决商事纠纷；而且长期主持法律节目，为自己单位、周围同事、亲朋好友和广大听众的法律问题出谋划策。最令王见产生认同感的，还是工作生活中经常遇见的校友们。"山大学子都自带一种气质和风骨，有学院派的严谨，有执着坚韧，还有点循规蹈矩。"展示着几个月前毕业三十周年返校活动的合影，师姐动情地说："一生中没有几件事能用'荣耀'二字来形容，但我出自山大，这件事足可称得上荣耀。"

二、维权梦是投身媒体发展之愿

大学毕业后，王见没有像其他同学一样选择政法机关，而是进入报社工作。当时的她不懂得如何新闻撰稿，而周围的同事大都具有媒体行业的专业背景和从业经验，师姐表示"那时的压力可想而知"。时至今日，王见还清晰记得主编对她这样一个新人的严厉，甚至毫不留情地撕毁了她写的第一篇新闻稿。但随后的半年时间，她并没有气馁，而是要求自己"做一个有心人"。山大学子的勤勉、文字基础和底蕴便迸发出来，师姐不仅能敏锐发现新闻点，游刃有余地撰写新闻，而且开始独立编辑版面。日常采访过程中，王见遇到了许多不懂法律但渴求公道的民众，也逐渐意识到"正义有时需要媒体去'推波助澜'"。恰逢山东人民广播电台招收直播节目主持人，为能够在更大的平台上为弱势群体发声、为普通民众解难，她报名参加并一举高中。"报社经历虽短，但是新闻理念和表达技巧得到历练，所以没有白吃的苦"，师姐如是说。

在省台做记者的日子里，无论是《新闻焦点》还是《法眼看社会》，在这些名牌栏目中，王见作为一个有法律专业背景的新闻人，总能以专业视角和眼光分析新闻事件、作出独到评判。20世纪90年代山东单县一位教师在警方压力下，被迫承认"杀害"了自己的学生，但因为讯问笔录前后矛盾，检察机关不断退回公安补充侦查，当事人因此在看守所羁押六年之久。师姐两赴单县，深入调查，如实报道，中央台、省台及各纸媒全部转发转播，在媒体的推动下，这位教师很快被释放并获得国家赔偿。王见认为，受到了高等法律教育，掌握了优势话语权，用这些优势和专长尽己所能帮助弱者、监督权力是她作为法律人、媒体人应尽的社会责任。“新闻媒体并非利用舆论恣意干预司法，而是借助舆论促进问题解决。”保障人权的路上需要媒体更好地发挥新闻规制、舆论监督的作用。

三、法治梦是周末说法坚守之核

“根据一万小时定律，一生只做一件事的执着坚守，以山大人的学习能力和认知水平，你必定有所建树，成为这个领域的专家。”师姐表示，这既是她对青年山大人的寄语，也是自己多年工作的总结。凭借扎实深厚的法律功底和对新闻专业的敏锐感知，王见做起法制节目来得心应手，很快成为省内法制新闻领域的专业媒体人。党的十八大后，全面依法治国进入新时代，她认识到媒体在宣传法律、解决纠纷方面应当发挥更大的价值，让更多不懂得法律的人得到指点和帮助，于是提出了创办《周末说法》的构想。在山东广电和省律师协会的支持下，一档以“告诉您怎样打官司、告诉您怎样避免打官司”为宗旨的法律咨询服务类直播节目应运而生，王见也成为这一节目的主任和主持人。

自 2013 年开播以来，《周末说法》每期都有不同的专业和定位，接听了无数群众关于交通事故、离婚赡养、借贷担保、房产纠纷等方面法律问题的咨询，邀请了上千名优秀律师、仲裁员、法律专家进行在线答疑，逐渐成为百姓想得起、信得过的“身边的法律顾问”。求助节目组后，一位枣庄市民的车辆被法院顺利执行回转，他给师姐送来了“周末说法正能量，侠义助民高风尚”的锦旗；做客节目后，一位东营律师在札记中留言道“《周末说法》拉近律师与听众心与心的距离”。七年来，王见带领直播团队和优秀嘉宾，在帮助听众在线解决问题的同时，更走遍山东各地市，与群众面对面、现场答疑解惑。她还将节目中百姓最关心的问题整理出版《名律师答疑》《名仲裁员说仲裁》《仲裁名案》等图书近十本。“电台是党的喉舌，媒体人应该将媒体的权威性和公信力，化为群众最需要的生活指南。”怀揣这份初心与梦想，师姐温暖的声音早已走进听众的心灵，每周六、周日早上九点半收听调频 FM95 也成为许多老百姓的习惯。

四、融媒梦是新闻传播创新之道

三十年如一日，如今王见依旧坚守在工作一线，从未懈怠，也在不断拥抱变化。“早些年我们的咨询者，主要是出现问题无法解决时的求助，但如今更多是事前防范法律风险的咨询”，师姐表示，从“纠错于既然”到“防患于未然”，群众的法律常识和法治意识已经发生了巨大变化，这也体现着中国法治的进程。同样发生变化的，还有当代传媒的传播方式——从传统媒体走向融媒体。

王见（右三）与校友寻访队员合影

师姐告诉我们，她刚刚作为代表赴京参加了第八届中国新闻法治学术峰会，她策划组织的《仲裁服务进百企》项目获得了“中国新闻法治传播优秀策划创意奖”，这恰是融媒体时代的产物。这一活动中，法律专家走基层、进企业实地开展仲裁服务，省台依托全媒体、多平台同步直播，让融媒时代实现“媒体＋法律＋科技”有机统一，给法律宣传插上了融媒体的翅膀。在王见看来，传统媒体既应发挥相较其他途径更具可信度、权威性和公信力的优势，又需要注入更多的创新意识和服务意识，才能在如今自媒体迅猛发展的背景下实现差异化竞争，使法律知识和法治理念能够通过多平台更广泛地进行传播。

下一个十年，王见希望通过《周末说法》节目，牵线搭桥解决更多普通百姓的法律难题，兼顾法理和情理推动群众纠纷的有效化解，用多种方式向弱势群体提供更为全面专业的线上帮助。回望来时之路，师姐感叹，山大往事如落英缤纷，俯拾皆是，满手留香；展望未来之途，她希望更多法学院学子以法律为基础，跨界投身新闻事业。“做传播法律的使者，我们的力量一定会为中国法治传播进程留下浓墨重彩的一笔。”相信王见的声音必将在齐鲁大地上传递更多的法治力量，也相信更多山大法律人将继续用态度和温度谱写新时代的法治中国梦。

［**人物名片**］王见，山东大学法学院1985级本科生，主持人、高级记者，山东人民广播电台《周末说法》节目主任，济南仲裁委仲裁员。曾主办《经济与法制》《法眼看社会》等节目，作品多次获国家、省级广播影视大奖。目前主办的《周末说法》节目被全国妇联评为“全国维护妇女儿童权益先进集体”，被新华社授予“中国法治新闻传播奖”。

崔剑峰

铁路检察守初心，公益为民显情怀

一、学在洪楼：从门外汉到山大法律人

济南冬日的清晨虽有些阴沉沉的冷，但大街小巷的车鸣声让这座城市散发着勃勃生机。经过近一个小时的车程，我们在刚刚投入使用的山东省人民检察院铁路运输分院大楼见到了崔剑峰师兄，聆听他分享的点滴故事，我们看到了一位真诚豁达、正义儒雅的优秀检察官。

崔剑峰(右二)与校友寻访队员合影

"在我们那个年代，经济是很热门的"，谈到选专业的经历，崔剑峰坦言自己从小就有一个用法律帮助更多人的理想，"看到能把经济和法律结合起

来，我毅然决然地选择了经济法。"就这样，带着这份捍卫社会公平正义的初心，他最终踏进了山东大学的大门。毕业已三十余年，除了洪楼校区古朴的建筑风格、青春岁月美好的同学情谊外，师兄印象最为深刻的还是那时"百废待兴"的山大法律系。20 世纪 80 年代，中国的法学教育才刚刚起步，教师力量青黄不接、教学资源极度匮乏、法律体系尚不完备……师兄笑称自己学的大都是法律草案和暂行规定，经济法领域的立法更是一片空白。然而，也正是那四年的学习，让他真正养成了法律职业的思维方式，也完成了从"门外汉"到法律人的转变。

与那时相比，师兄坦言我们这一代赶上了读法律这个专业的好时候。结合自身的工作经历，崔剑峰认为 80 年代的法学教育与实践实务之间存在着较大的脱节现象，作为一门应用型学科，法学的生命应当在于实践。"在工作中边犯错边补课是很不应该的"，崔剑峰建议学弟学妹充分利用学校平台及网络资源，在享受校园生活的同时积极参与社会实践和专业实习，使理论所学与实践所得真正结合。"在正式入职前，就应当了解、熟悉你的工作内容"，这是师兄对新任检察官助理所提出的基本要求，他也希望这能够成为所有法科毕业生的共同目标。

二、业在铁检：从老铁路到公益守护人

大学毕业后，崔剑峰便来到了山东省人民检察院铁路运输分院，从反贪到公诉，他一直深深扎根于检察业务之中。提及初入"铁检"的那段经历，师兄坦言自己是一个"铁路新兵"，在这样一个为了保障铁路运输安全而设立的专门检察机关，他负责办理的刑事案件大多与铁路有关。崔剑峰表示，涉铁案件在类型和特征上有其特殊之处，主要集中在职务犯罪和涉财犯罪领域，而作案人员易流窜、涉案证据难留存是这类案件的突出特点。"不过这些年，随着高铁网络的全面覆盖和客货运力的大幅提升，铁路犯罪案件也呈现出了新样态"，师兄笑称不仅整个系统的职能在转变，自己这个"老铁路"也在与时俱进。其中最为直观的感受来自铁路运输检察院启动的跨行政区划改革，他认为，"随着 2019 年济南铁路运输两级法院跨行政区域管辖行政案件试点工作的开展，铁路运输检察院在全方位履行法律监督职责方面也一定会有积极探索"。

在司法体制改革和检察职能调整的背景下，公益诉讼在"四大检察"中扮演着越来越重要的角色，崔剑峰也积极响应内设机构改革的号召，主动承担起了以保护铁路运行安全为核心的公益诉讼工作。谈到解决铁路线下安

全隐患专项活动，崔剑峰给我们展示了很多照片，消除烟台 G15 高速零点立交桥的安全隐患、填埋栖霞非法采石作业留下的百米巨坑、迁移临清铁路旁高达十五米的佛像……师兄至今提起仍心有余悸，“一旦出现事故，给国家和人民生命财产造成的损失将不可估量”。

此外，山东铁检在文物保护方面也作出了积极探索，潍坊岞山站的保护便是典型。作为省级文物保护单位，有着 119 年历史的德建岞山火车站却因疏于管理而毁损严重，甚至被一些职工和群众长期非法占用。了解到这一情况后，他们迅速联系当地政府职能部门，敦促其履行监管职责、申请专项经费、推进修缮工作，将其打造成了见证近代铁路发展的“活化石”。“检察机关作为法律监督机关，履行法律监督职责是我们的神圣使命”，崔剑峰表示，继续深拓公益诉讼办案范围将成为铁检人下一步的工作重心。

三、心在魏张楼：从检察官到脱贫带头人

“作为农村出来的学生，有机会为老乡做点实事，我很愿意。”怀揣着这样一个朴素的愿望，2015 年，崔剑峰来到了位于菏泽市郓城县郭屯镇的“省级贫困村”魏张楼村，成为省检察院派驻的“第一书记”。驻村伊始，为给村民找到一条致富增收路，师兄坚持因地制宜、因村施策，深入走访调查、广泛征求意见。“选好支点，才能撬起扶贫的重石”，崔剑峰和村党支部、村委会一班人结合年轻人大都外出打工、村民种植种类分散的现实情况，经过多次村民调研和外出考察，最终确立了建设蔬菜大棚、发展瓜菜种植的工作方向。通过“反租倒包”的形式，从 2 个村民小组、30 多户村民手中流转了百余亩土地，利用 130 万元的扶贫项目资金新建、改建大棚近 70 个，真正实现了魏张楼村蔬菜产业的规模化、高效化，并在实践中形成了“项目＋扶贫＋基地＋品牌”的帮扶模式，“只有做大规模、做响品牌，才能做出效益”，崔剑峰如是说。

崔剑峰（左）在魏张楼村

两年的扶贫过程中，崔剑峰很少回家，就连岳母去世他也没能见到最后一面。谈及这段“第一书记”的任职经历，师兄表示自己对基层党政工作有了全新的认识和体会，也对我国农村法治状况有了更深的了解与思考。除

了抓项目、促脱贫，崔剑峰还结合自身的“看家本领”，切实规范村级事务决策程序，把村级事务与村级组织建设有机结合，先后建立了村务监督委员会和民主理财小组，让更多村干部养成了用制度管人、管事的好习惯，也让村务公开成为魏张楼村乡村治理的新风尚。

谈及十九大以来中央提出的乡村振兴战略和法治乡村建设，师兄感慨道：“农民群众的规则意识和法制观念越来越强，作为法律监督机关，我们只有更充分地保障他们的合法权益，才能让他们更主动地投身到社会主义新农村建设的时代大潮中。”面对新机遇、迎接新挑战，崔剑峰希望能有更多人在“法治照亮乡村”的道路上继续前行。

[**人物名片**] 崔剑峰，山东大学法学院1985级本科生，现任山东省人民检察院铁路运输分院第三检察部主任。曾任山东省人民检察院铁路运输分院公诉处处长，挂职菏泽市郓城县郭屯镇魏张楼村第一书记。

冯俊海

朴重肩担道义，笃学勤铸法魂

一、刚正耿介，法缘深深

东营，是九曲黄河一路奔涌、注入苍茫渤海时最后的积淀。这片被母亲河倾心孕育的土地，广阔无垠，鸥鹭翔飞，滋养了黄河儿女博爱厚重的襟怀。这里，是冯俊海的故乡。儿时的他，勤学好思，在滔滔黄河岸边，在乡土人文气息中，埋下了守护正义的火种。1986 年，18 岁的冯俊海怀揣孩提时代树立的守护社会公平正义的朴素信念，冯俊海毅然填报了法律专业，告别母亲河，到山东大学求学。而后三十年，冯俊海投身审判事业、初心未改。在访谈的过程中，师兄娓娓道来，带我们重走了一位少年从与法结缘，到以法为业、厚德明法的逐梦之路。

忆及山大求学时光，师兄表示当初自己凭借着一腔热忱走入法学院，是法学院的老师们为他打开了那一扇光彩夺目的法治之门：徐显明老师讲述宪法高屋建瓴、引人入胜；林国民老师教授民法循序渐进、深入浅出……老师们的谆谆教导，让他在接触法律之初便感受到了这门学科至真至纯的魅力。同样记忆犹新的，还有和同窗们在光影斑驳的阶梯教室里或砥志研思，或畅意交流的场景。“少年负壮气”，思想碰撞出一群少年人的凌云壮志，好比初升的太阳明媚瑰丽，更甚星座与银河耀眼夺目……山大法学院四年求学，为冯俊海往后数十年的审判工作奠定了坚实的理论基础和职业素养，培养了他理性独立的思维方式和公正坚定的处事原则。

“在山大的求学时光直到现在依然灵动深刻。”师兄感慨：如今闭上眼仿佛就能够回到山大中心校区法学院的老教学楼里，聆听一堂专业课，参加一场讲座。山大不仅仅给予他四年的法学启蒙，还有九年后攻读山大法学院法律硕士深造。山大,于他而言,是实现法治梦想的必不可少的能量源泉。

冯俊海(右二)与校友寻访队员合影

二、悉心致力,奋勉不移

1990年,冯俊海本科毕业后分配至胜利油田中级人民法院、东营市中级人民法院("两个牌子,一套人马",后理顺为东营市中级人民法院)工作。初入法院他便崭露头角,凭借扎实的理论功底和实践应用能力,迅速成为业务骨干和同事眼中的"百科全书"。从书记员、助理审判员、审判员、民庭副庭长到行政庭庭长,冯俊海时刻践行"以事实为依据,以法律为准绳"的裁判准则,秉持正义,明辨是非,公正裁判,获得了领导和同志们的一致肯定和认可。

2001年,由于工作能力和业绩突出,年仅34岁的冯俊海到河口区人民法院任院长。"在其位,谋其政;任其职,尽其责。"担任河口区人民法院院长期间,冯俊海大力创新法院管理,对全部中层正副职岗位重新"洗牌",实行竞争上岗,推行"双向选岗"、"庭室长与庭室内部人员签订用人合约"、设立待岗学习办公室和"对庭室长考核实行连续两年末尾淘汰制"四大改革举措,实现各庭室人员的最优搭配,强化了庭室长管人管事的职权,最大限度激发了全体干警干事创业的热情。他始终牢记党和人民的重托,奋发进取,争创一流,出色完成了各项任务。认真落实司法为民宗旨,坚持身体力行调查办案,走到老百姓中间,深入了解基层司法实践。为摸清一起来访的离婚案件女方当事人真实生活情况，冒着瓢泼大雨到其家中走访，看到了“屋漏偏逢连阴雨”的情景，便组织双方当事人进行调解，最终促使女方和年幼孩子的合法权益得到了充分保障。卷着泥水的裤腿可能是湿冷的，但温暖却是真切送到老百姓的心坎上。这样的例子对冯俊海院长来说，可谓不胜枚举。

他坚持开拓创新精神，以构建“大调解”平台为切入点，采取诉前调解、庭前调解、庭中调解、信访调解、再审调解、执行和解五结合的方式，完善了一整套新型调解机制。积极推行未成年人刑事案件社会调查员制度，成立了少年法庭和全市第一家青少年法律学校。制定了证人出庭作证操作规程，进一步规范庭审操作，增强证言的可信性，促进了案件的公正审理。把协调机制引入行政诉讼，为更好地发挥行政审判的职能、促进行政机关依法行政发挥了积极作用，在全市法院行政审判工作综合评比中获得了“十连冠”的好成绩。

2006 年，冯俊海调任东营区人民法院担任院长，继续坚守于基层司法一线。紧紧围绕党委政府中心工作，积极找准发挥审判职能切入点，在推进法治政府建设、促进经济社会发展、维护社会稳定方面发挥了积极作用。当时，东营区广利河沿岸几十栋烂尾楼拆迁陷入僵局，拆迁面积大，涉及人员几百人，拆迁补偿数额巨大，工作任务艰巨繁重。冯俊海作为院长，勇于担当，敢于作为，在最短的时间内，通过法律途径解决了涉案争议并顺利完成了拆迁工作，为加快推进全市城市规划建设进程，维护社会稳定作出了突出贡献。

司法基层基础工作乃我国司法工作之根基。他着眼于“智能化、规范化、人性化、便民化”要求，克服困难，争取支持，大力加强基层基础建设。先后为河口区、东营区两个基层法院各建成一座审判综合大楼，合计面积 32000 平方米。所在法院在软硬件建设和司法管理水平上均实现跨越式提升，并跨入全省法院先进行列。其中，东营区法院被省高院记“集体一等功”，为荣获“全国模范法院”打下了良好基础。

三、更始求进，创新前行

2007 年，冯俊海走马上任东营市中级人民法院任职副院长，一干就是十三年，先后分管立案、民商事、知识产权、涉外、环境资源审判以及审判管理、司法调研等工作。“不驰于空想，不骛于虚声。”凭借过硬的业务能力和优秀的管理水平，推进分管各项工作不断进步与发展。面对新型疑难复杂案件不断增多，法律规定相对滞后以及司法实践中对于法律理解适用不一致的情形，他积极探索倡导以法律思维和法律方法在民商事审判实践中的培养和运用，大大提高了广大民商事法官的法律思维能力和法律方法的运用能力，极大提升审判质效；推进司法责任制改革，落实“让审理者裁判，由裁判者负责”机制同时，探索建立“让监督者留痕，让监督者同责”的院庭长监督机制，确保审判质效。积极创新审判工作机制，在全省法院率先探索实行民事调查令制度，建立了专司金融、破产、环资案件审判的专业化办案团队，大力推进审判管理创新，探索深化家事审判、“道交一体化”、劳动争议裁审衔接等审判机制改革，带头研发法院实体裁判管理软件，促进了辖区法院审判工作开展，得到了上级法院充分肯定。

冯俊海(后排右一)与同学们在校园

2016年，围绕全市新旧动能转换、金融风险化解和优化营商环境大局，充分发挥破产审判“医治病企”的职能作用，按照“保企业，保民生，保金融，保稳定”的目标，组建破产金融专业化审判团队，聚合资源加大对风险企业挽救力度，聚焦需求切实提升司法服务供给质量。冯俊海勇挑重担，亲自担任审判长参与审理了包括天信集团、大海集团、胜通集团、东辰集团等5家中国民营企业500强企业在内的重大破产案件128件，其中本人主审43件。带领破产审判团队在破产审判府院联动、管理人指定管理、实质合并破产适用及危困企业分类救治等方面进行了积极探索和有益尝试，形成的破产审判“东营模式”，其主审的天信集团重整案件经验在全省推广，大海集团重整案件被评为全省“十大破产典型案例”和全省“优化营商环境、净化社会环境”十大典型案例，为全省破产审判贡献了东营智慧。2019年，冯俊海被山东省总工会授予“山东省富民兴鲁劳动奖章”。

四、学思践悟，以知促行

“实践需理论的指导，理论亦需实践的滋养与丰富。”效法三十年，无论在审判岗位还是在领导岗位，冯俊海深耕法律，始终致力于实现理论创新与实践探索的良性互动。他出版个人专著《法院工作方法论》，并获全省法院调研成果二等奖；承担了最高院《信息化与审判管理相结合研究》、省法院《司法责任制背景下院庭长监督管理职责的调研》、省社科联《东营企业担保圈风险形成原因与破解路径》等重点调研课题；多篇论文在《人民司法》《法律适用》《山东社会科学》等核心刊物上发表。坚持能动司法，对本地社会经济发展中出现的新问题，通过司法建议、呈阅件、调研报告等形式及时向相关政府部门提出预警或司法建议，为当地经济社会发展贡献法律智慧和法治方案。2019 年，冯俊海被山东省高级人民法院授予“全省法院审判业务专家”，被省政法委、省法学会评选为“全省法学法律研究领军人物”。从一名法学学子到全市法院民商事审判的领路人，乃至全省法院审判业务专家、全省法律研究领军人物，是对数万起案例的用心钻研的实践真知，是对诸多法学名作精准研究的智慧结晶，更是近百本工作学习笔记一笔一画的感悟堆砌。

“尽信上则不如无上，尽信书则不如无书”，谈及多年司法研究心得，冯俊海坦言面对法律，既要心怀敬畏，又要保留质疑之心。面对法律的漏洞或错误，要有创新的胆识和态度，提出自己的见解和观点，敢于“较真”，敢于填补法律的“空白”。只有这样，才能真正助推法治进步，实现一个司法者的法治价值。

“法律必须被信仰，否则将形同虚设。”谈到法治心愿，冯俊海感慨“法治是一个民族走向现代化的必然选择”，希望法治能够在我国成为一种社会信仰和国家信仰。这个的梦想，不仅是一个人梦想，亦应是所有法学学者、法律工作者、法学学子乃至国人共同的梦想。“逐梦法治，逐梦未来，栉风沐雨，披荆斩棘，责无旁贷，义无反顾”，冯俊海如是说。

[人物名片] 冯俊海，山东大学法学院 1986 级本科生、1999 级法律硕士研究生，中国石油大学（华东）法学博士。现任东营市中级人民法院党组副书记、副院长、机关党委书记、审判委员会委员、二级高级法官。曾任东营市河口区、东营区人民法院院长。先后荣获东营市法院首届专业人才、东营市法院第二届综合类专业人才、山东省法院审判业务专家、山东省法律研究领军人物、山东省富民兴鲁五一劳动奖章等荣誉称号，荣立个人一等功一次、二等功一次。

高明芹

爱心献维权，擎法惠民生

一、求学筑牢心中热爱

20 世纪 70 年代，一部以“京汉铁路大罢工”为题材的怀旧电影《风暴》给年幼懵懂的高明芹师姐留下了深刻印象。影片中 20 世纪的首位劳工大律师施洋不收分文，以法律为矛、正义为盾，为捍卫京汉铁路工人的利益献出生命。这种凛然大义带给师姐强烈的撼动与冲击，激起她对法律的向往与热爱。十多年后，高考结束的师姐怀揣对法律的憧憬，坚定地选择了山大法学院。山大求学经历培养了高明芹勤学思考、认真踏实、严于律己的学习和工作态度，开启她踏上漫漫法律之路的大门。

青年时期的高明芹

谈及山大往事，师姐仍清楚地记得校园里弥漫着的浓厚学习氛围，洪楼老校教堂前草地上肆意的漫谈，图书馆蕴含法律之美的浩瀚书海，模拟法庭上进行着的“唇枪舌战”。而令高明芹记忆最为深刻的是乔伟老师法制史课上的一幕。那次，师姐宿舍全体因为记错时间而迟到，本以为会受到治学严谨的乔老师的批评责怪，而忐忑的她们却从乔老师的一句“快进来，别耽误了上课”中感受到关切与温暖。在四年的时间里，这样温暖的瞬间不胜枚举：辅导员老师生活上无微不至的照顾，专业课老师课间耐心细致的讲解……都让师姐体会到山大法学院对学子的深切关怀。

本科毕业后，高明芹进入潍坊市律师事务所，从“学院派”转为“实务派”。虽是科班出身，但形形色色的司法实践让师姐深感“书到用时方恨少”。于是，高明芹更加严格要求自己，从繁忙的工作中每天晚上挤出时间，逐字逐句研习法律条文，阅览“文法理工农医”各类书籍。经过不懈的努力，师姐以优异的成绩取得全国律师资格证，正式开始执业办案。二十多年来，高明芹始终坚持“把经手的所有案件都做成精品”的理念，将百分百的热忱与诚意投入到纷繁复杂的民事案件、重大疑难的刑事案件等各类案件中。在代理北新集团潍坊建筑陶瓷厂改制过程中职工安置案件时，高明芹虽然已经怀孕临近生产，但仍多次坚持参加职工会议，针对 700 余名职工的不同情况，提出相应的安置建议，并被采纳。伴随着每一起案件的妥善处理，师姐实现了从一名新人律师成长为资深律师的完美蜕变。

从 1994 年潍坊首例专利侵权案到 1999 年标的额达 1.2 亿元的潍坊市某化纤公司借贷纠纷案，再到如今每年代理案件总标的额均过亿元，高明芹始终肩扛公正天平，手持正义之剑，发挥着自己的光热与价值。“我是中国法治力量浩荡进步的见证者”，从执业之初仅有的《民法通则》到 2017 年出台的《民法总则》，再到 2020 年《民法典》，师姐目睹了中国法律的渐臻完善；从 1992 年山东省为数不多的执业律师到 2019 年 29960 人的律师队伍，师姐亲历了中国律师行业的发展壮大。

二、扶弱捍卫业界良心

2000 年，鸢都英合律师事务所从国办所改制为合伙所，年仅 31 岁的高明芹成为改制后律所的首位主任。“优秀的律所更注重公益事业”，在师姐的倡导下，“维护弱势群体合法权益”成为鸢都英合律师事务所在潍坊市乃至全省全国的一张特色名片。因“总是为打不起官司的人发声”，高明芹成为潍坊职工帮扶中心首任全权法律顾问，为一线困难员工撑起法律“保护伞”。为维护农民工权益，鸢都英合律师事务所成立了农民工维权部，为深陷困境的农民工提供法律咨询与法律帮助。与此同时，师姐推动律所与潍坊市总工会联合成立“潍坊市职工维权中心”，开设 24 小时法律服务热线，将自己的手机号作为公布的热线之一。高明芹带领团队推出的系列维权措施致力于解民困、惠民生，切实维护了职工权益，受到广大职工的一致好评。

“心中始终装着老百姓。”无论工作多繁忙，只要百姓有困难，师姐都会热心接待、亲自处理，从来不计报酬。2001 年，山东青州农民工王某因工伤死亡，雇主支付 2097 元的医疗费后不闻不问，导致失去“顶梁柱”的农村家庭陷入窘迫。王某妻子孙某慕名向高明芹求助，鉴于被代理人的困境，高明芹毫不犹豫决定无偿代理此案。师姐先后 10 余次从山东潍坊前往青州市调查、取证、开庭以及督促执行，行程累计 1000 余公里，垫付各类费用上万元，一年历经六次审理，终于替孙某讨回公道。“困难职工那一双双满含泪花的眼睛时常在我脑海浮现”，高明芹因此坚持为弱势群体呐喊，为社会正义、法律公平而努力。28 年来，高明芹累计帮助农民工 3 万余名，成功追讨补偿款金额达 1300 万余元。2007 年，她被评为全国维护职工权益杰出律师，同时也是当年获此殊荣的唯一一位女性律师。

在高明芹的感染和影响下，越来越多的青年律师投身职工维权事业中，匡扶正义、扶危济困。为给职工提供更完善的法律服务，针对维权实践中出现的劳动关系难以认定等“疑难杂症”，高明芹在律所内部组织模拟法庭、辩论赛等活动，亲自担任评委现身说法，极大地提升了青年律师代理维权案件的业务能力。受到每月一次的模拟法庭训练的启发，本因缺少证据而举步维艰的潍坊市某服装加工厂职工维权案件顺利找到突破口，律所维权团队多方协调，最终为职工们争取到补偿款 200 余万元。律所坚持走专业化路子，不断拓宽业务领域，设立民商事法律部、金融证券法律部，建筑房地产法律部、刑事法律部等十个业务部门。在扩大律所规模的同时，高明芹对律所管理与人员培养提出更高的标准和要求，师姐正着力打造一个更具人情味的百人大所，让鸢都英合律师事务所成为潍坊市第一个咖啡飘香的律所，让律所成为律师们“温馨的家”。

三、铁肩兼济四方道义

“让党建成为律所发展的强劲动力”，鸢都英合律师事务所探索律所党建新思路、新模式，以工作创新抓党建，以党建促律所发展。在党支部书记高明芹的带领下，律所积极开展红色党员活动，组织律师党员前往中共代表王尽美烈士纪念馆，重温入党誓词；参观临沂孟良崮战役纪念馆和红嫂纪念馆，学习革命光荣传统；赴湖南参观毛泽东同志故居和毛泽东纪念广场，接受爱国主义教育。“律师及时剖析党委政府政策以缓民众之急是普惠民生之举”，在师姐的言传身教下，勇于担当、甘于奉献的精神在律所蔚然成风。鸢都英合律师事务所积极承担社会责任，组织送法下乡。“山区法律使者”裴桂峰律师赴贵州省长顺县提供法律援助一年，在当地十余所学校开展普法公益活动，将律所的真诚与爱心传递至山区。“百姓不仅要生活得好，还要生活得有尊严”，高明芹带领律所为社会尽责任、作贡献，以实际行动彰显“铁肩担道义，倾情惠民生”的法律情怀。

2011 年，高明芹担任山东省律师协会副会长，组织协调省律协的各项工作与活动，并取得不菲成绩。师姐曾出席第十五届华东律师论坛，分享山东省律师在代理申诉方面的工作亮点；多次参与年轻律师的培训，总结、交流律师服务民生的工作经验。此外，高明芹带领同事积极开展对外学习交流，曾赴澳大利亚进行司法与检察制度的考察研习。2019 年，高明芹以山东省律协副监事长身份，参加全国律师行业党建培训工作专题会，助推监督律师党建工作高质量发展。“守住律协工作‘最后一道防线’”，师姐通过律协热线与民众保持密切联系，热情受理律师和社会各界关于律协工作各类意见要求的来信来访，切实履行监督职责，努力推动形成民主和谐、务实高效的律协内部工作机制，以促进山东省律师行业有序、健康、迅速发展。

“只有广泛接受社会各界监督，才能努力让人民群众在每一个司法案件中感受到公平正义。”作为最高人民法院和最高人民检察院的特约监督员，高明芹通过近距离观察并参与最高法、最高检工作，及时监督各类司法文件的出台与具体案件检察、审判作风，数十次参与最高法、最高检组织的论证会与听证会。2019 年，在最高人民法院特约监督员工作座谈会上，高明芹表示，在履行特约监督员的职责中，将努力结合律师工作中的热点难点，拓展参加各项活动的广度和深度，更好地完善司法与社会沟通的平台。高明芹期望法院、检察院通过邀请代表、委员和各界人士参加听证、旁听庭审、见证执行等各种途径，切实提升司法公信力。“我们不仅要做司法工作的监督员，还要做社情民意的调查员、法治建设的宣传员”，通过发挥司法监督、桥梁纽带、舆论引导的重要作用，师姐急民众之所急，想民众之所想，真正做到带着责任与感情为民发声。

四、献策守望百姓心声

“维护职工合法权益，竭诚服务弱势群体”是师姐不变的心声，担任人大代表后，她有了更宽阔的舞台。2003 年，作为省人大代表的高明芹提出关于制定《山东省法律援助条例》的议案，引起众多与会代表的共鸣。“发挥自己的业务特长，站在更高处继续开展法律援助，做弱势群体的代言人。”2008年，高明芹当选为第十一届全国人大代表。此前，师姐已经多次赴山东菏泽、临沂等地的典型贫困村，与村民直接面对面，与“第一书记”进行座谈，深入调研扶贫情况。她利用节假日业余时间进社区、下基层，走访慰问潍坊各辖区的贫困职工，“你的帮扶责任人今年来看过你几次？”“你的退休劳模待遇是否已经解决？”“大家在维护职工权益方面还有哪些建议？”师姐就是这样挨家挨户与职工交流，耐心听取他们的看法意见。

历经三年无数个日夜的调研与分析，2008年高明芹形成关于尽快制定《法律援助法》等多项议案，促使我国法律援助制度开启“从有到优”的新阶段。在师姐与代表们的努力下，2012年《刑事诉讼法》进一步扩大了法定法律援助的范围，正式建立了通过申请获得法律援助的制度。2014年，十八届四中全会再次将法律援助制度作为国家整体法律服务体系的重要组成部分加以强调。“代表工作要用心用情，努力为人民办好事、办实事”，高明芹通过关注以贫困职工为代表的弱势群体，真正做到了民有所呼，她有所应。

高明芹(中)与校友寻访队员合影

“我是一名法律服务工作者，要充分发挥专业优势，认真履行代表的神圣职责”，师姐充分发挥执业律师精通法律业务、接触社会广泛、联系群众密切的优势，为立法工作的开展献计献策。高明芹结合目前物业管理服务存在的收费难、发展水平滞后等多样性矛盾，提出制定《物业管理法》的议案；针对当前化解矛盾纠纷机制建设不够完善的问题，建议制定以和解、调解、仲裁等非诉讼纠纷解决方式与诉讼方式协调联动为内容的《多元化纠纷解决促进法》；为促进我国慈善事业的阳光健康发展，提议出台《慈善法》，通过建立合理的慈善组织工作人员工资福利保障机制，推动慈善体系建设。

第十一届全国人大一次会议上，胡锦涛总书记亲切接见了高明芹，鼓励她为依法治国多作贡献。第十三届全国人大一次会议中，习近平总书记与高明芹亲切握手，鼓舞律师代表继续敢于发声。高明芹认为，“打铁还需自身硬”，要想成为一名让人民满意的人大代表，必须练好“看家本领”，才能让履职更有底气，有勇气，有能量。只有在实践中不断探索新方法，总结新经验，才能做人大工作的“行家里手”。高明芹将继续努力打通便民服务的最后一公里，让“群众满意”成为代表工作最闪亮的名片，努力成为新时代的优秀建设者，为和谐民生建设保驾护航，始终向着助推中国法治建设的更高目标前进。

[**人物名片**] 高明芹，山东大学法学院1988级本科生，山东鸢都英合律师事务所党支部书记、主任，国家一级律师。第十一、十二、十三届全国人大代表，最高人民法院、最高人民检察院特约监督员，中华全国律师协会理事、山东省律师协会副监事长，山东省人民政府法律顾问，潍坊市委市政府法律顾问，潍坊市总工会副主席、潍坊市劳模协会会长，潍坊市法学会副会长。曾获评全国劳动模范、全国五一劳动奖章、全国维护职工权益杰出律师、全国优秀律师、山东省十佳律师、山东省优秀共产党员、山东省司法行政系统先进个人、山东省律师行业先锋奖、首届山东省十大法治人物等荣誉称号。2019年10月1日，获得“庆祝中华人民共和国成立七十周年”纪念章。

孙光伟

守独立思考之精神，寻商贸法律之前路

坐在山东省商务厅办公室里，孙光伟和我们回忆起他在山大求学数载的点点滴滴。三十多年前，师兄踏入山东大学，他第一次感受到了“大学之大”。作为一所综合性大学，山大是众多学子的理想学府，来自五湖四海的学生有着不同的文化背景。不再是编排满满的课表和局限于书本的知识，不再有时刻督促的父母和老师，师兄切身感受到大学自由开放的氛围，意识到中学与大学的截然不同。入学欢迎会上，法律系主任乔伟先生满怀期望地对新生们说：“我们的培养方向是希望大家都能成为青年法学家。”初听这句话时，师兄略感诧异，但数年过后，他渐渐明白了老一辈法学家对他们这一批初生幼苗的殷切期冀与细心浇灌。

青年时期的孙光伟

20 世纪 80 年代末，国家的法律体系尚不健全，供参考的法学教材屈指可数，时任法律系主任乔伟先生组织学者编写了一套系统介绍法学各学科基本理论和基本知识的大型《法学丛书》，本系也尽力为学生们提供各种学习资源。那时开设的课程侧重理论性，师兄至今仍记得法学基础理论、罗马法、中国法制史老师的风采。“在大学，最重要的不是你学到了多少东西、考了多少分数，关键在于用自己的头脑思索”，老师的谆谆教诲师兄牢记于心，他和老师、同学们讨论“法律的本质”“法的本位”等问题，在思想的碰撞中汲取着知识的精华。法律系还经常邀请国内外专家学者前来讲学，分享最新学术成果，拓宽学生们视野，一次次严肃的学术讨论和讲座交流让师兄的思考能力随着时间推移逐渐深入。忆及此，他满是感慨地表示：“大学阶段培养的独立思考能力使我受益终生，让我明白不能随波逐流、人云亦云。”

本科毕业后，孙光伟进入济南市司法局法律顾问处工作。20 世纪 90 年代初，东方风来满眼春，改革重新进入快车道。1992 年，国家体改委制定颁布《股份制企业试点办法》和《股份有限公司规范意见》后，一批企业试点股份制改革，孙光伟开拓律师新业务，为济南的改制企业起草公司章程，并出具法律意见书。他在济南人民广播电台经济频道开设普法栏目《孙律师时间》，为社会提供法律咨询服务。《国家公务员暂行条例》实施后，山东省对外经济贸易委员会率先面向社会招录公务员，经过重重筛选，师兄最终脱颖而出，开启了其在商务领域的法律旅程。

2002 年，工作近十年的孙光伟感到已学知识尚未融会贯通，于是决定重返母校继续攻读在职法硕。伴随着机构改革的步伐，孙光伟所在单位历经对外经济贸易委员会到对外经济贸易厅再到商务厅的几度变迁。商务厅的工作聚焦在“三外两区一内”，即对外贸易、利用外资和对外经济技术合作，经济开发区、自由贸易试验区以及内贸流通领域。虽工作在涉外经济贸易部门，但出于工作的需要和对法律的执著，孙光伟一直处理着与法律相关的事务。

师兄仍记得自己“相遇”的第一部法律是 1994 年颁布的《对外贸易法》，这也是建国以来颁布的第一部规范外贸经营活动与管理活动的基本法，标志着我国对外贸易领域走上法制化轨道。孙光伟当时负责该法的普及工作，“那时外贸体制改革刚开始，仍习惯通过行政手段管理对外贸易，企业的自主性较差、法律意识较为薄弱”，师兄坦言普法工作“任重而道远”。他和同事们研讨学习后，开展法律培训，深入外贸企业宣传法律，深入浅出地讲解需要规避的风险。2001 年中国加入 WTO、2004 年《对外贸易法》修改后，国家全面放开外贸经营权，孙光伟坦言对外贸易开始成为拉动经济发展的“火车头”，“从过去我们追着企业普及法律知识，到企业主动要求我们去讲解新法和世贸组织规则”。全社会的法律意识大幅度提升，师兄开始着手相关法律法规的编译、培训教材的编写与培训工作的开展，帮助山东外经贸企业利用法律维护自身利益，参与国际市场竞争。“六五”普法期间，师兄被中宣部、司法部评为“全国法治宣传教育先进个人”。

1979年出台的《中外合资经营企业法》是我国制定的第一部对外开放的法律，向世界表明了我国对外开放的意向和决心。它与80年代颁布的《外资企业法》《中外合作经营企业法》构成了利用外资的基本法律，发挥了重要作用。2020年开始实施的《外商投资法》，确立了准入前国民待遇加负面清单制度，标明利用外资管理进入新时代。有着十多年处理外商投诉处理经验的师兄表示，从投诉变化可以窥见我国外商投资环境的整体改观，“以前的外商投诉纷乱繁杂，外经贸部门就像‘大家长’一样统揽企业股权、合同、增资等纠纷，现在的投诉主要集中在如环保达标、承诺条件兑现等外部环境上”。如今，随着中国成为全球第二大对外投资国、第三大吸收外资国，投资者与东道国政府之间的投资争端越来越多。孙光伟目前正在处理外商向国际投资仲裁庭诉中国政府的济南德国海乐西亚泽案和青岛环宇集团案，他协调多部门收集核实相关证据，多次进行案件磋商，积极地配合商务部做好国际投资争端的应诉工作。

作为商务主管机关，山东省商务厅也在优化营商环境、激发市场活力和扩大内需方面发挥着重要作用。孙光伟介绍，他所在的政策法规处主要负责省商务厅“放管服”领域的工作。为此，他们采取众多举措，推出“放管服”改革升级版：削减行政审批事项和行政权力事项，由层层报批至省级变为将权力下放给市级；采取“一次性告知制”，减少证明事项，对接“爱山东”政务服务平台，让百姓“零跑腿”或“最多跑一次”；实行“串联改并联”，提高审批效率等，种种做法得到了群众“点赞”。当前受疫情影响，经济下行压力增大，孙光伟表示：“放管服改革是政府的自我革命，下一步仍要推动简政放权纵深发展，用创新监管激发市场活力和动力。”

互联网时代的快速发展激活了网络消费市场的“一池春水”，2018年《电子商务法》应运而生，孙光伟表示“该法是消费者的重大‘利好’，有助于规范电子商务市场，持续优化营商环境”。《电子商务法》在山东省的具体实施由商务厅牵头，分内贸流通与跨境电子商务两个领域展开，他们联合省司法厅等单位召开全省《电子商务法》宣传培训视频会议，邀请专家学者解读经营者主体类型、平台责任与义务、大数据“杀熟”等焦点问题，引导电商企业依法经营。在决胜全面小康的关键时期，山东省商务厅还积极推动“电子商务进农村”，助力精准扶贫。以菏泽市为例，师兄介绍，他们指导市县商务部门举办电商法的培训交流会、电商技能提升培训班等，帮助贫困人口通过电子商务实现就业创业和增收脱贫。2019年，山东省淘宝村数量达到450个，淘宝镇数量达 87 个，许多地区抓住“互联网＋”发展机遇打通销售终端，培育农村发展新动能。孙光伟还告诉我们，最近他们也在积极关注电子商务领域的网红带货、县长直播等新变化，为农产品滞销、企业复工难等问题寻求破解之道。

凡属重大改革都要于法有据。在整个改革过程中，都要高度重视运用法治思维和法治方式，发挥法治的引领和推动作用，确保在法治轨道上推进改革。山东省经济开发区经过三十年建设发展，已经成为发展速度最快、产业层次最高、集约程度最强的经济板块，在经济文化强省建设中发挥了重要作用。但经济开发区在发展过程中缺乏法律法规依据，开发区的功能定位、管理体制和政策保障等无法在法规上得以明确，发展环境不够优化，这些问题迫切需要通过立法来解决。孙光伟多年来一直参与山东省经济开发区立法的起草工作，“十年磨一剑”，山东省人大常委会 2016 年 7 月终于通过了《山东省经济开发区条例》。该条例自 2016 年 10 月 1 日起施行，有效地解决了上述问题，取得了良好的立法成效。

孙光伟(右二)与校友寻访队员合影

2019 年 8 月 2 日，《国务院关于印发 6 个新设自由贸易试验区总体方案的通知》印发实施，8 月 30 日中国(山东)自由贸易试验区正式挂牌。自贸试验区地方立法的任务立即摆在了面前。作为山东省商务厅政策法规处处长，孙光伟积极参与《中国(山东)自由贸易试验区条例》的起草组织工作，他坦言这次立法大有不同，以往是先试点再总结，等到时机成熟后再通过制度固化、逐步推广，而作为新生事物的自由贸易试验区要求“法治引领改革”，因此相关立法工作与自贸试验区设立同步启动。为做好管理体制、投资改革、贸易便利、金融创新、产业开放、营商环境等方面的顶层设计，孙光伟赴重庆、湖北、福建、海南等自贸试验区进行调研，同相关高校的法学专家进行立法咨询，最终形成征求意见稿并在网上发布。经多次调研修改审议后，《中国（山东）自由贸易试验区条例》已于2020年在省人大常委会通过。

新的六个自贸试验区设立之后，我国已呈现出“18＋1”的自贸试验区格局。“制度创新是山东自贸试验区建设发展的核心工作和历史使命”，孙光伟表示，山东省的海洋资源丰富，同时在与日韩地方经贸合作方面具有突出的地缘优势，因此在自贸试验区的立法方面也规定了“自选动作”，设立“海洋经济”和“区域经济合作”专章，在青岛、烟台片区发展海洋特色产业和项目，并在提升中日韩区域通关便利化水平、服务贸易合作、航运合作等方面作出具体制度设计。谈及在母校组建的“中日韩法律研究中心”和“中日韩高端法律人才培训基地”，师兄表示中日韩三国同属大陆法系，有着共同的基础与天然的合作优势，期待着三方能更深层次、更广领域、更多角度就法律问题进行深入探讨，用理论研究成果助推实践的快速发展。

随着山东自贸试验区全面起势，制度创新初见成效，三大片区也迎来全新开放格局。济南片区启动“无证明城市”建设，变“群众跑腿”为“数据跑腿”；青岛港全自动化码头实现“5G＋自动化技术”全覆盖；烟台片区首创“中日韩跨国审批”……种种变化让百姓和企业拥有实实在在的获得感。孙光伟表示，山东自贸区的立法未来将立足于加快推进新旧动能接续转换、海洋经济高质量发展和区域经济合作持续深化，努力为打造新时代改革开放的新高地提供法治保障，不辱国家使命，凸显山东担当。

［人物名片］孙光伟，山东大学法学院1988级本科生、2002级硕士研究生，现任山东省商务厅政策法规处处长。曾任山东省商务厅政策法规处（世界贸易组织事务协调处）副处长、省商务厅法规处调研员。

魏 建

法经济学领域的深耕者

一、军训时光砺品质，读书好学筑基础

1988年的春天，山东省博兴县，在这个日后被文化部命名为“中国草柳编之乡”的地方，即将踏上高考考场的魏建还在思考着自己的未来。小县城里信息闭塞、交通不便，任何一条与大学有关的消息都显得那么遥远与神圣，不断左右着他的选择。师兄坦言，他最初期望报考的学校是中山大学，但父亲的一句“选这么远的地方干什么，那么热的天你肯定受不了”，打消了他“去远方”的念头。最终，魏建填报了离家较近的山东大学，并在高考后被法律系成功录取。

魏建（左二）与校友寻访队员合影

来到山大，师兄所要面临的第一件事情就是军训，虽已时隔三十二年，那时的很多场景他仍历历在目。魏建介绍，当时的军训并不在校区内进行，“入校第三天，所有的新生都整装奔赴莱芜”，从新鲜的大学校园到陌生的训练基地，只有一个“54885”的番号始终萦绕在他的脑海。不过这份忐忑不安并没有持续多久，繁重的军训任务便接踵而至。师兄回忆，他们每天都在烈日下度过，“馒头二两一个，我一口气能吃五个”。当然，也正是这难忘的开学第一课，进一步磨炼了魏建坚忍不拔的意志，支撑着他在学习研究的道路上坚定前行。

随着军训的结束，初入大学的那份兴奋与紧张迅速散去，魏建正式迈入了法学之门。“大学四年，读书是我的最爱”，三十年来，始终心怀一份对知识的渴求和对学习的执着，师兄发表论文 170 余篇，出版专著编著近 10 部，主持国家及省部级科研项目 10 余项……在学术研究上结下了累累硕果。

二、不甘平庸求深造，觅得兴趣涌研究

本科毕业后，魏建被分配至山东省工会干部管理学院工作。三年的时间里，简单机械又循环往复的工作内容，让师兄觉得“这样的人生好像一条笔直的道路，一眼便能望到几十年后的自己”，于是他萌生了继续学习的念头。那时，山大法律系已转制为法学院，刚刚获得了宪法与行政法硕士学位的授予权。不过由于招收人数较少、竞争过于激烈，魏建再三权衡后放弃了法学院首批硕士研究生的报考机会，选择进入山大经济学院进行深造。

师兄坦言，自己当时并不懂经济学，对它的了解全部来自本科时的《政治经济学》课程。读研后，魏建开始对这一领域进行深入学习，层出不穷的新概念、准确清晰的逻辑线激发了他浓厚的研究兴趣，师兄很快完成了知识体系“从 0 到 1 的跨越”，并逐渐确定了以经济学与法学的交叉领域——法经济学作为主要研究方向。然而当时国内还没有学者对法经济学进行过系统研究，唯一一本可以参考的著作便是三联书店 1994 年出版的《法和经济学》。就这样，师兄三年间反复翻阅这本 878 页的书籍，逐渐摸出方法、探出路径，继而攻读西北大学政治经济学博士，逐渐成长为法经济学研究领域的佼佼者。

时光转瞬即逝，博士毕业后的魏建再次面临职业选择，这次他选择了向往已久的“远方”——广州，在广发证券从事博士后研究工作。面对良好的发展前景和广阔的成长空间，原本师兄已经萌生了在广州定居的想法，但命运的齿轮让他与山大再续前缘。

三、教师主编双肩挑，教学科研两相成

2003 年 9 月，刚回到山大的师兄破格晋升为教授，十八年间始终坚守在教学研究一线。潜心问学是学者之责任，匠心育人是教师之本职，魏建在课程讲授和论文指导的过程中感受着思想的碰撞、灵感的迸发，也更好地促进着自身学术研究的深入。作为过来人，他时常提醒自己的学生要尽可能多地拓宽知识面，注重关注非自身专业领域的书籍与讲座，“对其他学科知识的了解，很有可能打开你人生的另一扇门”。师兄笑称，这可以用经济学中的“边际递增效应”加以解释，在如今的知识经济时代，随着时间的推移和投入的增加，知识储备日益丰富，跨学科学习的效用将呈现几何倍数的增长。

2015 年，魏建担任了《山东大学学报(哲社版)》的主编，角色切换带给了他“不一样的乐趣”。作为新中国成立后创办较早的大学学报，《山东大学学报(哲社版)》是展示山大人文社科领域科研能力和学术水平的主要阵地，有幸担任其“掌门人”，师兄深感责任重大。“学报是大学影响力的支撑”，魏建坦言，虽然担任主编会分散他部分教学研究的精力，但这一工作也给他带来了一份全新的思考与收获。

魏建在文化科技创新论坛上发言

几经摸索与实践，魏建带领学报团队探索出了“强调问题导向，注重学科交叉”的办刊方向。如今，编辑部会定期发布重点选题，整合多学科最新成果，助力传统优势学科与新兴交叉学科的融合发展。从编辑角度，师兄也为学弟学妹分享了自己的宝贵经验，“论文选题是成败关键，能否从热点切

入、找准问题角度，这反映着一个人的学术功底与观察能力”。未来，魏建希望《山东大学学报（哲社版）》能立足山大、放眼全国，发挥理论创新、学术交流等重要功能，努力在全国高校文科学报中做大影响、做出特色、做响品牌。

四、法治时代行将至，人才培养道且长

深耕于法经济学领域多年，魏建认为“经济的长期稳定增长离不开我国产权制度的保护与改革”，从农村的联产承包责任制到国有企业改革再到分税制改革，产权改革由点及面不断深化，推动形成了良好的经济社会发展格局。“产权是保障市场公平竞争环境的‘警戒线’，而法治则是实现市场平等主体保护的‘防护网’”，师兄表示，“法治的根本是保护弱者，为弱者提供权利实现的途径。”依此类推，用法治规范营商环境的根本也是保护弱势企业，企业资本市场瞬息万变、风险多发，新成长的企业需要更多的帮助和扶持。魏建强调，这一制度保障不是给予企业“特殊关照”，而是通过简化办事流程、明确运行规则、完善政府监管等手段，构建统一开放、竞争有序的市场体系。

身处齐鲁大地，师兄对山东的经济社会发展尤为关注。他表示，山东正加速新旧动能转换、推动经济高质量发展，“随着营商环境的改善、创新能力的提高，相信我们的传统优势会快速地发挥出来”。不过，在国家不断采取有力法治举措优化营商环境的趋势下，魏建也注意到“部分政府工作人员仍缺乏法治意识”。他坦言，法律无法面面俱到，在面对法律缺乏明确规定时，一些工作人员会基于“如何方便管理”而非“给予企业公平待遇”的出发点处理问题，采取的措施往往背离了改革的初衷。“一个重视维护公平、保护弱者的社会，才是真正的法治社会”，师兄期待更多的人能真正理解法治精神的内核，共同构建法治实施体系。当然，魏建也将继续立足本职，发挥《山东大学学报（哲社版）》“砥砺学术，塑造特色，服务社会”的作用，努力扩大社会影响力，通过“学术的力量”培育更多人的法治眼光与社会格局，为法治中国建设注入新力量、凝聚新希望。

[人物名片] 魏建，山东大学法学院1988级本科生，《山东大学学报（哲学社会科学版）》主编、编辑部主任，山东大学中泰证券金融研究院教授、博士生导师。曾入选教育部新世纪优秀人才、山东省经济建设领域智库高端人才。

肖彬

调研审判齐努力，不忘初心绽芳华

国徽高悬、石阶绵延，山东省高级人民法院在烈日下庄严屹立。视线掠过一摞摞资料文书、穿过一个个忙碌工作的身影，我们见到了正在办公桌前伏案工作的肖彬。忆起与法学的初结缘，师姐笑称自己对法律可谓是“情不知所起，一往而深”。

肖彬(中)与校友寻访队员合影

20 世纪 80 年代末，中国经济迅速发展，经济学成为高考报名的热门专业。怀揣着对法学的向往之心，肖彬选择了山东大学经济法学专业，自此与山大结下不解之缘。忆及山大求学时光，令她印象最深刻的还是博学又和蔼的老师们：从日本山口大学访学归来的徐显明老师，风华正茂，风度翩翩，讲课引人入胜，他的讲座总是要事先抢座位；担任 1989 级辅导员的肖金明老师，在生活上给予同学们无微不至的照拂，在思想上帮助同学们树立积极向上的态度，经常与同学们畅谈人生理想；民法课刘保玉老师、民诉法课王丽萍老师等等，常常与大家在课堂内外探讨学术问题。即使是毕业后，肖彬也常就审判实务中遇到的疑难问题向各位老师请教，从中汲取“精神食粮”。

大四时在淄川区人民法院的实习经历，使肖彬第一次真正接触到实务审判工作，就此坚定了成为一名人民法官的决心。怀着守护社会公平正义的信仰，肖彬毕业后来到山东省高级人民法院经济审判庭，自此开始数十年法官生涯。“法律是一个活到老学到老的专业”，在省法院工作五年后，肖彬深觉自己法律素养的不足，于是便选择重回山大继续攻读硕士学位。在导师王丽萍老师的帮助和指导下，肖彬在民商法领域继续刻苦钻研，补足了法律体系的短板，实现了理论知识的积累与沉淀。

2001 年，硕士毕业的肖彬全身心投入商事审判工作中。同年，省法院为建立统一大民事审判格局进行机关机构改革，撤销经济庭，设立民事审判第二庭负责合同、证券、票据、破产等商事纠纷案件。从经济庭到民二庭，名称在变，职能在变，但肖彬坚守商事审判二十余年的初心一直未变。“商事审判是经济发展的晴雨表”，肖彬表示，商事审判与国家宏观经济形势密切相关，是管理调节经济秩序、保障促进社会经济健康发展的重要手段。自改革开放以来，商事审判从无到有、从小到大，在规范市场经济秩序、创建和谐社会方面发挥着日益举足轻重的作用。面对不断涌现的复杂、疑难、新型案件，肖彬以现有法律为基础不断探索商事审判新模式，妥善处理多起全省乃至全国性重大影响案件。

“新案件亟须新思维。”其中，山东首例“保兑仓”案便是新类型案件的典型代表。“保兑仓”为银行向卖方及买方提供的一种新型融资金融服务，其以银行信用为载体，以银行承兑汇票为结算工具，由银行控制货权，而卖方受托保管货物并对承兑汇票保证金以外金额进行货物回购。某银行济南分行、甲公司与乙公司签订《保兑仓业务三方合作协议》。协议履行过程中，乙公司未按协议约定将剩余承兑汇票款项退回该银行，而是自行将等值货物交付甲公司。因现有法律并未对保兑仓这一新型融资方式加以规定，肖彬和民二庭审判团队数次展开研究讨论，经综合考量后认定其构成违约，判决乙公司对甲公司债务承担连带还款责任。此判决起到良好示范效应，充分体现省法院在支持新类型融资方式、规范融资市场发展方面的职能作用，并得到最高人民法院认可。

在纷繁复杂的商事审判案件中，肖彬将目光集中于破产领域。作为山东省法学会破产法研究会副会长、中国人民大学破产法研究中心研究员，她在破产领域不断探索，孜孜以求。针对山东省破产企业“个头大”、背景复杂的特点，省法院民二庭加强对各级法院破产案件的监督，统一尺度，通过审判活动使企业轻装前进，实现了从濒临破产到快速发展的历史转变。“如今破产对企业而言更是一种保护，一种盘活”，司法重整已被公认为是挽救困境企业最全面、最有效的法律制度。如淄博某集团作为全国百家大纺织企业之一，复杂的历史背景、沉重的债务包袱使得其破产重整之路尤为困难。在破产清算过程中，淄博中院始终坚持以“避免贬值，确保保值，力求增值”为目标，通过人员、设备转换，顺利完成我国牛仔布及服装行业首个“国家级企业技术中心”这一科技创新平台的平移，使公司生产管理及运营逐步进入良性发展轨道。多年来，本着“救活”的原则目标，山东省各级法院汇聚全部力量、资源，帮扶困境公司完成“瘦身、切割”，结构调整，产业转型升级，以实现资源有效配置，释放社会资源，为服务保障新旧动能转换作出突出贡献。

肖彬在山东金融法律论坛上发言

除承办具体业务之外，肖彬还负责全省各级法院商事审判的综合指导工作。多年来，针对商事审判中的热点和难点问题，她多次组织调研活动，涉及破产、企业改制、金融纠纷、公司诉讼、不良资产处置等众多领域，形成大量调研报告、理论书籍和学术论文，力求促成实现法律效果、政治效果和社会效果的三个统一。此外，省法院先后制定多份指导性意见，为全省法院商事审判准确适用法律、统一裁判标准提供了重要的审判指导。

“凡是过往，皆为序章。”告别商事审判，2020 年，肖彬来到省法院研究室。“在研究室工作，站位更高，视野更开阔，责任也更重”，谈及工作上的转变，肖彬讲到，“发现问题，研究问题，再去解决问题，便是研究室的意义所在”。调入研究室工作以来，她迅速转型，从个案审判转为审判调研，新的工作为她打开从另一种视角看审判的门、换种方式干事业的窗。她以笔为器，大力开展审判理论研究，参与起草重要的综合性文件；参与调研，总结推广山东三级法院典型经验；积极参与司法改革的推进工作，助力各项改革事项落地落实；构建平台，通过学术讨论会、法官沙龙、“法企面对面”等形式广泛听取法官、检察官及社会各界意见，掌握收集第一手资料，敏锐分析、抓取共性问题，找寻规律，制定研究策略。“搞研究最忌讳的就是脱离实践”，在工作过程中肖彬牢牢树立“实践意识”，多选取实务中有争议的主题进行研究，采用司法案例的实证研究方法，遵循从实践上升到理论，再以理论指导实践的研究进路，在省法院综合研究工作中不断发光发热。

“法官是法律专业最对口的职业选择，在大量的审判实践中能够充分运用所学知识，积累经验，快速成长。”访谈的最后，肖彬表示，“法官能够在个案中发挥决定性作用，定分止争”。作为法律帝国的“王侯”，法官这一职业崇高又神圣，但这份神圣中有太多平凡和艰难，最后才能凝聚为不凡。回顾过去，展望未来，人民法院各项审判工作东风正劲，希望法科学子们能够加入人民法院审判工作中来，履行公正司法、司法为民的使命，守望法治的田野，为中国法治建设、经济社会高质量发展、和谐社会创建献心献力。

[人物名片] 肖彬，山东大学法学院 1989 级本科生、1998 级硕士研究生、在读博士研究生，2002 年取得英国伦敦大学亚非学院法学硕士。现任山东省高级人民法院研究室副主任、三级高级法官，曾任山东省高级人民法院民事审判第二庭副庭长，兼任中国人民大学破产法研究中心研究员、山东省法学会企业破产与重组研究会副会长。先后被授予山东省首届审判业务专家、山东省法学法律研究领军人物等称号。

姜省路

领航蓝区基金，做私人投资银行的领跑者

一、初识法律，感恩母校润物无声

济南基金大厦楼下，络绎不绝的人群昭示着基金行业的繁荣发展。我们走进蓝区基金，相较于同行它显得略为低调，一如公司掌舵人姜省路沉稳干练的行事风格，但硕果累累的展墙彰显了蓝区基金不俗的实力。历经资本市场二十余年的风雨检验，大胆步入投资基金的天地，姜省路师兄在专业领域的成长开拓之路，要从山大的点滴往事说起。

姜省路（前排左三）与同学们在校园

20 世纪八九十年代的中国外贸业，国际法律知识人才十分匮乏，应对涉外法律问题能力也普遍欠缺。“外贸法律服务必将有着光明的前景”，从事外贸工作的父亲的一番话，使姜省路对经济和法律萌生了兴趣。于是，怀揣与时俱进、服务社会的愿景，他毅然地选择了经济法专业，踏进了山东大学法律系的大门。时光荏苒，古朴静肃的教堂、葱郁恬谧的林木桥水仍令姜省路怀念，而山大求学生涯的收获更是常忆常新。他印象最深刻的便是徐显明老师讲授的法理课程，“徐老师把枯燥的法理演绎得出神入化，为我们开启了法律世界的第一扇门”。姜省路回忆，他在法理课上掌握了法律关系的构架与分类、法律责任的认定与归结，开始运用法律逻辑分析社会中的事物，自此“在骨子里深深地打下了法律的烙印”。

大四时，姜省路到律所实习，从证据收集到文书写作，从会见当事人到法庭辩护，师兄切身感知了律师办案释疑的流程和思路，在公检法为就业主流的 90 年代，这段实习经历激发了他对律师执业的兴趣，为他日后坚定地选择富有挑战性的律师行业埋下了种子。1994 年本科毕业后，姜省路进入山东琴岛律师事务所工作，从最初处理传统民事业务渐渐向公司商事业务专业化方向发展。师兄介绍，“我是省内较早专门从事证券法律服务的专职律师”。随着 20 世纪 90 年代初国内证券市场的逐步兴起，他敏锐地抓住时代机遇，尚作为律师新人便率先接触证券业务，开始为受托公司证券发行上市和交易提供法律服务、出具法律意见书。“证券业务不仅需要运用法律识别风险，更要从经济学的视角看待市场。”要跟上资本市场日新月异的步伐，必须不断拓宽视野，汲取前沿知识，做出专业特色。凭着法律与经济结合的独特视角，姜省路带领团队不断拓宽知识结构、积累业务能力，在实现商业价值的同时兼顾法律风险，努力帮助企业塑造并维持市场竞争力。2000 年，青岛市举行第一届专业律师拔尖人才评选，师兄作为新秀脱颖而出，被评选为证券法律事务行业的律师专业拔尖人才，为进一步扩展业务打下了坚实基础。

二、从业证券律师，做合格的法科毕业生

20 世纪 90 年代，中国的经济浪潮发轫，证券行业方兴未艾、股票市场建设如火如荼。姜省路表示，由于 1994 年第一部《公司法》出台前的证券市场缺乏法律规制，市场上出现了许多不规范的交易行为，给早期公司股份确权留下了难题。为解决公司上市前违规发行股票的问题，师兄多次与证券公司、证监会进行交流对接，整合、剖析法律规范，积极解决问题；在处理公司

股东股权问题时,他细心梳理公司的历史沿革,尊重基本事实,尊重商业安排,合理适用法律规范妥善解决公司股东股权的历史遗弊,一次次条分缕析积累经验,姜省路逐渐成长为证券业务专家型律师。在那个电脑尚未普及的年代,师兄靠收集大量证券类报纸书刊积攒资料,详细阅读并认真作笔记,比较不同公司的招股说明书,梳理财务与法律视角处理问题的不同之处。“既然证券业务缺乏直接法律规则的支撑,那我们就通过法律原理、法律原则形成法律判断。”凭借一点一滴经验的积累,姜省路巧妙搭建交易结构、灵活运用相关法律,清理违规股票交易问题,进行有效的股东股权确权工作,帮助多家企业顺利上市。

“量的积累是实现质变的前提”,在多年办案过程中,姜省路形成了自己独到的判断逻辑,面对情形相异的个案,他总能敏锐地发现并提示公司内部违规行为,帮助企业防范合规风险。随着证券市场的逐渐完善和市场环境的日益改善,企业合规成为公司规范运行的新要求,独立董事也成为上市公司法人治理结构的重要元素。在律师工作之余,师兄还先后担任 20 余家上市公司的独立董事,及时跟进公司的信息动态,与公司管理层和执行董事保持顺畅的沟通谈判,尽心竭力地维护中小股东的合法权益。

随着中国法治环境的改善和企业合规自觉性的提升,公司上市已然成为成熟企业的不二选择。“踏足新领域才能成为领跑者”,姜省路和团队不再满足以申报为核心的 IPO 板块,转攻企业上市后为提升市值而开展的并购业务。“律师不仅仅是助推企业合规的把控者,更是实现商业价值的好战友。”经过二十余年知识和能力的积累以及对资本逻辑的深入理解,师兄一直在寻找机会走出律所这个“舒适区”,使自己的专业能力在资本市场上得到更加淋漓尽致地发挥。在担任蓝色经济区产业投资基金法律顾问的过程中,姜省路最终下定决心,毅然踏入基金行业这片新海域,实现由令听行从的“驾驶者”向一往无前的“领航员”的转变。

三、投身基金,做私人投资银行的领跑者

师兄介绍,蓝区基金是国内第一支专注于国家海洋战略和山东半岛蓝色经济区区域协调发展的国家级产业投资基金。但在基金成立后的三年间,公司运营一直处于发展的磨合期。2015 年到任后,姜省路凭借多年的资本运作及管理经验,对基金原有的投资理念和投资策略进行大刀阔斧的变革,提出“直接投资+专项基金”的投资发展思路,并严格按照市场化原则选聘各类专业化、复合型人才,逐渐地扭转了公司运转缓慢的现状,开创了蓝

区基金发展的新局面。

姜省路(左二)与校友寻访队员合影

作为一支国家级产业投资基金,姜省路深谙蓝区基金要充分发挥促进地方经济社会发展的作用。蓝区基金不仅围绕山东海洋战略进行产业布局,且致力于在各个新兴领域开拓商机。姜省路带领的蓝区基金联手行业领先企业东明石化、中科合成油深耕能源化工,在半导体、云服务、大数据等新一代信息技术领域联手浪潮集团深入布局,以微生物基金为载体联合清控金信打造大健康投资生态。作为投资业的后起之秀,蓝区基金对重点领域的行业认知和投资逻辑已然全面踏入深水区。蓝区基金的蓬勃发展,离不开领头人姜省路在多年从事公司业务中培养的灵敏行业嗅觉和快速破题能力,从律师到投资业的跨界,他开辟了蓝区基金的蓝海策略:如何才能像一柄尖刀直入投资目标行业的核心,深掘潜在投资盈利点?姜省路认为,必须寻求联合"最了解行业"的主体,依托基金平台牵线行业翘楚,尽可能打破信息壁垒,搭建精准、缜密、专业并富有大局观的投资逻辑,吸引资金和项目资源如活水一般源源不断地涌入,使蓝区基金实现良性、高效的资本配置循环。

"既要培养能精准投资的鹰隼,也需要建立能管住鹰隼的笼子。"姜省路强调,虽然基金的发展不能因重视合规而影响快节奏的商业脚步,但兼具复合知识结构和丰富商业经验的法律人能够使企业"在实现商业目的的同时,最大限度地控制风险"。"私募股权基金相比于综合牌照公司的竞争力,在于高度专业且全面的私人投资银行能力。"蓝区基金长期服务于行业顶级客户，在展业过程中，师兄极为重视复合型人才的培养。他会督促专业人士跨部门学习，共享经济、金融和法律等领域的最新知识，并指导新人通过实践提升对行业的分析和理解，注重职业道德自律，培养团队绝对专业的资本市场服务能力，为蓝区基金下一步打造集投资方案、投后管理、资源配置为一体的“私人投资银行”提供坚实的“智力支撑”。展望未来，姜省路期盼更多法律人能够在学以致用的基础上不拘泥于专业所限，以成为知识结构复合型人才为智育目标，真正为山东经济社会发展多作贡献、添砖加瓦。

［**人物名片**］姜省路，山东大学法学院1990级本科生，现任山东蓝色经济产业基金管理有限公司总经理。先后获评山东省金融系统“五一劳动奖章”、山东省金融高端人才、青岛市十佳青年律师、青岛市律师专业拔尖人才等荣誉称号。

庞国栋

扶正守道，是为律师之业

一、求学记忆荣光耀，企业经历萌芽生

走进齐鲁律师事务所，有序合理的空间布局、安静舒心的工作环境映入眼帘，正感受着独特温馨的律所文化，我们见到了热情亲切、稳重健谈的庞国栋师兄。

多年前求学经历的画卷徐徐展开。忆及学法初衷，师兄表示“兴趣是指引我前进的航标”，原来少年时期的他就关注到朝代更替与历史变法间的内在关联性，并一直保持着探究的念头。在这份热爱的驱使下，他走进了山东大学法律系。系统化的课程设计建构起一套完整的法学理论框架，老师们的言传身教产生着潜移默化的影响，同学间的观点争论激发着法学知识的探索，师兄对大学生涯充满感慨：“四年大学时光对我的提升是全方位的。”

山东大学法学院九一法学班毕业留念

除了徜徉在法学的知识海洋，师兄还担任班级团支部书记等

职务，组织丰富多彩的学生活动“填补”闲暇时光。1994年，恰逢山大法律系升格为法学院，各种学术论坛、庆祝活动精彩纷呈，彼时作为学生骨干的庞国栋均参与其中。“能为学院的建设添砖加瓦，我倍感自豪”，回忆起学院发展的“荣光时刻”，师兄的喜悦之情溢于言表。改制后的法学院迅速驶入发展的“快车道”，法学学科的建设日益完善，吸引了大量法律人才前来任教，招生效果也显著提升。

本科毕业后，庞国栋进入一家投资公司工作。初入职场就遇到一起面向数家房产公司的股权、资产整体并购案。面对这起标的额大、复杂度高的案件，师兄没有手忙脚乱，而是审慎分析各种风险，多次洽谈合同方案，将所学理论与实践融会贯通。第一次与房地产、建设工程类案件的成功“触碰”在师兄心底埋下了深耕这一领域的种子。

二、房建领域临挑战，做精业务应万变

2000年春节，热闹欢快的气息洋溢周围，而庞国栋的内心则充满平静，已在企业“打磨”五年的他在思考着未来走向。反复斟酌后，师兄决定“坚持选择法律的初心”，放弃企业高管工作转而选择律师职业。于是，他开始沉心读书、准备律考，顺利取得执业资格证后进入山东齐鲁律师事务所执业。师兄坦言，企业经历积攒的经验和阅历为律师工作奠定了基础，谙熟企业管理、商业习惯、社会形态的他很快跨越了初期阶段。

彼时中国城镇化快速发展，建筑市场较为混乱，矛盾纠纷频发，师兄心底的那颗种子开始发芽，指引着他专注于房地产、建筑工程领域的法律事务。一起工程纠纷案中，相关单位为追赶进度，在工程质量严重不达标的情况下通过验收，建筑商起诉至法院要求支付工程价款，庞国栋代理被告开发商应诉，并提起反诉要求对方承担质量赔偿责任。庞国栋联系公证处对建筑物踩点鉴定，带着团队进行造价计算、方案拟定，多方搜集固定证据，在证据完整的基础上申请工程质量鉴定和修复造价鉴定。但法院认为施工单位对验收合格后的项目仅承担保修责任。面对尚无明确法律依据的难题，他反复查阅资料、咨询专家同行，在另一省法院法官座谈会纪要中找到强有力的支撑观点。最终该案在最高院胜诉，当事人获得数千万元赔偿，师兄感受到“为客户创造价值的满足感”。

“这一领域的专业性极强”，师兄坦言，只有深入了解大量的专业术语和行业规则，熟谙专业法律规定和裁判规则，才能做精业务。但他同时表示，“建设工程始终是经济发展的引擎，该领域的法律服务前景广阔”，从城镇化

进程加快、基础设施完善到如今的乡村振兴，建筑物在拆、建的过程中必然面临各种纠纷，法律服务市场广大。

三、涉军维权战绩佳，星星之火可燎原

近年来，随着法治军营建设步伐加快，涉军维权问题愈发受到关注。2013年9月，齐鲁律师事务所与济南军区政治部签署《涉军维权工作协作书》，成为山东省首批涉军维权协作单位。作为定点工作站的负责人，庞国栋积极沟通协调，维护军队军人军属的合法权益。某军分区的一靶场与社会资本合作实现创收，但随着全面从严治军的推进，靶场需要回归军事用途。面对利益冲突，师兄坚定政治站位，表示“必须将军事利益、国防利益放在首位”。他寻找第三方机构测算实际投入，诚恳地为企业分析利弊，推动多方主体在党委政府的协调下解决问题，最终顺利化解矛盾。因为在促进军地和谐、维护社会稳定方面成绩突出，庞国栋获评“涉军维权工作先进个人”，成为济南市律师界得此殊荣的“第一人”。

庞国栋（右二）与校友寻访队员合影

从业近二十年，庞国栋切身感受着律师行业的巨变。从执业最初时社会需求较少到如今企业风险防范、政府重大决策、一村一居法律顾问配置都离不开律师的参与，律师的社会形象不断提高、规模体量持续增加、影响力大幅提升，师兄表示“律师已然从边缘职业发展为法律职业共同体中不可或缺的一部分”。为更好地实现自身价值，庞国栋在做好本职工作的同时，还身兼数职，努力“发光发热”。作为省政协法律顾问，他参与具体调研、列席政协会议，就涉法问题提出专业性意见；作为最高检民行案件咨询专家，他

对建筑工程领域的典型案件建言献策，促进办案效果的提升。“律师代理案件是为保障当事人利益，而承担社会责任则为实现整个社会的公平正义”，多年来，庞国栋始终在为培育尊法守法用法的深厚土壤贡献一己之力。

四、律所文化意蕴深，校企合作前景明

齐鲁律所深受厚重悠久的历史文化浸润熏陶，扎根齐鲁，辛勤耕耘，目前设有8个分所，共有执业律师及工作人员500余人。曾担任齐鲁所首届工会主席的师兄表示，“和谐的文化氛围是律所良性运行的‘稳定器’”，他们着力打造家庭般的温馨环境，关心员工的职业成长，真正“让每一个员工及其家人感受到温暖。”为此，工会不仅组织运动会、篮球赛、出行旅游等帮助员工缓解压力、提升团队凝聚力，而且实行管委会委员担任工会主席的机制，切实将员工的声音反馈到决策部门，从而推动律所持续健康发展。“工会是连接律所管理层与员工的重要桥梁”，师兄如是说。

除了做好内部建设，齐鲁律所还积极与高校合作，努力打造高端法律人才的“孵化器”。2015年1月，齐鲁律师事务所与山大法学院成功达成“建设国家卓越法律人才教育培养基地合作协议”。师兄坦言，学校的培养是一个构建知识框架、培养法律思维的过程，职业培训则需要律所“发力”。面对如今法律人才存在理论与实践不能有效衔接的现象，他表示这次有益探索将打破学校与社会的壁垒，优化法律人才的培养模式，“让学生在获得扎实法律知识的基础上把握法律‘脉搏’，理解法律的实践魅力”。从法学教育大众化到法律职业精英化的道路仍然任重而道远，庞国栋也期待着在与院校交流中不断探索新的合作模式，助力于建设德才兼备的高素质法治队伍。

多年来，齐鲁律所始终秉持着“己欲立而立人，己欲达而达人”的理念，争做行业“排头兵”，致力于服务国家战略。作为律所主任的庞国栋正勾勒着律所的未来发展蓝图，他同样期待着更多优秀的山大法律人能以律师为业，共同扶正守道，守护这片和谐邦域。

[**人物名片**] 庞国栋，山东大学法学院1991级本科生，山东齐鲁律师事务所高级合伙人、管委会主任。兼任山东省律师协会建设工程法律专业委员会副主任、山东省政协法律顾问、山东省人民政府法律专家库专家、最高人民检察院民刑案件咨询专家。先后被授予涉军维权先进个人、山东省非公有制经济人士优秀中国特色社会主义事业建设者、山东省律师行业维护社会稳定突出贡献奖等荣誉称号。

姬红艳

业在建行，法律思维伴成长

一、山大求学：宽严相济乃良药

初见姬红艳，干练的气质、亲切的笑容，职场精英的风范一览无遗；深入访谈后，朴实的话语、真挚的情感，我们对师姐的钦佩愈发浓烈。18 岁的那年 9 月，姬红艳从家乡内蒙古自治区跨越近千公里，来到陌生的泉城济南，开启了二十九年的求学工作之路。

姬红艳（左三）与同学们在校园

谈及母校，师姐的思绪又回到了青春洋溢的芳华岁月。那时，山东大学给她留下了美好的初印象，自由包容的校风营造出宽松和谐的学习生活环境，“颇有些老牌名校的教育风范”。四年的法律求学时光，她系统学习掌握了经济法方向的专业知识，为日后进入银行系统工作奠定了理论与思维基础；四年的学生工作经历，她从普通干事成长为学院团委副书记，逐步明确了未来事业的成长和发展方向。时至今日，师姐坦言母校始终是她前进路上的不竭动力，“只有努力让自己变得更优秀，才能使身上的山大标签更熠熠生辉”。

求学四年间，姬红艳印象最为深刻的，是大四时偶然违反考勤纪律后的那一幕。当时分管学生思政工作的梁桂莲书记一向以严厉著称，师姐本以为自己会被狠狠地“教育”一顿，却不曾想梁书记并未过多苛责，反而推心置腹地为她分析利弊、阐明后果。“严厉或宽松都是手段，教育与保护才是目的，无论如何都是对学生的关爱有加。”姬红艳表示，宽严相济的思想也被她应用到了日常管理中：每当下属的工作出现纰漏时，她并不会粗暴批评或“一罚了之”，而是把分析原因、解决问题、帮助成长作为首要目标。把这种教育理念渗透到队伍建设的过程中，师姐带领的每一个团队都获得了“凝聚力强”的高度评价。

二、银行从业：法律思维是钥匙

与许多同学不同，姬红艳毕业后选择进入银行系统工作。在建行基层网点锻炼三年后，她来到山东省分行法律事务部任职。除了审查对外法律文本、设计产品法律架构、构建风险防范体系外，“打官司”成为师姐的家常便饭——不仅要作为原告起诉合同违约，还要作为被告出庭应诉侵权。“我一年能参加近百场诉讼，审核上千份合同”，十五年法务工作的积淀，姬红艳养成了敏捷的思维能力、干练的工作作风，擅长在面对问题时快速抓住重点、厘清头绪。从2013年起，她被调整到建行业务部门工作，开启了“用法律思维管业务”的全新历程。

担任建行山东省分行小企业业务部副总经理期间，师姐积极探索降低小微企业融资成本模式，推动大数据产品落地，建立起符合小微企业经营融资特点的完整信贷产品线。担任建行济南历城支行行长期间，姬红艳充分发挥该支行作为山东大学主办银行的优势，近距离为母校提供金融服务；在利用自身经验防范化解柜面操作与信贷操作风险的基础上，她带领员工践行“客户至上，注重细节”的服务理念，打响了工作效率和服务质量双优的“历城品牌”。担任建行山东省分行个人金融部总经理期间，师姐在推动各项业务指标走在建行系统及同业银行前列的同时，注重产品销售的合规性，加强对不当宣传和错误引导行为的管理，大大减少了因风险揭示不完整造成客户损失而引发纠纷的情形。“尽管并不精通具体业务，但我可以运用法律思维分析解决具体问题，带领团队向前发展。”六年间，姬红艳四度易职，却总能够迅速打开局面、干出成绩，得到了领导和同事的一致认可。

三、纪委任职：精准监督为利器

随着国家监察体制改革的深化，中央纪委国家监委向包括中国建设银行在内的十五家中管金融企业直接派驻纪检监察组，实现了对所有行使公权力公职人员的监察全覆盖。作为中国建设银行下属的一级分行，山东省分行的纪检队伍也进行了优化调整，选拔了一批政治素质高、业务能力强的骨干人才。2019 年，姬红艳被委以重任，担任山东省分行纪委副书记、纪委办公室主任。

姬红艳（右三）与校友寻访队员合影

作为一名纪检新人，师姐坦言自己真切感受到派驻改革所带来的种种变化。过去，纪委作为银行的内设机构，存在不敢监督、不愿监督、监督不力等一系列问题，包括姬红艳在内的很多干部员工都有着“只要我不犯错，纪委就管不到我”的片面认识。但如今，纪委的权威性和独立性得到显著提高，监督执纪问责的作用也得以有效加强。师姐介绍，山东省分行纪委通过向地市级分支行派驻纪检组等方式，统一管理、调配纪检人员，破解了线索渠道不畅、监督力度不足等基层监督难题，为打通监督“最后一公里”作出了积极探索，“每位干部员工对党纪国法都有了更深的敬畏”。

姬红艳表示，随着“不敢腐，不能腐，不想腐”的思想逐渐深入人心，纪委在保持执纪问责力度不减、尺度不松的同时，更加聚焦监督第一职责、基本职责。在对客户投诉、安全运营、数据造假等方面进行日常监督和“监督的再监督”的同时，他们还通过开展警示教育、谈心谈话等形式，切实增强监督的穿透力和震慑力。未来，师姐希望能继续做细做实监督第一职责、加大金融反腐败力度，不断提升纪检工作的法治化、精细化水平。

四、行业发展：金融监管当重锤

从事银行工作的二十五年间，姬红艳在实现自身不断成长的同时，也见证着整个行业的飞速发展。近年来，随着金融监管日益趋严、银保监管“双剑合一”，过去因分业监管体制导致的监管缺位和监管失灵现象得以有效避免，对资金安全和信息安全的保障大大增强。“金融业是国民经济命脉，任何金融创新都不能游离于监管之外”，师姐表示，随着金融改革的深化，对商业银行的法律监管将更为精细，银行业的发展路径也会日益清晰。作为一名建行人，姬红艳希望能继续坚守国有金融企业的社会责任，通过科技能力和金融洞察的深度融合，为社会大众提供触手可及、无处不在、精准直达的金融服务。

“随着银行业合规建设的深化，拥有法律背景的员工在银行很受青睐，有着更为多元的职业路径和更为广阔的发展前景。”师姐坦言，不论是薪酬待遇还是职业空间，银行都是法学类毕业生就业时的不错选择。结合自己在建行十余年的面试经验，姬红艳对我们提出了中肯的建议：作为面试官，她最为关注的是“面试之外，你在学校都做了什么”，最为看重的是学习成绩、技能证书和外语水平这些“硬条件”。师姐表示，她并非不鼓励学弟学妹积极参加校园活动和社会实践，而是希望我们以学习为主业，将其他经历作为拓宽视野、增长见识的“锦上添花”。“无论你今后从事什么行业，都一定要好好珍惜每一分每一秒的读书时光。”访谈的最后，姬红艳师姐期待学弟学妹都能够在山大学有所思、学有所获，工作后学以致用、知行并进，用奋斗与坚守书写属于自己人生路上的精彩华章！

［**人物名片**］姬红艳，山东大学法学院1991级本科生，现任中国建设银行山东省分行纪委副书记、纪委办公室主任。历任中国建设银行山东省分行法律事务部副总经理、小企业业务部副总经理、济南历城支行行长、山东省分行个人金融部总经理等职务。

刘玉国

用心书写法律人的时代风采

一、求学山大情谊深

初见刘玉国，给人留下和蔼稳重的良好印象；深入访谈后，师兄的“拳拳为民之心、眷眷尊法之情”令人由衷钦赞。

打开回忆的闸门，万千思绪涌上师兄心头，他怀念起在山大求学的那段青春岁月。“大学之大，不在大楼，大师之谓也。”刘玉国表示，学院兢兢业业的教师与丰富的名师学术讲座带领他进入了法律的殿堂。“刑法界泰斗”高铭暄的讲座令师兄记忆犹新：会议室内座无虚席，虽然空间有限，同学仍然挤满了教室与走廊。师兄在讲座全程都全神贯注，紧跟教授讲解理清思路、全面梳理整体框架、记录重点难点内容，认真思考分析新观点、新问题。“场场讲座，场场触动”，生动有趣的讲解、鞭辟入里的分析，将法律的魅力展现在师兄面前，使得他对于法律也便愈发沉迷。求学山大，启蒙了刘玉国对法学的热爱与执着，高山仰

青年时期的刘玉国

止不畏艰险，始终守护对法律与正义的初心。

二、监狱工作铸警魂

1996年本科毕业后，刘玉国进入山东省监狱管理局工作。工作首年，师兄进入潍北监狱、北墅监狱见习，实现了从“拔穗正冠的学生”到“沉静修己的监狱管理者”的转变。通过“跟听式”的全程观察，刘玉国掌握了把握罪犯特点的重要性，何时“柔性处理”，在潜移默化中实现教育改造；何时“刚柔并济”，既真诚教导，又适时给予严肃劝诫。“具体情况具体分析”不再是书本上的文字，而是应对现实问题必须要遵守的准则，也是解决疑难的“金钥匙”。

1997年见习结束，刘玉国成为监狱管理局组织人事处科员，后任主任科员、办公室副主任。2013年，刘玉国担任山东省监狱管理局规划建设处处长。三年间，他考察全国各地的监狱，博采众长，根据监狱工作实际，落实好全省监狱“十二五”规划的改扩建工程；统筹研判资金筹措和分配，预估分析工程可行性方案与预期效果，争取各个项目都达到一流建设水平；他宣传讲解改革政策，积极争取更多人的理解与支持，全面优化全省监狱布局，致力于提升工作成效……通过不懈努力，全省监狱布局趋于合理，监管改造功能大幅提升，整体面貌焕然一新，走在全国前列。“监狱建设规划是一项战略性、基础性、系统性工作”，师兄表示，只有将各项规划做到至臻至善、将管理做到尽善尽美，才能建成一流工程，达到推动监狱布局调整更加合理的目的。

三、为民谋利显初心

2012年，刘玉国作为省派第一批第一书记带领4名优秀干部前往东阿县刘集镇5个村挂职。“没有调查就没有发言权，到农村工作，要接地气，必须扑下身子，摸清真实的情况。”刘玉国坚守为民服务初心，初到牛屯村，就深入田间地头，坚持“五必访五必问”，深入了解村组织凝聚力、思想解放程度、党员年龄结构等问题。“村子强不强，要看领头羊”，他确定了“五个一”党建工作法，以加强党组织建设为抓手，强班子抓队伍、推行村务公开，充分发挥党员的先锋模范作用。在党员的带领下，牛屯村通过“集体控股、全体村民入股”的浮桥返修项目提高了村民收入，凭借道路修缮、管道铺设、文化广场建设增强了村民的获得感，借助村庄街道的漫画宣传提高了村民的法治意识……刘玉国的党建工作探索得到了省委组织部的肯定，留下“不走的工作队”的党建工作经验几次在临沂大学第一书记培训班上介绍推广。

2015 年，省委选派刘玉国挂职平邑县委副书记，带领 13 名第一书记进驻 13 个村开展扶贫工作。各村有各村实际情况。新华村的扶贫经历令他记忆犹新：山区村没有大路，三辆小车进村都调不开头，漫山遍野的水果由于交通不便难以运输，加之村内缺少水井水塘，灌溉用水匮乏，只能靠天解决，长此以往，“贫困瓶颈”便愈发难以突破。因此，师兄和第一书记以党员为突破口，了解村民脱贫心态，鼓励村民奋斗谋脱贫，同时多方筹措资金，组织村民修建环山路 40 华里，勘查地质找准位置打水井 5 眼，让乡村攥紧了“摆脱贫困的钥匙”，乡村一年增收近 200 万。“脚下沾有多少泥土，心中就沉淀了多少真情”，从乡村的马路，到水井，到大棚，到种植基地，成立农村合作社促进集体增收，光伏产业落户贫困户房顶、金融小额贷款助力扶贫，增收脱贫致富之花在团结努力的汗水下绽放，脏乱差的落后村庄变成了“美丽乡村”。央视《新闻联播》《农民日报》以“旗帜飘扬沂蒙山”为题报道了他们的扶贫事迹。

刘玉国(左二)与校友寻访队员合影

四、律师工作谱新篇

从监狱锻炼中懂得坚持与执着，从基层磨砺中明晰奉献与开拓。2017 年挂职结束后，刘玉国先后任山东省司法厅政策法规处处长、律师工作处处长，新工作新岗位面临新挑战。坚持以党建为统领，全面抓好律师工作，先后出台了一系列防止律师代理不尽责、违规接案收费的文件，稳定行业秩序，维护律师形象。坚持举旗亮剑，严管厚爱结合，对挑头违规行为依法处罚，维护公平正义，彰显“制定良规，法之必行”的重要意义。

坚持不断学习在律师行业尤为重要，为促进政策理论与实践经验交流，刘玉国组织各地律师管理部门、律师协会、律师事务所与驻鲁高校，聚焦行业前沿与热点，定期举办律师论坛、律师事务所建设论坛，搭建律师交流平台。同时，积极促进同国内外律师界的友好合作，推动互访机制构建、律师业务合作以及涉外律师培养。在刘玉国等人持续不断地努力下，山东律师行业欣欣向荣，截至目前，山东省律师事务所达 2200 余家，从业人员 3 万余人，全年办理法律事务达 80 余万件。“律师行业发展任重而道远，我应该为行业的发展贡献力量”，刘玉国如是说。

“风雨多经人不老，关山初度路犹长。”在共同努力下，一系列精英法律人才培养活动落地生根——律师教育培训惠泽法律职业共同体、特色辩论与案例交流提升综合技能、专业信息交流拓宽彼此视野。“我对未来的法律人有更大作为充满信心”，在访谈的最后，师兄语重心长地表示，律师行业秉持正义之念，必将前途光明。“芳林新叶催陈叶，流水前波让后波”，刘玉国期待未来有更多的青年律师能够扛起正义与法律的大旗，为社会贡献出更多的法治力量。

[人物名片] 刘玉国，山东大学法学院 1992 级本科生，现任山东省司法厅律师工作处处长、山东省律师行业党委副书记。历任山东省监狱管理局规划建设处处长、山东省司法厅政策法规处处长，先后挂职聊城市东阿县刘集镇牛屯村第一书记、临沂市平邑县委副书记。

商振华

履法律监督之职，担人民检察之责

一、梦想扬帆初起航

青年时期的商振华

初见商振华，干练的气质中透露着亲切，瘦削的身躯下是隐藏不住的敦厚。谈及山大生活，师兄的眼睛中闪现出灿烂的光芒，嘴角上扬着与我们畅聊往事。时至今日，商振华依然清楚地记得徐显明教授在课堂上的那句话：“最有意义的两个专业莫过于法学与医学——一个疗愈身体，以医技普济众生；一个疗愈社会，以律法坤厚载物。”原本在懵懂间选择法学专业的师兄在那一瞬间感到使命在肩、责任重大，这句话也成为他漫漫二十载检察路上的人生信条，每每忆及此处都能够继续坚守初心并为之终生奋斗。

不同于其他院系采用“一班”“二班”的表述，当时的辅导员朱怀念老师将法学专业与经济法学专业不落窠臼地称为“一班”和“A 班”，这一小小的举动让始终向前、不甘人后的种子早早地在初入大学的学子心中萌芽。随着学习的逐步深入，商振华渐渐感受到法学世界的博大精深，开始真正对专业产生浓厚兴趣，主动探究前沿问题。空闲时，他经常去教室深化已有知识、广泛阅读书籍，至今仍清楚地记得当年的教室号——“116”“209”。“勤学习，爱读书”是商振华的大学标签，但这并不妨碍他拥有丰富多彩的课余生活。清晨时分，加入梅花桩社团的他在校园里施展筋骨，让他在强健体魄的同时领略到传统武术的魅力；夕阳西下，操场对面小餐馆里虽简单却无比诱人的西红柿炒蛋吸引着他们一次又一次地光顾；圣诞前夜，映衬着初雪的洪家楼教堂美得恍如仙境，三五好友相约在雪中漫步……一个个场景浮现于师兄的脑海中，让他回味无穷。

二、尽职尽责解民忧

2000年7月，师兄硕士毕业后进入山东省人民检察院，被分配到控申处工作。作为职场新人，商振华初入控申处时常陷入手足无措的境地，因为接待的群众大多数是信访老户，他们常年研究与案件相关的问题，对法律条文的精通程度甚至超过检察院的工作人员。知晓情况后的师兄每次接访前都会熟悉相关法条，倾听百姓的诉求后耐心作出解答。师兄一直负责全省控申检察部门的综合指导工作，在实践中开阔了视野、提升了格局，提高了文字写作水平和组织协调能力，逐渐由职场“小白”成为业务骨干。控申处在全国首创案件评估预警制度，提前化解矛盾纠纷。师兄介绍，“评估预警制度是案件办理情况的‘晴雨表’，也是重大社会矛盾的‘报警器’”。该制度要求业务部门在办理案件时审慎评估是否存在信访隐患，主动将化解矛盾纠纷的关口前移。

在接待处理群众信访的同时，他对当前的信访问题进行了较为深入的研究，撰写并发表了多篇论文，先后五次被抽调到中央政法委、最高检控告检察厅、刑事申诉检察厅和省政法委，参加了涉法涉诉信访工作改革、刑事申诉与信访改革等课题研究和相关教材编写。2014年，申报、承担了省委政法委和省法学会的重点课题《涉法涉诉信访工作改革若干问题研究》，并顺利通过验收。

2015年6月，商振华被调至人民监督员办公室负责人民监督员制度工作。师兄介绍，为防止检察机关侦查权滥用，破解“谁来监督监督者”的难题，人民监督员制度应运而生。人民监督员办公室主要负责人民监督员的选任、管理、组织监督活动、反馈处理结果等。“人民监督员制度的实施是检察机关的自我革命，有利于增进司法的民主性和透明度”，商振华表示，让不同领域、不同行业的专家和民众直接介入检察机关的执法办案活动，展开亲历性的参与式监督，既拓宽人民群众参与司法的渠道，又倒逼着检察机关提高执法办案质量。在此期间上级部署了人民监督员选任管理制度改革和监督范围改革，从之前由检察院自行选任人民监督员改由司法行政机关负责，彻底告别“自己选人监督自己”的弊病，并扩展了人民监督员监督的案件范围。师兄组织完成了山东省的改革，并与司法行政部门沟通协调，建立健全了相关管理制度，使该制度不断健全完善。随着改革的进行，检察机关单设的人民监督员办公室也完成了其历史使命。

三、严以律己勇作为

离开人民监督员办公室的商振华被调往侦查监督二处，负责办理检察机关直接立案侦查的职务犯罪案件审查逮捕、立案监督和侦查活动监督工作。一年多的时间里，师兄与部门同事一起办理了江苏省委原常委、常务副省长李云峰受贿案、安徽省政府原副省长周春雨受贿案等一批大案要案，有力惩治了腐败分子，促进了党风廉政建设。期间他还按照司法责任制改革的要求，全面实行检察官办案责任制，组建新型办案组织，建立新型办案机制，理顺工作流程，明确职权清单，强化内部监督，保障了工作顺利开展。后随着监察委员会的设立、检察体制的改革，检察机关自侦部门转隶，侦监二处也面临着职能的转变。

2017 年，商振华赴巨野县挂职县委副书记。两年里，他多次深入乡镇调研，又联系了一个镇、两个村、三家企业、四所学校，深入了解基层政权运行过程、群众生产生活状况及三农发展。“农村发生了翻天覆地的变化，与我印象中的场景截然不同，农业现代化大步迈进，农民生活水平大幅提升，农村进一步美化靓化”，商振华虽然出身农村，但记忆还停留在二十余年前。来到巨野县，商振华充分发挥法律专业优势，协管扫黑除恶和信访维稳工作，致力于促进社会和谐稳定。同时，他在所分管的团委、妇联、科协等群团工作领域组织开展了一系列活动，调动了群众改善身边环境、参与社会治理的积极性，密切了党群、干群关系。

挂职期间，商振华着力打造当地的青少年法治教育基地，并针对暑假期间的留守儿童开设“小荷学堂”，邀请大学生给留守儿童上课、进行课外辅导。他表示，“这一模式‘一箭双雕’，既打开小学生认知世界、增长见识的窗口，又为大学生搭建了奉献爱心、实现价值的平台”。与此同时，商振华还依托团委，组织志愿者开展青年扶贫、金晖助老等系列活动，营造助老、爱老的良好社会风气。此外，商振华还积极落实上级组织部署，健全各行政村妇联组织，带动贫困妇女脱贫致富，倡导文明生活方式；深入开展“美丽庭院”建设，将全县近1/3的行政村打造为美丽庭院创建示范村。他欣慰地表示，“过去的村庄‘变美了’，屋外是一望无际的原野风光，屋内是温馨自在的小日子，百姓的获得感和幸福感大幅度提高”。

“农村的民情纠纷数量减少，民众的法治意识有所提高”，商振华表示，在国家政策的大力扶持下，农村法治状况大有改观，一些模范村甚至三十多年没有刑事案件。经历基层工作的他坦言，“踩到泥土里，才能真正明白百姓所想，满足民众所愿”。

四、立体观护荐少年

2019年12月，从巨野县挂职回来的商振华开始担任山东省人民检察院第九检察部主任，负责办理涉未成年人刑事、民事、行政、公益诉讼案件。到任半年多来，山东省对未成年人犯罪案件适用附条件不起诉的比例超过30%，这正是第九检察部实行“教育为主，惩罚为辅，重点挽救”方针的体现。商振华介绍，附条件不起诉制度是通过给犯罪情节较轻、悔罪态度较好的未成年犯罪嫌疑人一定的考验期限，让其在相关部门和整个社会的监督下进行自我改造，足以证实其有悔罪表现的，检察机关将依法作出不起诉决定。该制度通过落实法律上对未成年人的特殊程序规定，以司法之手最大限度地保障未成年人的权益。

商振华（右二）与校友寻访队员合影

为防止未成年被害人因重复询问受到“二次伤害”、帮助他们走出心理阴影，目前山东省检察机关已建成31处“一站式”办案场所，让未成年被害人在专门场所接受询问取证、心理疏导、检查治疗及其他救助，推动全面综合的司法保护。为更好地贯彻重点挽救方针，全省未检部门联合社会力量，建设了137个青少年法治教育基地和143个未成年人观护帮教基地，为未成年人提供法制教育、技术培训等，帮助他们早日回归社会。

未成年人犯罪预防是第九检察部的重要职能之一。近年来，他们积极推进“检察官兼任法治副校长”工作，年底前将实现山东省三级院领导和未检干警兼任法治副校长全覆盖；持续组织开展“法治进校园”巡讲活动，在各地巡讲近3000场，为350多万学生送去法治教育课；推动各级院抓好“一号检察建议”监督落实，督促学校加强校园安全管理、预防校园性侵害。

未成年人具有极强的可塑性，这也对未检检察官的业务能力提出了更高要求。商振华表示，“未成年人检察并非传统意义上的‘办案’，而是需要关注未成年人的特殊需求，实现儿童利益最大化”，因此办案人员除精通法律知识外，还需要具备教育学、社会学、心理学等方面的知识，保护未成年人免受司法活动带来的不利影响。为更好地保障未成年人的心理健康，第九检察部的许多干警考取心理咨询师资格，自觉补充其他学科知识，帮助未成年人成长为合格公民。

“未成年人的健康成长事关一个家庭的幸福安宁，是最大的社会公共利益”，商振华表示，司法是未成年保护的最后一道屏障，检察机关理应义不容辞地守护少年儿童成长，但他更期待着能早日建成未成年人保护联动机制和社会化支持体系，发挥家庭、学校、社会和司法部门的共同作用，推动形成未成年人保护大格局。

[人物名片] 商振华，山东大学法学院1993级本科生、1997级硕士研究生，现任山东省人民检察院检察委员会委员、第九检察部主任、三级高级检察官，中国法学会检察学研究会未成年人检察专业委员会理事。历任山东省人民检察院控申处副处长、人民监督员办公室主任、侦查监督二处处长，曾挂职菏泽市巨野县委副书记。

刘卫华

“浪潮”中前行的法律人

一、坚持少数派的选择

初见刘卫华师兄，是在浪潮集团产业投资事业部的会议室，刚刚出差归来的他仍精神饱满、待人亲切，通过短短一个小时的访谈，我们见到了一位兼具朝气蓬勃和成熟稳重的优秀法律人，更感受到了他身上山大精神与浪潮精神的完美融合。

刘卫华（前排右二）与同学们在校园

回忆起在洪楼校区读书的那段时光，刘卫华认为法理学的学习让自己真正踏进了法学的殿堂，至今想来仍觉得受用一生。作为徐显明院长最后一届亲自授课的本科生，师兄仍记得一座难求的教室、掌声阵阵的课堂、金句频出的老师、聚精会神的同学……一个学期的学习让他从根本上理解了法学，摸清了整个学科脉络。“单纯背法律条文的作用和意义并不大”，刘卫华坦言，从法律视角思考问题、用法律思维解决问题的意识正是大学四年带给他最大的收获，“每当我遇到一个案子、一个投资项目的时候，从不同角度去审视、去印证，这归根结底是怀疑的精神、法律的精神”。

本科毕业后，与大多数同学继续读研深造或进入检法系统不同，刘卫华选择了当时资产规模和行业地位并不突出的浪潮集团，成为班级中的一个“少数派”。回想起当时就业的过程，师兄笑称自己是被街上的广告吸引，浪潮自由开放的企业环境和不可估量的发展空间让他早在读书期间就坚定了自己的选择。然而，初入浪潮这样的 IT 企业，刘卫华觉得自己在公司举步维艰——“法律工作不是 IT 业的主流，文科生对于那些数字和代码有一种天然的抵触”，他甚至想通过离职来逃避。“但是，那时候的我告诉自己，作为一个山大法律人，理应适应环境、迎难而上、追求卓越”，就是这个念头支撑着刘卫华师兄跳出了固有的思维定式，不再囿于专业本身的限制，带着对初心与梦想的坚守，二十余年如一日坚持“多学习、多历练，多掌握一门技能”，一路成长为浪潮集团的副总裁。

二、保持初学者的心态

谈及在浪潮的职业发展历程，师兄的二十二年可以用“毕业时关心专业，毕业后关注工作”加以概括。一方面，从专业角度上，刘卫华始终以一个法律工作者的视角考虑问题，“在这样一个以信息产业为主业、以技术人员为主力的公司，法律这个角色虽然不是主流，但绝对是不可或缺的组成部分”。不论是云计算大数据业务，还是集团战略产业投资，刘卫华总是能为集团决策提供法律人独特的角度与观点，他坦言正是山大法学院的学习经历练就了其求真务实的工作作风，更培养了其反向辩证的思维方式。另一方面，师兄深知“如果我的定位就是个搞法律的，那我一辈子只能干这个”，他一直逼迫自己不断地去挑战新知识、尝试新业务。随着浪潮集团的发展壮大，刘卫华经手的工作也越来越复杂，投资、并购、基金、基建、园区管理……他不仅不畏惧、不排斥，还一直保持着那份初学者的心态。当我们问起这一切的秘诀时，师兄表示“太舒服的位置往往会流于平庸，不能总是想着这个岗位适不适合我，而应当考虑我能否胜任这个岗位”，只要学会转换、做到最好、形成习惯，无论什么工作都会出色完成。

当被问到还有什么期待尝试的新领域时，师兄表示希望自己以后有机会回到母校做一名兼职教师，给更多学弟学妹分享他的职业经验。作为目前分管投资的副总裁，刘卫华十分关注年轻人的发展，部门每入职一位新员工，他都会亲自谈话、具体指导，就连日常的行为举止、服装发型都不放过。“你的客户是谁、你周围的人是谁，你要展示一个怎样的形象，这些习惯都是平时一点点积累出来的”，刘卫华如是说。结合多年招聘面试的经验，师兄对即将踏入职场的我们也给出了自己的建议：作为职场小白，“第一步打牢地基很重要”，年轻人既要拿出那份闯劲儿，拓宽视野、树立目标、坚持理想，又要选择一个优秀的团队，以求学者的心态从最基础做起，注意细节、脚踏实地，归根结底就是要“做好该做的，坚守热爱的”。

刘卫华(左三)与校友寻访队员合影

三、秉持山大人的精神

访谈过程中，刘卫华多次提及浪潮集团与山东大学的渊源。山大校友目前占浪潮员工总数的8%，企业前身可以追溯至山大校办工厂，正如浪潮集团董事长、山大1979级电子系校友孙丕恕回母校演讲时所言：“作为山大校友，自己身上带有山大的基因，并一直为身为山大人感到自豪。”谈及母校，尽管已经毕业二十余年，师兄认为山大精神仍深深熔铸在自己的血脉之中，深受山大人文精神滋养所形成的品格影响至今。“学无止境，气有浩然”的山大精神与“争做奋斗者、奋进者”的浪潮精神相互融合碰撞，交织出踏实、肯干、务实、敬业的独特力量，激励着他始终如一、一路前行。

作为集团副总裁，刘卫华感慨自己赶上了浪潮发展最好的时代，坦言“如果人生能重来一次，我还是会义无反顾地选择浪潮”。谈及未来，师兄介绍集团将以数据为核心，向云服务、大数据、智慧城市运营服务商转型，“打造云＋数＋AI 新型互联网企业是每一个浪潮 er 的共同追求”。结合目前的分管工作，刘卫华表示他最大的心愿就是通过自己的努力，将更多的山大元素带到企业、带给社会，“作为山东的龙头企业和顶尖学府，强强联合是未来主流趋势”，师兄期待山大能够在创新人才培养模式、实现产学研良性互动等方面积极作为，与浪潮在云计算、大数据方面的技术优势相结合，共同打造“中国算谷”。

访谈的最后，刘卫华表示，作为一个山大人，不管何时何地处于何种岗位，为天下储人才、为国家图富强的这份初心和精神不变；作为一个浪潮人，创造经济效益不是企业的唯一追求，通过人才培养为区域发展构建软实力是浪潮坚守的社会责任。展望未来，师兄希望扎根齐鲁大地、聚焦服务山东，让更多山大人与浪潮人携手奋进，为我省迈向高质量发展贡献智慧与力量。

［人物名片］刘卫华，山东大学法学院 1994 级本科生，历任浪潮集团法律与投资部副总经理、总经理，投资合作部总经理，浪潮云服务集团董事、副总经理，现任浪潮集团副总裁，兼任上海市静安区第一届人民代表大会代表。

邵守刚

守法律公益初心，护祖国之花成长

一、三种成长伴山大求学

2019年，邵守刚编著的《向欺凌说不！学生欺凌预防与治理三十讲》出版，该书以我国现行的法律法规政策及学校治理体系为基础，吸收国内外全新理论与经验，为防治校园欺凌提供了重要参考。“不要让任何一个孩子因为害怕欺凌而不愿意上学，也不要让任何一个家长担心自己的孩子会在学校遭受欺凌。”二十余年来，从律师到校园欺凌防治专家，邵守刚始终践行着一位法律人的责任与担当。而师兄的经历，要从1994年考入山东大学讲起。

邵守刚（右二）参加学校大学生艺术节

提及结缘法学的初衷，邵守刚表示他本着“匡扶社会正义，用法律知识帮助他人解决矛盾”的初心，选择了法学专业，开始了难忘的求学历程。回忆起那时山大的校园时光，师兄对徐显明老师记忆犹新。“徐老师讲课从来不带书本，每次教室都座无虚席。”老师在课程的讲解中深入浅出，滔滔不绝却不失条理，将原本枯燥的法理学变得十分有趣。师兄表示，“那时初学法学难免迷茫，徐老师的法理学是带我开启法学大门的钥匙，引领我探索前进”。在法学理论学习之外，法学院还经常组织学生到法院、检察院与律师事务所实习，教师也常在课堂分享个人工作中解决过的具体案例。邵守刚认为，充分的实习经历与案例学习打造了他务实的专业实践能力，为日后工作奠定了重要基础。

在山大法学院的日子里，除了可以享受到众多名师带来的知识盛宴，学校举办的各类辩论赛、演讲赛也引发了邵守刚的浓厚兴趣。“我和舍友赵卫东都积极踊跃参加，在比赛中逐渐养成了良好的思辨习惯。”师兄坦言，每次处理棘手案件时，思辨的习惯都会发挥积极作用。对邵守刚而言，求学山大收获良多，在法学知识之外，“最重要的是养成了真诚质朴的品格”。师兄仍记得曾经去同学亲戚家做客的经历，“那时同学都拿出亲戚的新被子给我们盖，做最好吃的佳肴款待我们，待我们如贵宾般，大家彼此都坦诚相待，热情豁达”。邵守刚认为，如今迈入工作，这种真诚质朴的品格教会他不论身在何处，待人始终诚恳厚道，做事坚持脚踏实地，是取得一切成就的不二法门。

二、两点感受砺律师执业

1998 年邵守刚毕业后，选择了时间相对自由的律师行业。扎根律师行业并非易事，成为一名资深律师更需经得一番历练和成长。二十多年来在律师行业的锤炼，铸就了师兄独到缜密的思维品质和谋求团队成果最大化的战略眼光。

律师行业开头难。接触这个职业的头几年，师兄虽然在校成绩优异、专业基本功扎实，却也面临着从理论走向实践的艰难过渡。邵守刚坦言，当时自己尚且年轻，律师经验不足，前行路上遇到了不少绊脚石，连开拓案源、帮助客户解决问题等基础工作都落实不到位。那时，年轻的师兄也曾一度陷入了迷茫与困惑。有一天他偶然看到一部英国律政剧，里面有一句：“A great university can’t promise you a wonderful future”。邵守刚顿时醍醐灌顶，于他是一边沉下心反思自己先前的不足并逐一改正克服，一边通过潜心研究经典案例，在与老律师奔走办案一线、总结办案经验中逐步沉淀提升。

经过十多年的学习成长，师兄终于在2008年的一个国际专利侵权案件中崭露头角：邵守刚开庭前通过认真分析案件所涉两个产品的不同，仔细研究知识产权法相关知识并结合案件争议点归纳梳理，开庭时抓住案件关键点，灵活发挥所学，当庭辨别并指出所诉产品与原产品的不同之处，最终得到法官的支持，既避免了己方当事人国际市场的损失，也为自己在律界树立了声望。师兄语重心长地说："做律师开始不能急于求成，板凳要坐十年冷。"青年律师的路更不会一帆风顺，需先沉心积累成长，假以时日总会等到发光发亮的一天。

邵守刚(右三)、赵卫东(左三)与校友寻访队员合影

三、一心公益遏校园欺凌

2013年，邵守刚偶然在新闻报道中看到校园暴力的视频，在对校园欺凌现象的了解跟进中，他逐渐发现这是一个社会痛点，缺乏相应的制度规范体系。于是，他毅然肩负起一名律师的社会责任，依靠扎实的办案能力与多年积攒的从业经验，与赵卫东师兄一起，创立了具有"盈科特色"的校园欺凌团队。成立伊始，团队针对校园欺凌纠纷的应对等高频问题，开发了欺凌防治热线。师兄曾接到一位母亲的电话，说自己的女儿因长期遭受嘲讽谩骂产生厌学心理。邵守刚与校领导沟通并及时联系班主任，引导其采取开展班级主题教育实践活动、私下和学生谈话了解情况、促进同学间沟通等措施有序应对这次事件。最终在学校和家长的共同努力下，女孩不再厌学，班级也

形成了团结互助的和谐氛围。

“教育的弊端、学生的心理问题，是校园欺凌产生的深层次原因，也应成为日后团队工作的重点。”师兄身兼各个学校法律顾问，与多名律师合力推动成立青岛首家“五位一体校园安全联盟”，深入 50 余所中小学校组织教师学习培训手册，举办百余场专题讲座，有力提高了师生及家长识别、应对和处置校园欺凌的能力和水平。在两位师兄的共同努力下，盈科成立了中国校园欺凌研究中心，重点落实对受害儿童的心理研究和疏导工作，加强与各级教育机构的合作联系，推进研究成果的转化运用，为校园欺凌的防范提供了专业支持和帮助。

“身为一名律师，从事未成年人关怀的公益事业并不被周围所有人看好，我觉得总要有人身体力行，校园欺凌也应得到进一步的重视和关注”，这成为师兄投身防欺凌工作的初心。如今邵守刚的防欺凌法律公益项目已卓有成效，以教育领域的专业律师团队为首，成立了以“学校、教师、学生”为核心的反欺凌防治体系团队，团队的反欺凌特色法律公益项目也逐渐成为盈科教育法律服务领域的一张亮丽名片。团队创制并演绎主题剧本《别样芳华》，创作并发行主题歌曲《一起长大》，在加强社会普法教育的同时，以未成年人喜闻乐见的文化形式，普及了反欺凌知识。提及关于未成年人保护工作的经验，邵守刚表示，“这都是集体智慧的结晶，未成年人保护这条路任重道远”，他希望能够尽己之力，承担社会责任，守护祖国花朵的茁壮成长。

[人物名片] 邵守刚，山东大学法学院 1994 级本科生，北京市盈科（青岛）律师事务所高级合伙人、管委会主任，盈科中国校园欺凌研究中心负责人，山东省法学会预防青少年犯罪研究会副秘书长，山东省律师协会未成年人保护法律专业委员会委员。2019 年获评山东省未成年人法律援助专家，入选山东省未成年人法律援助专家智库。

路玉军

廿载岛城砥砺行，绘就胶湾山水长

一、法政一体，奠定法治思维基石

胶州湾的风从来都是爽利的，携着海水的咸味，向北吹，带上红瓦黄墙里的烟火气，一直吹向“海上第一山”崂山。每日朝晖入画时，路玉军便从家出发，迎着海风步行约五公里，到青岛市行政审批服务局上班。

路玉军(中)与校友寻访队员合影

晨光熹微，却莫问征夫前路，把时间的进度条拉回 20 世纪 90 年代，国家大力推进法治建设，需要大量的法学人才，“有志青年就是要跟着时代走”，高考前的路玉军毅然选择将四所学校的第一志愿全部填报法学专业，并最终被山大法学院录取，如愿以偿推开法学大门。

聊起在法学院的那些日子，路玉军身上那股青春年少的劲儿似乎从未走远过。“法学院的学习氛围在全校都是知名的”，图书馆、自习室到处都能看到法学院同学的身影。这份废寝忘食的勤奋执着充分展现出法科学子对课堂的热爱，而这份热爱不仅源于法律的魅力，更离不开授课教师的奕奕神采。“几个小时的学术讲座，从不带资料，也没有讲稿”，徐显明教授的侃侃而谈让路玉军至今难忘，直至今日，每当徐老师在青岛作报告，路玉军一定前去聆听。

本科毕业时，他又顺利考取了山大政治学与公共管理学院的研究生，就读于国际政治专业。七年来，老师们传授的具体知识随着时岁推移、法条变迁，可能已被遗忘，但七年的法政学习生涯，为路玉军打下了深厚的法治思维基础，为其日后从事行政工作提供诸多裨益。

研究生毕业时，路玉军通过公务员考试，进入青岛市委政策研究室工作，成为一名机关工作人员。对于山大毕业的学生来讲，文字工作并非难题，但起草领导讲话稿时的“身份转换”却是一只拦路虎，大到阐述问题的逻辑、小到遣词用句，都需要体会把握领导讲话的高度。“模仿其‘形’、揣摩其‘神’”，路玉军草拟第一篇讲话稿时，首先搜集了上百篇类似场合的领导讲话稿，把握其中要点，然后又将该领导以往的讲话稿仔细拜读，解决“神似”的问题，“文章不厌百遍改”，就这样，路玉军逐渐摸索出一套“形神兼备”的写作方法，一篇又一篇高质量的文稿从他笔下流出。

机遇总是不经意间出现，凭借从宏观视角分析形势、研究问题、解决问题的思路以及条分缕析的能力，路玉军在 2008 年山东省公开招考县级市市长助理的考试中脱颖而出，开启了胶湾三地的工作生涯。

二、胶湾三地，心系基层百姓

离开关注顶层设计的市委政研室，来到工作千头万绪的基层一线，从莱西到胶州再到胶南，从挂职市长助理协助抓工作、到任职副市长分管具体工作、再到任职市长主持政府全面工作，路玉军始终坚持直面问题、深入群众。

2012 年“百年一遇”的特大暴雨定格了他主政胶南的难忘瞬间。伴随着 8 级大风、雷电等恶劣天气的特大暴雨从天而降，排水系统瘫痪、积水无法排泄、群众生活面临极大威胁，胶南人民身处险境。“党员领导干部要冲在第一线”，在这关键几小时里，路玉军和分管领导冒雨深入重点区域、重点部位、重点工程现场查看险情灾情，现场指挥调度防汛工作。路玉军在现场一直坚守到深夜，等大雨停后才撤离现场。最终大暴雨没有造成人员伤亡、房屋倒塌、水利工程险情等灾情，胶南成功抵御了特大暴雨的袭击。“疾风知劲草，党员干部关键时刻看担当”，危急关头，路玉军想人民之所想，以冲锋者的姿态、掩护者的身份，践行着一名“父母官”的责任使命，全力保障人民群众的生命财产安全。

危急时刻需要冲锋陷阵，但在更多的平常日子里，“幸福生活”才是民众最大的愿景。路玉军始终坚持“以人为本”，关切民生工作。在任期间，他持续推进建设胶南市重要的社会公益性项目——“城市阳台”。项目建设期间，路玉军数次前往灵山湾实地考察，面对面听取百姓意见与呼声。根据民众所想、所需、所求，路玉军协调多个部门，最终选定寸土寸金、紧邻浩瀚大海、岸畔沙滩绵绵的灵山湾畔建设“城市阳台”。“金滩镶绿野，碧海映蓝天”，海星广场上学生写生的背影，沙滩排球区的中年排球队，观海平台上如织的游人，露天剧场不时的乐队演出，国家5A级景区的建设标准、亲民公益的典型特征，使其成功“出圈”，目前已成为引领城市风尚、备受游客瞩目的新区重要地标。“城市阳台”创造了民生建设的“西海岸速度”，切实提升了人民的幸福指数。

三、共青五载，成就青年梦想平台

“求索、勇往直前才是人生的底色，共青团工作要有一股干劲儿”，2012年底，根据组织安排，路玉军转任青岛团市委书记。这项全新的挑战不同于事务性、项目化的政府工作，青年工作需要“虚实结合、虚功实做，方能久久为功”。共青团的激情岁月里，他坚持“把工作做到青年最需要的地方”，带领青岛共青团在志愿服务、新媒体、创新创业等方面走在全团前列，中央电视台《新闻联播》先后4次报道、《中国青年报》14次在头版刊发青岛共青团的工作，青岛的青年工作成为全省领先、全国知名的品牌。

奥帆赛给青岛留下了志愿服务的种子。工作中，路玉军致力于打造“爱心海”志愿服务品牌，努力使“志愿服务成为一种生活方式”，组织1万余名高水平青年志愿者，顺利完成APEC会议、世园会、国际教育信息化大会、世界休闲体育大会等国际性大型志愿服务工作，在全国率先推出《大型社会活动志愿服务标准》，用“法治化、标准化、流程化”的思维，进一步提升了全市的志愿服务水平。

“大众创业、万众创新是中国经济新的发动机”，2015年以来，他把组织青年创新创业作为服务党政中心工作和青年需求的结合点，着力开展创新创业创客行动，成立青岛市大学生创新创业联盟。“大学生缺乏的不是激情，而是尽职尽责尽心尽力的传帮带”，联盟设有由青岛市知名企业家构成的百人的创业导师团队，先后在中国石油大学、青岛科技大学等举办10余期专场讲座，为青年创客进行免费辅导；依托下属的青年创业促进会和青年企业家协会，建立两处“创业咖啡”作为青年创客交流的公益平台，成立一个月内，便举办了包括创业培训、项目路演、投资方对接在内的近30场活动。“高校学生是创新创业创造的主力军”，联盟的一系列活动不仅为“创业小白”提供了创业指导，更为重要的是培育了在校大学生的创业精神。针对大学生创客的专业特长、知识背景，联盟提供创业导师一对一结对辅导，助力其形成自己独特的竞争优势，极大提高了大学生的创业成功几率，让更多大学生创客受益。

四、政企携手，把营商环境转化为生产力

路玉军宣誓就任青岛市行政审批服务局局长

2017年，路玉军离开工作近五年的共青团系统，赴青岛“工业重镇”——经济技术开发区担任管委主任一职。“好的营商环境就是生产力”，到任后，他以“产城融合，转型发展”为指导，带领大家二次创业，重点围绕“读懂企业和企业家”这个灵魂，回答“懂什么”“为什么懂”“怎么懂”“懂出口碑和效益”这四个方面的问题，着力打造一流的营商环境。作为世界五百强的贝卡尔特集团，前期因国家环保标准调整、土地行政规划等问题，面临行政执法、新上项目难落地、营收亏损等挑战。面对这一情况，路玉军亲自调度，先后数10次召开座谈会，几番协调解决后，帮助贝卡尔特集团二期增资3600万美元，当年实现利润8000万元，一跃成为贝卡尔特集团全球公司中的明星企业。

在路玉军的带头示范下，开发区广大干部积极争当企业发展的“护航员”。青岛经济技术开发区从《2019年全国经开区营商环境指数报告》中脱颖而出，综合排名居全国第二，特别是软环境指数单项排名第一。2020年1月，商务部发布2019年国家级经开区综合发展水平考核评价结果，青岛经开区被评选为国家级经开区发展十大优秀案例之一。

2020年年初，路玉军来到仅成立一年的青岛市行政审批服务局工作。为解决“最后一公里”难题，实现审批服务的高质量，增强企业和群众办事办件的获得感、满意度，坚持打造“少、快、好”的政务服务模式，大力推行“不见面审批”，依托“山东政务服务网(青岛站)”“爱山东APP”，进一步畅通网络，实现市本级90%以上的事项“网上办”；市区两级分别与工商银行、建设银行、青岛银行等签订战略合作协议，加快推进“自助办”；在全省创新建设“政务专递”，通过推行材料、证照双向快递“一条龙服务”，实现申请材料上门取件、快递送达，真正让企业和群众“零跑腿”，实现“快递办”。

“一枚印章管审批，一个大厅办成事。”2020年11月，青岛市民中心正式开门迎客，群众办事“只进一扇门”已成为现实。在他的带领下，行政审批服务局切实提升企业开办便利度，让企业开办走上快车道，成为助推经济发展的“新战场”。一项项改革，一组组数据，一张张笑脸，都强有力地印证了审批局创新政务服务、营造优质营商环境、构建智慧便民服务体系的不懈努力。

[人物名片]路玉军，山东大学法学院1995级本科生，现任青岛市行政审批服务局局长，历任胶南市市长、共青团青岛市委书记、青岛经济技术开发区工委书记、管委主任等职。

刘艳

从检十八载，为民心常在

一、心怀梦想勇追逐，踏实求学筑基础

三十年前，偶然间看到香港律政剧里神圣庄严的法庭、唇枪舌剑的论辩，刘艳第一次萌生了对法律的向往。循着自己“为更多人发声”的儿时梦想，她来到山大、攻读法学专业，继而投身检察事业。三十年后，师姐已然成长为绽放在检察战线上的“铿锵玫瑰”，怀揣赤子之心、厚植为民情怀，继续追逐着自己践行公益使命的法治梦想。坐在山东省人民检察院的会议室里，刘艳娓娓道来，给我们讲述她以法为业、为民而行的追梦故事。

刘艳（中）与校友寻访队员合影

师姐是辽宁葫芦岛人，离家千里到山大法学院就读，是她十八年来首次踏上齐鲁大地。入校伊始，同样来自葫芦岛的刘宏渭老师便主动与她联系，能在一个陌生的城市听到熟悉的乡音，刘艳心生暖意、倍感亲切。初学法律时，刘老师是悉心指导的前辈，告诉师姐“只有坐得住才能学得透”；遇到挫折时，她是耐心倾听的老乡，开导师姐“黎明前总要经历一段黑暗”；选择职业时，她是诚心建议的姐姐，鼓励师姐“循着法律的道路继续前进”……时至今日，刘艳仍能清楚地记起与刘宏渭老师相处的点滴瞬间，那是她最珍贵、最美好的母校记忆。

在山大的日子里，师姐笑称自己“并不活跃”，每天只是在宿舍、食堂和教室三点一线间循环。“学习是我快乐的源泉”，四年如一日，刘艳把所有的时间和精力都投入到了学习之中，始终保持着勤学好问、敢于质疑的好奇心和主动挖掘问题、积极探寻答案的求知欲，是同学们眼中公认的学霸。“持之以恒是学好法律的唯一捷径”，在师姐看来，这段勤学苦读的经历不仅为她从事检察工作奠定了扎实的法学基础，更使她养成了勤于钻研、乐于思考的优良品质。带着这股韧劲儿，刘艳在本科毕业后选择到中国政法大学攻读硕士学位，继续在法学的土壤里汲取知识的养分。

二、司法为民显情怀，侠骨柔情绕心间

2002 年硕士毕业后，师姐进入山东省人民检察院民行处工作。初入检察行业，刘艳承办的第一宗案件就是一块“难啃的硬骨头”。原来，20 世纪 80 年代，年逾七旬的徐某与某村委会订立承包合同并投入大量机床设备，却因村委单方解约而导致设备无法收回，虽经多次调解，但老人的合法权益却始终难以得到有效保障。尽管案件时间久远、取证困难，但师姐仍迎难而上，反复查阅案卷材料、多次深入现场调查，从事实、法律、证据等方面进行全面分析，最终发现重要线索并依法成功抗诉。时隔十五年再审宣判时，老人已经去世，其子女那句“感谢你们了却了我父亲的遗愿，让他能含笑九泉”令师姐终生难忘。就在那一刻，刘艳真正懂得了人民检察官所肩负的神圣使命，下定决心将“依法抗诉维护法律尊严、关注民生保障百姓权益”作为自己毕生的追求。

干一行，爱一行。秉持“群众利益无小事”的理念，师姐兢兢业业、认真履职，用心办好每一案。2007 年，在某抵押担保借款合同纠纷案中，她依法主张抵押无效、排除银行优先受偿权，使两百余名职工被拖欠六年之久的 700 余万元工资社保费用得以有效清偿；2012 年，在某产品质量纠纷案中，

她正确解读"一事不再理"原则、及时保障当事人诉权，避免涉案企业因被认定构成重复起诉而无法维护自身合法权益。十余年间，刘艳始终坚守在办案一线，努力提升诉讼监督质效，审查研究民事行政诉讼监督案件 6000 余件，办理抗诉、提请抗诉案件近千件。师姐承办的郯城金富建筑公司一案更是为最高检采纳、最高法改判，被评为"全国民事行政检察十佳法律文书"。因为热爱，所以坚守，"每当看到受到不公裁判的当事人因抗诉改判而获得公正待遇时，我觉得自己所付出的一切都是值得的"，刘艳如是说。

三、勤学苦练真本领，理论实践两相成

"唯有勤奋为路、踏实为基，才能积跬步以至千里。"作为一名学习型检察官，理论学习与研究已经成为师姐的工作日常，在她的办公桌上，摆满了各类法律书籍和相关笔记。刘艳坦言，省一级检察院办理的案件大都疑难复杂，只有变被动为主动，注重资料查阅与案例积累，才能在浩如烟海的法律和纷繁复杂的案情中理清头绪、找到关键。为进一步提升自身学术功底，师姐于 2010 年重返母校攻读博士学位，在与专家学者的思维对话中追寻着最初的法治梦想。

日拱一卒，功不唐捐。十八年间，刘艳以专业化发展为导向，先后参编《民事检察监督百案精析》等多部著作，在国家级期刊、报纸上发表学术论文十余篇，撰写业务规范、调研报告等综合性材料百万余字，多次赴全国各地进行专题授课并两度获评山东省精品课程。"打铁还需自身硬"，师姐表示，只有不断提升自身业务素质和理论水平，才能更好地践行司法为民的宗旨。

刘艳博士毕业留念

近年来，公益诉讼检察从无到有、从有到优，逐渐成为新时代检察工作发展的创新点和着力点。刘艳坦言，相较于传

统检察业务，公益诉讼在案件线索发现、调查取证、信息资源共享等方面的复杂程度和难度系数都呈几何倍数增长。为克服本领恐慌、胜任岗位要求，师姐一方面主动向专家学者请教环境保护、食品安全等领域的专业问题，积极与同事同行探讨线索摸排、出庭应诉等方面的实务心得；另一方面于2018年赴法国参加“法国越权之诉及检察机关提起、参与民事诉讼制度”项目培训，于2019年赴京参加全国首期法官检察官公益诉讼高级研修班，对办理该类案件的理念与方法有了更为系统准确的理解和把握。刘艳表示，她将继续认真学习顶层设计、不断总结实践经验，积极推动检察机关提起公益诉讼制度的细化与完善，努力成长为公益诉讼领域的“全面手”。

四、公益诉讼扬正气，法律监督铸检魂

2015年，山东省被确定为全国检察机关提起公益诉讼试点省份，开启了公益诉讼检察工作的新纪元。作为山东省人民检察院民行二处副处长，师姐开始专门负责办理公益诉讼案件。同一年，刘艳赴德州庆云指导办理全国首例行政公益诉讼案，虽面临无经验可借鉴、无制度可遵循等现实问题，但她从零开始探索，在调查取证、立案起诉、案件管辖、开庭审理、文书制作等方面进行了大胆实践，推动公益诉讼制度从理论走向现实。五年间，师姐始终以践行公益司法保护使命为己任，指导办理公益诉讼案件6000余件、提起诉讼五百余件，所办王振殿环境民事公益诉讼案入选最高检第24批指导性案例、滨州滨城食药监局行政公益诉讼案被评为第十五届中国十大影响性诉讼之一。

2019年，山东省人民检察院成立第八检察部，将其作为承担公益诉讼检察职能的专门机构。作为该部副主任，刘艳承担着公益诉讼智慧管理平台的创建工作，通过集合案件线索、办理、决策、管理四大功能，为实现公益诉讼上下级一体化办案机制提供了强有力的信息化支撑，在年度创新成果汇报展示中拔得头筹。同时，为加强部门间、机构间横向联动，师姐推动会签《关于在检察公益诉讼工作中加强协作配合的意见》，充分发挥诉前检察建议在行政公益诉讼中的作用，督促行政机关自我纠错、主动履职，努力与之形成良性、积极、互动的工作关系，生动诠释了“诉前实现保护公益目的是最佳司法状态”的办案理念。

谈到公益诉讼的发展前景，刘艳介绍，在党中央自上而下的决策部署和检察机关自下而上的实践推动下，公益诉讼检察工作以其规模的案件数量、丰富的实践样本及显著的工作成效赢得了社会各界的认可与尊重。“公益

诉讼必将成为维护公共利益、回应百姓期待、服务发展大局的司法新引擎。”师姐期待更多心怀法律使命感和社会责任感的山大法律英才能投身公益诉讼检察事业，共同致力于强化法律监督、实现公平正义，让守护公共利益的“检察蓝”更加闪耀。

［**人物名片**］刘艳，山东大学法学院1995级本科生、2010级博士研究生，现任山东省人民检察院第六检察部副主任、三级高级检察官。曾任山东省人民检察院民事行政检察二处副处长、第八检察部副主任，先后被授予山东省检察业务专家、山东省直机关三八红旗手、山东省直机关优秀共产党员等称号，入选首批最高人民检察院民行检察部门办案实务类人员人才库，荣立个人二等功一次、三等功两次。

申 丽

做心怀家国的齐鲁制药人

一、朝花不落，故事重提

踏入齐鲁制药集团，北欧风格的公司大堂映入眼帘，体现着企业科技感、工业感、纯净感相融合的风格。步入公司展厅，长卷式的 LED 屏幕上播放着集团宣传片，我们驻足观看，领略企业的发展成就与文化理念。沉浸于光影变化间，我们听见申丽师姐亲切温暖的声音。坐在办公室里，她细细讲述起多年来的所思所获。

申丽(左二)与校友寻访队员合影

律政剧中象征正义的制服、侃侃而谈的身影、庄严公正的法庭都深深吸引着年少的她，也促使她选择了山东大学法学院。从东北沃土来到齐鲁大地，地域差异曾让师姐感到陌生与孤独，但法学院同学间的融洽，老师给予的关爱，让她很快调整好心态熟悉了环境，集中精力投入到学习中。“早起晨读、课前预习、认真听讲、课后巩固，让我每一天都过得很充实”，申丽表示，在学校期间学习到的不仅仅是法学知识，更是一种思维方法、一种行为习惯、一种行事态度。“这种个人的知识积累和素养提升，在以后的学习工作中都是相通的，对人生会有深刻的影响”，师姐如是说。

毕业后，因为找工作时间紧，决定定居山东的申丽就先选择进入齐鲁制药。她表示，这份匆忙的选择竟是自己人生的最大幸运。初入职场，在车间四个月的实习锻炼让师姐记忆犹新。“每一项工作都是技术活”，在无菌装备的全副武装、操作机器的手忙脚乱曾让她对自己产生过质疑，是工人师傅不厌其烦地指导和帮助让她越来越从容和自信，也让她在工作之初感受到齐鲁制药“家文化”的温暖。“学历不代表能力，刚刚步入社会的学生要正视自己，做好角色转换”，这段时光对申丽而言是人生的宝贵经历，她表示，“我切身感受到一线工人的辛苦，也感受到他们的勤奋，他们都是了不起的劳动者”。

车间锻炼后的四个月，她被调至公司法务部，作为部门唯一的女性被誉为“葱花”，能够从事法律相关的工作是快乐并富有挑战性的。一年后的机缘巧合，申丽被调至总经理办公室，开始了近二十年的行政管理工作。“办公室是各部门协调的桥梁纽带，是领导层的贴心助手，同时也是集团的‘大管家’”，繁杂的行政事务虽然是由一件件小事组成的，但也实实在在地渗透于企业生产经营的每一个环节。保持着法学学习时养成的强条理、重风险的思维习惯，用耐心、细心、热心对待每一项工作，注重工作经验的及时总结和分享，特别是在团队协作方面，她认为“每个人都不是一座孤岛，与他人进行思维碰撞才能激发无限潜能”。只有建立良好的协作关系和互补的工作氛围，才能形成“拳头效应”，从而支撑高质量工作成果的实现，在企业的发展中实现个人和团队的价值。

二、与子同袍，砥砺偕行

“有国有厂才有我们幸福的家”，是齐鲁制药集团独具特色的企业文化，是公司持续健康发展中的传家宝。申丽介绍，多年来集团始终将企业利益与国家和人民利益深深融为一体，诠释着“大医精诚、家国天下”的情怀。集团一方面加大科研攻关，致力于生产“让百姓用得上、用得起、用得好的国产好药”；另一方面积极承担社会责任，助力精准扶贫、救灾捐赠、送医送药，用实际行动书写着齐鲁大爱。面对来势汹汹的疫情，令师姐颇为感动的是齐鲁制药人“有召必回”，于举国危难时刻加班加点地生产各类药物，全力确保临床供应。集团也充分发挥物资采购的供应链优势，全球搜购并向各界发运各类防护物资，累计捐款捐物2300余万元。此外，集团还联合社会力量发起“致敬逆行英雄后盾行动”“抗击新冠肺炎医护关爱资金”专项捐赠，两万余名齐鲁制药人用行动向社会传递着爱国精神与向善力量。

从每周定时升国旗唱国歌，到举办知识竞赛、劳动技能竞赛、各类球赛、趣味运动、联欢晚会等丰富多彩的文化活动，在“快乐工作，健康生活”理念指引下，齐鲁制药潜移默化间培养着员工“多想想国家，多想想企业，多想想别人”的集体意识，强化着“患者的百万分之一就是患者的百分百”的质量文化。2019年，申丽开始担任齐鲁制药集团工会主席，她倾听员工心声，策划组织各类活动，力求在增强团队凝聚力的同时激发员工自身潜力、增强企业发展信心。国庆七十周年之际，作为健康产业的齐鲁制药誓为健康中国战略助力，在集团组织近八百人参加大型跑步活动，师姐仍记得当时所有人一起呼喊加油带来的精神振奋感，她表示：“人生就是一个不断奔跑前进的过程，能与一群志同道合的人朝着同一目标努力是非常幸运和激动的事情。”

三、士当弘毅，任重道远

申丽（右）代表齐鲁制药集团领奖

2018年，根据真实故事改编的电影《我不是药神》获得观众的一致点赞，影片中“有病没有药是天灾，有药买不起是人祸”的台词震撼了众人的心灵。

一直以来，齐鲁制药始终坚持专注健康危害大、多发慢性与重大疾病领域，持续科研攻关已先后研发上市200多个药品，对提高老百姓用药可及性作出了积极的贡献，尤其是近几年在全力向全面建成小康社会冲刺的过程中，研发上市的多个重大疾病领域的药物，打破了国际巨头长期垄断，大幅降低了药价，减轻了患者经济负担和国家医保基金支出。从首仿到首创,从全国新到全球新,齐鲁制药集团始终坚持“用科技表达我们的爱”,为百姓生产良心药、放心药。近几年,集团瞄准国际医药产业前沿,布局了50多个“全球新”“全球好”药物研发项目。申丽坚信这些药物的成功上市将对相应的重大疾病的治疗水平一定会再上台阶,不断提升我国医药水平,持续为大众健康、为全民小康贡献力量。

医药产业的发展是与老百姓的幸福健康生活息息相关的,师姐很庆幸和骄傲成为齐鲁制药人,虽然不是科研、生产的一线人员,但每当看到企业上市新产品解决临床用药需求时,她都会很欣慰、很自豪。申丽坦言,或许没有从事自己专业的工作或多或少有些遗憾,但是法律专业的知识和能力在日常工作中早已有所运用与体现,无论从事何种职业,只要保有一份敬业、担当、包容与乐观,终会实现多彩的人生价值。

[**人物名片**]申丽,山东大学法学院1995级本科生,现任齐鲁制药集团副总裁兼总裁办主任、齐鲁制药集团工会主席。

卢继锋

秉持法律思维，助力蓝天梦想

电影《中国机长》中，面对在万米高空突遇的极端罕见险情，机组人员临危不乱、不辱使命，确保了机上全部人员的生命安全，创造了世界民航史上的奇迹，令人心生敬仰。而卢继锋所在的九天国际飞行学院，正是无数优秀飞行员梦开始的地方。参观之余，我们震撼于数十驾排列整齐的飞机的恢宏气势，惊叹于无数模拟飞行操纵仪器的复杂精巧，更对面前参与打造如此规模的飞行学院的师兄产生了深深的敬意。

卢继锋(中)与校友寻访队员合影

卢继锋与山大法学院结缘于 1995 年的秋天。记忆回溯到二十五年前，虽时光荏苒，但部分珍贵的记忆碎片仍历历在目，军训生涯则在这些碎片中占据了重要位置。除了日夜的军事化训练、黄昏嘹亮在操场的军歌，“军训带给我的,还有一些更为独特的东西”。那是军训最后一日的验收,天气却由晴转雨,风雨操场变得“名副其实”。弥漫的雨雾中,地湿路滑、视线受阻,走起方阵格外不易;而在前面的几次演练中,方阵也并非他们的强项,甚至曾被领导点名。但在连长嘶声竭力、振奋人心的呐喊助威中,全连64个队员,像奔赴战场的士兵,又像迎战高考的学子,激情万分地喊出比平日响亮数倍的口号,又小心谨慎全神贯注的生怕迈错一步。响遏行云的口号、整齐如一的步点,交织在雨幕中,定格成师兄记忆中难以忘怀的序曲,也帮助他们夺得了当年阅兵的桂冠。后来的卢继锋每每在九天看到飞行员的军事训练,脑海中总是能浮现当时的情景,“那是荣誉,是情怀,是责任,是担当”,军训精神已慢慢融合在他的生命里、镌刻在他的骨子里。

如果说军训让师兄体会到的是情怀和责任,那么余后四年的大学生活则赋予了他更为丰富的情感体验。在法学领域不断学习不断思考的过程中,领略进步和成长的喜悦,奠定了在法学沃土不断深耕的勇气和决心;在老师们循循善诱春风化雨的教诲中,接受心性和人格的塑造,怀揣着对传道授业的老师们炽热的感恩;在法庭实习接触实务的经历中,体会到理论与实际之间的巨大鸿沟,开始对如何获取实务所需的知识而倍感迷茫。“迷茫大概是所有年轻人必经的阶段,而解决办法就是少空想,多做事。”在实习的经历里,他因为法律意见书没有得到领导的认可而沮丧过,对自己和所学的知识怀疑过,也为自己未来法律职业发展道路而迷茫过,但是,他从来不轻言放弃,也绝不缺少毅力和挑战自己的决心。为了解决内心这一迷茫,他广泛搜集裁判文书,比照法律教科书,试图参悟学校所学理论与实践所用法条之间的联系和区别,并条分缕析的步步摸索判决书等法律文书的写作规律和方法,“知识理论只有见于实践才为相得益彰”。卢继锋表示,不论在日后工作里遇到多么复杂的情形,他都能对问题抽丝剥茧,找到理论与实际的交汇点,“这在很大程度上得益于大学时候的摸索和学习”。

四年的大学生涯倏忽而过,大学毕业后,卢继锋既想留在济南这个已经无限熟悉和热爱的城市,又希望可以继续在法律领域中乘风破浪。“对于法律人而言,动辄改辙更张,沉没成本是很大的”,深思熟虑下的他毅然决定留在山东航空公司的法务部。虽然有大学期间扎实的法学功底做基础,初次接触法务工作的师兄依然会有些许不适应。“纸上得来终觉浅,绝知此事要躬行”,他一直奉行着这一大道至简的信条。为尽快充分了解比较生疏的公司业务,他虚心向前辈请教,不断学习如何做好法务工作的经验;为解决好公司运行法律风险的内部咨询,他查阅了大量有关企业合规的参考文献和书籍,并写了洋洋洒洒数万字的法律分析报告;为了解公司以往的诉讼情况，他专门将涉及公司的卷宗和判决书分门别类，细细研读，仔细找出每个案件的争议点……那段时间，办公桌上的文件越摞越多，书架上摆的专业书籍也更新了一批又一批。亮到凌晨的台灯，挂满血丝的双眼，无限续杯的咖啡，都见证着这个从校园走出来的法学青年迅速成长，法务工作能力越发专业的历程。

机会总是垂青于有准备的人。就在卢继锋通过法务工作积累了丰富的公司管理和运营经验，在行业内小有名气之时，山航与加拿大合资成立专门培育飞行员的九天国际飞行学院培训公司，急缺拥有法律背景的人才，师兄则作为优秀法律人被推荐到新创的九天国际，由此开始了其人生新一段的征程。初创九天国际时，全国的飞机总计不足千架，能供九天国际使用的飞机更是少之又少。飞机的不足，加之教员的缺乏，让九天国际的发展之路异常艰难。为了获得初期融资，卢继锋和其他创始人每天风尘仆仆，就连休息时间也要争分夺秒，付出了几倍于常人的辛勤和汗水。谈及那段艰辛的经历，师兄感叹，“创业过程就是在市场经济的大潮中摸爬滚打，在风雨雷电中不断接受锤炼”。

在这些筚路蓝缕的初创者集体努力下，再加上 21 世纪初我国民航业的蓬勃发展，九天国际迅速跻身所在行业的前列。这与卢继锋的航空公司法务经历和企业管理的独到认知密不可分，其中最引人注目的是对于航空人才的知遇和培养。分管招生工作的卢继锋认为优秀的学历和良好的身体素质是成为顶端航空人才的基础，故而在招生时对于学历和身体素质一向是“高要求，高标准”。另一方面，“师者，所以传道授业解惑也”，学生的能力一定程度上取决于教师的水平，因此在教员筛聘任工作中师兄也秉持着严格筛选的态度，对于教员的专业素养、人格修养等方面进行评估，力求在师主制的机制下充分发挥优秀教员的作用，潜移默化中提升学生水平。

高质量的生源和高水平的教员对于九天国际的人才培养工作可谓是至关重要，但要想真正培育出符合要求的航空人，还需要科学合理的培养机制。卢继锋讲述，目前九天国际的学生都采取半军事化管理的模式，由专门的学生管理员进行严格的监督管理。小到宿舍卫生、被子整理情况，大到操作规范性、个人作风，九天均将其作为考察的内容，只有符合“三个标准”的学生，即完善的理论体系、高超的飞行技能和良好的工作作风，才会从九天顺利毕业，否则就面临着不合格而被淘汰的命运。如此严格的要求保证了九天国际毕业生的质量，也使得航空公司对于从这里走出来的学生更为放心和信任。

在九天国际如火如荼的发展势头下，卢继锋和其团队又提出了新的发展战略——国际化。他表示，九天国际已经收购或合作于多所外国学校，力求推动学生教育国际化、考试国际化、人才国际化。卢继锋在推动九天国际国际化的同时非常关注如何汲取国际经验推动中国民航飞培事业发展，“中国民航发展可以用三个阶段来概括，‘学、赶、超’，我们现在已经到达了第二个阶段，是民航大国，但不是民航强国”，飞行员培训工作也要不断完善以适应我国民航的发展。他曾考察过美国的民航飞培行业，他有一个随身携带的笔记本，在考察过程中仔细记录美国民航飞培行业的发展优点和经验，希冀于运用到国内的飞培行业中。“就目前而言，博采众长、取长补短依然是中国飞行员培训行业实现赶超的最有效方法。”

在一以贯之的严格筛选、科学培训的过程中，在博采众长的国际化过程中，九天国际为航空领域打造了不少专业人才。2019 年，九天国际首次组织了校友会，卢继锋与许多第一批学生重逢，喜悦又感动。看到他们成为公司的栋梁，前途光明，他的眼中闪烁着自豪的光芒；目睹九天国际发展壮大而拥有如此成绩，作为初创者之一的他不禁唏嘘不已。回顾自己走过的路，卢继锋总结道，法学教育的背景给了他很大助力。“民航和法学有非常强的关联性”，“学法之人，必有有规律的思想”，作为一个法律人，法学规律的思想使他在阅读、理解规章制度手册时更快也更准确，处理公司运营发面问题也游刃有余。“在山大法学院求学的四年，法学思维深深刻在了脑中，山大严谨、坚韧的精神也潜移默化中影响了我”，他感谢山大，感谢法学院，感谢当时努力汲取知识的自己。

正如法学的学习不是一蹴而就的，民航飞培事业的发展也是一个循序渐进的过程。“不积跬步，无以至千里；不积小流，无以成江海。”中国民航飞培事业的创新发展需要全行业协同并进。但是，当务之急在于行业内部各主体之行为规范尚需要相关法律法规来完善，“一个行业的法律问题，是为了行

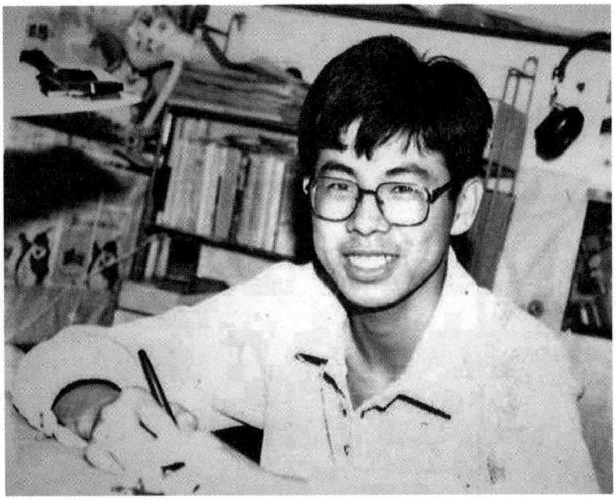

青年时期的卢继锋

业的健康发展，不能将其理解为对行业的过度规范”。而在法律帝国建立通用航空体系并不是一朝一夕的事，这需要有更多的法律人才投入到“小众”的大航空法学研究中，更多的业务部门或者大学应在合作办学、联合培养方面有所创新。更多的法律人投身航空事业，将会给中国航空行业注入新鲜血液，增强核心竞争力，“会当凌绝顶，一览众山小”，中国航空事业发展登临绝顶的“中国梦”并不遥远。

[**人物名片**]卢继锋，山东大学法学院1995级本科生，现任青岛九天国际飞行学院常务副院长、副总经理，分管招生就业、地面教学和企业规划发展等业务。

鲁统富

践行检察使命，永葆“方圆”本色

一、法律才子初长成

鲁统富办公室的书柜里，至今还保存着1997年读大二时的刑法学课本。那一年，我国刑法进行了规模最大的一次全面修订；也恰是那一年，师兄内心深处埋下了“法令者，所以抑暴扶弱”的种子。重新翻起这本书，已经泛黄的书页、密密麻麻的笔记，把鲁统富的思绪带回到了二十多年前的大学校园。谈到与山大结缘，师兄笑着表示一切都是命运最好的安排。作为最后一届高考之前先填报志愿的学生，高中班主任为了不影响他们的学习，把介绍大学和专业的报纸都藏了起来，“作为一个地地道道的山东人，脑子里第一个想到的就是山大”。正是这样的“阴差阳错”，鲁统富以全县第一名的成绩考入了山东大学法学院，从此开启了他二十四年与法律相伴的历程。

青年时期的鲁统富

由于从小在农村长大，鲁统富刚入学时的普通话并不流利，他一度有些失落甚至自卑。辅导员周长军老师了解到这一情况后，发掘了他文字功底扎实的优势，“周老师经常鼓励我写散文给校报投稿”，提起这段往事，师兄至今仍充满感激。原来，师兄高中时就加入了学校文学社，高中三年每天都坚持思考和练笔，“到高三的时候，我写的作文几乎每一次都是范文”。就这样，写作让鲁统富渐渐找回了自信，他不仅在后来担任了班长，还在大三时成为学院学通社的社长。

“那时我想着，同学们应该有一个展示自己的平台”，于是作为社长的鲁统富带领几名社员说干就干，化用孟子“不以规矩，不能成方圆”之文，创办了法学院的院刊《方圆》，这也成为学生自办刊物的开端。回想当时的情景，师兄表示一切都比预想的要顺利，时任山大副校长兼法学院院长的徐显明教授特别供稿，学院分管学生工作的梁桂莲副书记亲自指导……他对办刊的细节仍然记忆犹新。从 1999 年至今，刊物的名字从《方圆》变为《法萌》，但师兄留下的“优秀法科学子研磨法律、领略法意、展示才学之阵地”的办刊宗旨一直不曾改变。

二、检察战线显担当

谈到自己的职业成长历程，鲁统富坦言“全国四级检察机关，我在其中三级工作过”，且三段经历都是机缘巧合。2000 年，作为班长帮助济南市市中区人民检察院组织招聘，他自己没有报名却被负责人主动要去简历，从此走上了检察工作岗位；2009 年，省级以下检察机关自侦案件的审查决定逮捕权上提一级，他抱着试试看的心态参加山东省人民检察院的遴选并在招考中以优异的成绩成功入选；2010 年，最高人民检察院开展对行政执法机关移送涉嫌犯罪案件的专项监督活动，他又被单位领导推荐至最高检侦监厅借调锻炼。尽管师兄认为自己是幸运的，但我们深知幸运的背后是他在工作岗位上日复一日的付出与坚守，“机会总是留给有准备的人”，鲁统富表示只有作好充分的准备，才能在机会来临时牢牢地抓住它。

二十年漫漫检察路，公诉工作和侦查监督工作师兄分别从事了近十年。从法庭上义正词严、唇枪舌剑的公诉人，到站在决定公民人身自由的第一线，鲁统富也经历着自己的变与不变。“与强调慢工出细活的公诉工作不同，七天之内就要决定是否批捕，快节奏需要更强的预判能力。”给师兄留下深刻印象的，是 2014 年发生在烟台招远的“5·28 全能神”故意杀人血案。端午假期带女儿在沂源溶洞休闲的他，接到处长通知后立即赶往招远，与单位领导和当地办案同志一起审阅卷宗、判断证据、研究案情、撰写审查报告……从黄昏到黎明的通宵忙碌，不仅指导招远市人民检察院次日就依法作出了对犯罪嫌疑人批准逮捕的决定，也拉开了全国捣毁“全能神”这一邪教组织的序幕。同时，鲁统富认为，不放过任何疑点、不遗漏任何细节的办案要求在任何岗位上都是不变的。不论是宋晨光案、季建业案等在全国有重大影响的职务犯罪案件，还是涉及国有企业人员滥用职权、非国家工作人员受贿的疑难复杂案件，师兄都认真研究案情、逐一核实证据、力求案件真相，他坦言“维护公平正义”是自己矢志不渝的追求。

三、改革潮头守初心

鲁统富（中）与校友寻访队员合影

伴随着国家监察体制改革和检察系统内设机构改革，鲁统富被调整到第三检察部（职务犯罪检察部）工作，主要负责办理监察委员会移送的职务犯罪案件。谈到改革，师兄表示尽管检察机关曾经的“拳头”——职务犯罪侦查权已经转到监察机关，但从长远来看“转隶就是转机”。“一方面，作为国家反腐败大军中的一股积极力量，检察系统内部审查逮捕、审查起诉、支持公诉职能的整合使工作开展更为专业精准；另一方面，将主要精力聚焦于法律监督职能这一主责主业，检察机关在推进国家治理体系和治理能力现代化中必将大有作为”，鲁统富如是说。

面对新形势、新挑战，鲁统富认为此次改革对检察队伍也提出了更高的要求，具体到每一起案件的办理过程中，就是要更好地实现天理、国法与人情的融合统一。二十年的检察官生涯，师兄记忆中最为深刻的还是2004年的那个雨天，脱鞋光脚、蹚泥涉泞步行两小时，核实一个连犯罪嫌疑人自己及父母都记不清的出生日期，最终使其部分盗窃行为因犯罪时不满16周岁而免予追究。在鲁统富的心中，如果说恪守公正、代表公意是谓“天理”，以法律为尺、守法律底线是谓“国法”，那么给冰冷的法条赋予司法的温度，克服机械办案、追求合理合法的“人情”才是他的至高理想。

2019年，鲁统富回到母校参加专题讲座，与学弟学妹分享了他心中一名检察官应当具备的三种品质。身处“政治性很强的业务部门、业务性很强的政治部门”，耐得住寂寞、守得住底线，坚定的政治素质是前提；从事法律监督、履行宪法职责，始终保持对法律的敬畏是基础；而扎实的文字功底、恰当的语言表达、严密的逻辑论证、精准的分析判断等过硬业务能力是从合格走向优秀的关键……聆听着他真挚的话语、殷切的嘱托，师兄“护法者”的检察官形象在我们心中更加鲜活生动。下一个二十年，鲁统富希望更多的山大法律人投身并坚守检察事业，正如他在《方圆》创刊词中写到的：“新世纪曙光已露，吾辈更当鞭马疾驰，一往千里，为开创法学之广阔天地献我心力。”

[人物名片] 鲁统富，山东大学法学院1996级本科生，现任山东省人民检察院第一检察部副主任、三级高级检察官。曾任山东省人民检察院人事处副处长、侦查监督二处副处长、第三检察部副主任，先后被授予济南市青年岗位操作能手、济南市优秀公诉人、山东省侦查监督业务标兵等荣誉称号，三次荣立个人三等功。

刘晓华

以法官之名，守护绿水青山

一、山大情愫：法学院是我们永远的精神家园

2019 年 10 月，黄河生态文明专家论坛暨生态环境损害司法鉴定理论研究与实践基地成立活动在山东大学青岛校区举行。在“生态环境损害司法鉴定”分论坛的会场，我们见到了生态环境资源保护领域的实务专家——刘晓华师姐，“见缝插针”地与她进行了初次交流。短短两个多月后，我们来到山东省高级人民法院，再次见到了稳重干练的师姐，听她细数一个地地道道的“老山大人”在母校学习生活的点滴往事。

刘晓华(右三)与校友寻访队员合影

刘晓华坦言，在高考志愿填报时，自己对法学专业知之甚少，作出这一选择主要是基于父母和老师的建议。然而，随着学习的深入，她很快就领略

到了法律深邃而含蓄的魅力,“潜移默化地开启了兴趣的大门”。师姐表示,与其他文科专业相比,法律逻辑与法律思维是法学专业的独特之处,无不散发着理性的光辉。从入学起,她便沉迷于“基于大前提、小前提可以得到必然结论”的“三段论”推理方法,逐渐学会了遵循客观价值标准、梳理关键事实信息、明晰权利义务关系。在刘晓华的记忆深处,时常浮现出那段她置身于古朴幽静的洪楼校园、沉浸在读书写作的学术氛围之中的求学时光,“因为从那时开始,学习与思考得以始终相伴左右”。时至今日,每每提及母校,师姐心中总会充满温暖又坚定的力量,她发自肺腑地觉得“无论走多远,山大法学院都是我们永远的精神家园”。

从本科到硕士研究生,刘晓华在法学院度过了七年的青葱岁月,又在工作多年后攻读民商法学博士学位,她表示“十年山大求学经历,是我永不枯竭的精神源泉”。大一时徐显明教授的一堂法理课,让师姐第一次对法官这一职业有了系统全面的了解,“法院是法律帝国的首都,法官是法律帝国的王侯”,德沃金的这句话在她心中播撒下了职业选择的“种子”,坚定了她成为人民法官、捍卫公平正义的执着追求。当然,法学院的教育与培养也塑造了刘晓华扎实深厚的法学理论功底和刻苦务实的学术探索精神,带着山大人那股永不服输的钻劲、拼劲和韧劲,她一步步地追逐着自己心中的法治理想。

二、研究情结:以学者思维解决审判实务问题

硕士毕业后,刘晓华进入山东省高级人民法院研究室工作。研究室作为审判业务综合部门,虽不直接参与案件审理,但承担着个案法律适用疑难问题的研究和全省法院重大司法决策的分析等重要职能。起初,师姐主要负责民商事案件的调查研究与经验总结工作,面对无休无止的文字材料、堆积如山的诉讼案卷,她深感责任与压力。不过,刘晓华很快调整了自己的心态,“每一个困难都是一次磨炼,山大人的字典中没有‘认输’二字”,她不惧挑战、迎难而上。面对每一篇文稿,她逐处字斟句酌、多次反复修改;面对每一个案件,她深入审判一线、全面研究分析……十余年如一日,师姐在忙碌与坚守中练就过硬本领,逐步成长为一名学者型、研究型人民法官。

在刘晓华看来,理论研究与审判实践并不冲突,二者相辅相成、相得益彰。一方面,通过学术研究将个案裁判类型化,就可以更好地把握案件事实与法律适用;另一方面,法官只有立足司法实践,才能提出“真”问题、印证“新”观点。在法院工作的十七年间,师姐笔耕不辍,发表学术论文数十篇、

参与专项课题十余项、出版专著一部，多次获评全国全省法院优秀调研成果。“拥有扎实的理论功底、锤炼严谨的法律思维，才能更好地解决审判实务问题”，刘晓华表示，“只有做到知其然更知其所以然，才能克服司法裁判过程中的机械性与盲目性，真正贴近法律本意、实现立法目的”。

近年来，司法体制改革不断深化，法官队伍日益专业化、职业化，“随着研究的逐步深入，我们所擅长的领域也在变专变细”。在这一过程中，师姐渐渐明确了自己的研究兴趣与方向，开始更多地关注环境侵权与生态保护案件。为系统研究中外环境资源司法实践中所涉及的法律和实务问题，刘晓华深入调研，积极参与国内外学术研讨，于2017年受最高人民法院指派带团赴美国交流学习，并在2019年作为与谈人参加最高人民法院“中外环境资源保护典型案例研讨”大讲坛。今后，师姐希望能立足我国生态环境现状和环资审判实际，合理借鉴美国、欧盟在立法和司法方面的实践经验，为环境法治建设贡献智慧和力量。

刘晓华在美国佛蒙特法学院

三、环保情怀：司法助力新时代环境资源保护

为有效提升全省环境资源案件审判工作专业化水平，2015年世界环境日前夕，山东省高级人民法院正式成立环境资源审判庭，刘晓华被调至该庭担任副庭长，开始“一手抓调研，一手抓办案”。师姐表示，尽管都属于“大民事”的范畴，但环境资源民事案件与传统民事案件注重公平、商事案件强调效率有所不同，传递着节约资源、保护环境优先的“绿色原则”，给生态文明建设提供了有力的司法保障。五年的审判实践中，刘晓华最大的感受便是

"新"，从大气、土壤污染等传统环境问题到生物多样性司法保护，从环境民事公益诉讼到生态环境损害赔偿诉讼，她参与和指导的案件大多没有前例可循，只能不断"研究新情况、解决新问题、总结新经验"。

目前，山东法院环境资源审判工作已走在全国前列。不论是新《环境保护法》实施后德州中院审理的全国首例大气污染公益诉讼案件、庆云法院审理的全国首例检察机关提起的环境行政公益诉讼案件，还是全国首份关于加强生态环境损害赔偿案件审理工作的指导性意见，都彰显着环境资源审判庭发挥司法裁判评价引领作用的决心。下一步，刘晓华希望能从案件事实认定着手，直面涉案损害难以明确计算、鉴定费用高昂且程序烦琐等挑战，准确适用法律，全面提升审理此类案件的司法能力。谈到司法部与山大共建的生态环境损害司法鉴定理论研究与实践基地，师姐对借助这一平台破解审判难题充满信心："山大既有环境领域的专业化团队，又有法律方面的理论型人才，未来一定大有可为。"

"加大环境保护力度是必然趋势，发挥司法能动作用是时代选择。"刘晓华坦言，尽管法院通过大量案件审理回应了群众期待和社会关切，取得了较好的法律和社会效果，但环境资源的保护更需要全社会的合力。师姐解释说，在环境污染和生态破坏的治理与修复中，事前预防永远好于事后补救，提高全民环保意识才是解决环境问题的治本之策。面向未来，刘晓华期待能充分发挥新时代环境资源审判的职能作用，践行预防为主、保护优先的恢复性环境司法理念，鼓励公众参与、形成多元共治，为建设山青水绿天蓝的生态山东、美丽中国贡献自己的一份心力。

［人物名片］刘晓华，山东大学法学院1996级本科生、2000级硕士研究生、2009级博士研究生，香港城市大学LLM，现任山东省高级人民法院环境资源审判庭副庭长、三级高级法官。专注于民商事审判及公益诉讼理论研究，先后被授予山东省法律研究领军人物、山东省法院审判业务专家等荣誉称号。

纪晓昕

做知行合一的新时代法律人

一、情系山大：勤学法学理念，传授实务进课堂

初见纪晓昕，是在山东大学青岛校区的校园中。清晨驱车近两小时才抵达校区、刚刚结束四小时模拟法庭课程教学的她虽有一丝疲惫但仍侃侃而谈，干练的身姿、亲和的笑容、质朴的话语，在言谈举止间展现出一个可亲可敬的“法院人”形象。

纪晓昕(中)与校友寻访队员合影

从普通学生到法科学生思维的转变是求学期间山大带给纪晓昕最深的烙印。虽然当时学习的部门法知识已随岁月的流动在记忆中斑驳，但那时埋下的法学理念的种子却始终深深植根在她心中。回忆起在山大的求学时

光，齐延平老师在第一堂法理课上提出的问题仍令她记忆犹新。“人的权利是什么，如何通过司法来实现”，这对刚入学的新生而言无疑是个晦涩难解的问题，但之前十余年的求学时光使纪晓昕养成了不怕问题、爱钻研问题的习惯，跑遍图书馆查阅书籍并结合齐老师后续课堂上结合实例深入浅出的讲解，使她真正理解了“司法是否公正，所作的判决是曲是直，需要当事人感受到，更需要社会看得到”。只有让法律抵达人心，只有在全社会高度弘扬法治精神，法治方能“形神兼具”。“法律必须被信仰”，伯尔曼的这句话更是坚定了纪晓昕投身司法事业的决心，岁月的洗礼与实务的检验也让她更加笃信和理解这句格言的含义。

2019 年，纪晓昕以实务教师的身份回到山大校园，担任法学院研究生模拟法庭实务课程导师。不同于法官工作的严谨和封闭，她面对教学时是一种更加自由和放松的状态。站上母校的讲台，她将自己定位为学生的“职业领路人”，她要带给学生不仅是最新的法律理论，更多的是她法官工作中的经验积累。她认为一名优秀的法官应当是博学的，特别在知识产权这一新兴法学领域，法官有着更多的研究优势，应当充分利用自己的业务平台，“用实践推动理论，用理论指导实践”。在她的课堂中，各种学术理论和实务经验相互碰撞，展现出自由开放的独特魅力；周期性课堂辩论和师生交流双轨并行，营造出平等求知的学术氛围。最后一节课，纪晓昕组织了一场模拟法庭实践演练，为了更大程度上模拟真实的庭审，她还特意准备了法袍和法槌，让这场“庭审”更有仪式感，学生的活力和精彩表现也带给她不同于审判体验的意外之喜。

二、缘结知产：幸为知产法官，守卫正义暖人心

法官这个职业在纪晓昕眼中是“一个最能体现公平正义、最能实现法律梦想和法律人价值的职业”，因为法官掌握着审判权，能够真正地定分止争，化解矛盾。“我与知产的缘分是时代赐予的。”我国知识产权领域起步虽晚但发展迅速，值纪晓昕毕业之际，网络知识产权侵权等层出不穷的新问题不断深化着她对知产领域的认知，山大毕业后她带着对知产的好奇与向往，前往上海大学知识产权学院继续研究深造。其间，中国加入世贸组织，《专利法》《商标法》《著作权法》的相继修改更让她看到了知产领域广阔的发展前景和无限可能性，也坚定了她回青岛市中级人民法院知识产权法庭工作的决心。

“常学常新应是一名知产法官的常态。”刚开始接触审判实务时，纪晓昕

也时常陷入理论学习与实务运用衔接的难题，就像专利法教材和法条都指明要解读权利要求书，但面对不同技术纷繁复杂的专利权利要求书究竟如何解读都需要在实践中慢慢摸索总结。“只有法官不说外行话才能赢得当事人的信任和尊重。”一起大型复合肥生产设备的专利纠纷案件中，双方当事人都提交了大量图纸作为证据，按照规定专业技术问题可以交给鉴定部门来鉴定，但考虑到较长的鉴定周期和当事人需承担高额鉴定费用，纪晓昕带领同事反复研究案情，认真学习、聆听技术讲解，对比分析证据，那段时间里，在很长一段时间脑海里总是循环着“反应罐”“脲甲醛储罐”这些专业词汇。在她的努力下，案件不仅被快速审结，还被评为山东省知识产权专业化审判十年经典案例。

纪晓昕在中欧知识产权保护机制圆桌会议上发言

“法官只有经过大量案件的磨炼，才会走向成熟。”从业十余年来，纪晓昕审理各类案件1200余件，无一起上访、信访案件。她作为审判长在主持“酷溜网北京信息技术有限公司和青岛软媒网络科技有限公司不正当竞争纠纷”一案时，以充分的庭前准备、清晰的审判思路掌控庭审节奏，精准归纳焦点，引导当事人围绕焦点展开辩论，最终入选首届全国法院百场优秀庭审；审理“LONG LIFE”商标侵权案时，她在充分调查和收集证据的基础上对法律法规和司法解释进行深入分析，敏锐捕捉案件要点，打破了涉案商标同为“longlife”即属侵权的直观感受，最终案件入选全国知识产权司法保护年度五十个典型案例。尽使纪晓昕已坐拥多项荣誉，她仍保持着初入行业时的谦逊谨慎，师姐坦言，“正确的裁判关乎人才创新热情”，保护创造者的合法权益是法官的职责所在，时刻不能松懈。

三、志向未来：勇迎改革浪潮，开创知产新气象

作为全国知识产权法官，纪晓昕始终踏着知识产权领域的改革浪潮前行，也在自己的岗位上见证着我国知识产权领域的发展。纪晓昕带领的审

判团队专门负责审理跨区域技术类知识产权案件，当下知识产权案件往往与新技术交融，出现了跨域管辖、飞跃式上诉等新发展，知识产权审判更加专业化、集中化，知识产权司法保护环境和水平日趋优化，对于知识产权法官也提出了"精通法律，熟悉技术，熟练外语，具有国际化视野"的新要求。知识产权问题越来越成为一个国际化问题，"知识产权案件是否能够得到公正而专业的审理直接关系到中国知识产权的对外保护形象，关系到我们负责任的大国形象"。美国微软公司计算机软件案，是微软公司时隔十年之后在中国对计算机软件最终用户提起的诉讼，他们明确表示诉讼目的是开创中国法院在保护计算机软件著作权方面的先例。纪晓昕认真研究案情，秉持专业精神在庭审、判决过程中充分展示了中国法院平等保护的理念和专业的审判水平。

近些年来，纪晓昕所在的青岛市中级人民法院知识产权庭也在积极响应服务创新驱动发展战略。以青岛知识产权法庭为依托，他们已经与东营、烟台等法院建立起半岛六市知识产权司法保护协作机制，与烟台知识产权局等共建跨区域诉调对接平台，初步形成半岛创新司法保护协作机制，为半岛新旧动能转换中智力成果转化保驾护航。在他们的共同努力下，青岛中院知识产权法庭顺应知识产权国际化发展趋势，不断完善知识产权审判体系，扩大司法影响力，先后受理美国高通、德国巴斯夫等国际企业提起的专利诉讼，创造了青岛知识产权审判与世界接轨的连接点，"未来我们也将继续乘势而上，不断提升努力将青岛打造成为知识产权争端解决的优选地"。

开拓知识产权领域的新气象不仅需要资历深厚的前辈的引领，也需要新进人才承担起行业建设的责任。谈及对后浪的期许，她强调"案件永远比法条精彩，要时刻学习法律和法律适用"，在学习法学理论的同时要注意与实践接轨。这些年来坚守在审判一线的她对理论研究也不曾松懈，先后发表一部专著并在国家级刊物上发表论文 40 余篇。最后，纪晓昕也深情款款地分享了对于学弟学妹的寄望：要做厚积薄发的法官，成熟的法官是长期的积累造就的；要做有情怀的法官，而不局限于做一个法条的适用者。对每一个法科生而言，法律不应该仅仅是就业的要求，而应当成为我们的信仰，珍惜最好的年华，活在当下，去构建和追求自己的法治梦想。

[**人物名片**] 纪晓昕，山东大学法学院 1996 级本科生，现任青岛市中级人民法院知识产权法庭庭长、四级高级法官。先后获评青岛市十佳女法官、全国知识产权审判先进个人、山东省审判业务专家、齐鲁最美法官等荣誉称号。

朱 涛

科技服务创业路，感恩回馈山大情

一、志愿服务埋下“资源整合”的种子

位于济南市高新区 TBD 区域的汉峪金谷，是省市政府重点打造的环渤海南翼区域性科技金融中心。在这座国际金融城，我们见到了科技服务行业“阿里巴巴”的缔造者、政和科技股份有限公司的创始人朱涛，聆听师兄讲述山大故事、分享创业经历。

朱涛（右三）与校友寻访队员合影

回忆四年大学时光，朱涛认为这段求学经历是自己人生的重要转折。少年读书时的他囊中羞涩，一天吃三顿饭是最大的梦想；初入大学时的他孤

陋寡闻，甚至曾把“Nike”当成小学英语课文中“Lucy”“Lily”一样的人名。“起点可能天定，但终点必由人定。”师兄坦言，自己儿时虽家境贫寒，但从小就有一颗“不安分”的心，是山大给了他“尽情折腾”的空间，让他找回了自信、找到了梦想。在辅导员周长军老师的鼓励下，朱涛担任班长提升组织管理能力，从事兼职提高社会行业认知，循着自己确立的“先就业，再创业”的道路坚定前行。

如今回想，师兄表示大学期间一次收集旧挂历的志愿服务活动让他开始思索“资源整合”的价值，这也在他心中埋下了创立政和这一资源要素聚合平台的种子。原来，为减轻盲校学生的经济负担，《济南时报》曾呼吁市民捐献硬度与盲文纸相当的旧挂历，供其日常阅读书写使用。然而，由于济南盲校距离市区较远，每户一两本的旧挂历显然无法单独捐献，了解到这一情况，师兄组织同学挨家挨户收集，并将半天收集的满满一车旧挂历送到了盲校。朱涛认为，他们在这一活动中并没有付出太多的时间和经济成本，却使在一些人手中已经失去价值的“旧挂历”在另一群人中重新产生了新的价值，“这就是资源整合思维的运用”。

二、沉心积淀只为实现创业梦想

2000 年毕业季，作为山东省优秀学生干部的朱涛放弃了当时炙手可热的政府机关和外企工作，毅然决然地选择了一家由山大几位教师创办的民营企业——积成电子试验所。“也许别人看来不可思议，但这是我认真思考后的自然而然”，朱涛表示，“先就业、再创业”是他读书期间便确立的职业路径，既然自己当时的目光和能力不足以支撑起“创设一个企业并将其做大”的目标，那他愿意真正沉下心来，把握每一个学习的机会和细节，做好充分的积淀。

由于公司具有与政府政策对接的传统，“报项目”便成为师兄在积成电子这个技术型企业的主要工作。在申报的过程中，朱涛不断思考总结、优化创新，引入了模式化操作方法，很快在团队中脱颖而出，不到两年的时间便成为公司最年轻的中层骨干。师兄印象最为深刻的，是一次支持高新技术企业政策申报的过程，由于政策把握准确、技术要点突出，积成电子成为那一批唯一获得支持的民营企业。评审会上省经贸委领导曾指出“有不懂的就去找积成电子的朱涛”，殊不知这个“政府政策把握专家”称号的背后凝结着他多少个日复一日的钻研、多少个通宵达旦的努力。

七年的时间，朱涛见证积成电子在电力自动化领域由小到大不断成长的同时，也逐渐积累了企业经营与管理方面的经验，弥补了自己在大学毕业时财力和能力的不足。看到国家对企业层出不穷的扶持政策，目睹企业在政策扶持下快速发展壮大，师兄心中创业的种子慢慢发芽，将眼光望向政府与企业间巨大的信息鸿沟。“成立一家为企业提供政策服务对接的公司，用我们的专业填平这个鸿沟”，2008 年，朱涛离开即将上市的积成电子，放弃前途光明的办公室副主任职位，开启了自己的创业之路。

三、做产业赋能的中国引领者

“七八个人，两三台电脑”，朱涛坦言创业初期的他遇到过很多困难和挫折，但心怀“看看自己这辈子到底能干成多大的事”的信念，他带领团队研究政策、跑遍全省拓展业务，终于迎来了转机。恰逢国家对高新技术企业的认定标准和财税优惠政策作出较大调整，科技服务业的市场需求出现爆发式增长。师兄成功把握住了机会，带领站在风口上的政和科技顺风而行，依靠高质量、高标准的服务迅速发展，短短两年时间公司营业收入就突破了 1000 万元。

朱涛（右）接受媒体记者采访

“政策是有周期的，会变也会过期。”政和的快速发展并没有让师兄迷失方向，反而开始思考如何克服单一政策服务的局限性。2011 年，朱涛前瞻性地将公司的业务重心从“政策服务”转向“创新创业全要素服务”，从为企业做项目转向平台建设，研发了国内首个基于 O2O 模式的创新创业服务云平台“政和通”。“我们以大数据为基础，将分散在各地的政策、技术、资金、人才、服务、市场等创新创业资源和要素加以整合”，师兄表示，正是“平台＋数据＋应用＋服务”创新创业生态体系的建设，打通了服务民营企业的“最后一公里”，也使政和科技走出了一条有科技服务业特色的“互联网＋”之路。

如今的政和科技已累计为5万多家企业、300多个政府管理部门和园区提供专业服务，未来的两到三年有望实现科创板上市。以济南首个惠普制企业精准服务平台“济企通”为样板，打造企业版“12345”热线服务体系；建设国家工信部赛创网（中小企业双创互联网平台），为入驻企业提供创意孵化全周期“管家式”服务……“只要创新创业不止，科技服务业的市场就没有尽头”，面向未来，朱涛希望政和能实现从中央到地方“互联网＋”产业服务体系的贯通，营造“指尖上的创新创业生态”。

四、情牵母校，感恩之心当永存

一路走来，朱涛收获了太多鲜花与掌声。从中国创新创业大赛全国前十名、山东省第一名的优异成绩，到受邀参加“首届全国大众创业万众创新活动周”和人社部“首届全国创业就业服务展”，再到获评工信部“中国创新创业服务领域最佳解决方案奖”“国家中小企业公共服务示范平台”“中国互联网服务行业优秀示范企业”，师兄和他带领的政和科技获得了工信、人社、科技等部门系统的高度肯定，并成长为科技服务业的行业翘楚、产业服务的领军企业。不过，作为山东本土的创客，朱涛最想表达的还是一份感恩之情。“创业者有一个基本的素质，叫作感恩。”师兄坦言，恰如政和“成己为人，成人达己”的经营理念，利用互联网技术营造最优的创新创业生态系统，为客户源源不断地创造价值，为新旧动能转换、自贸区建设乃至中国经济发展作出应有的贡献，“这就是我们最大的社会责任”。

漫漫创业路，拳拳感恩心。师兄最为难忘的，是母校的培养教育和良师益友的帮助，特别是法学院求学期间所获得的思维方式至今仍在影响着他的判断、左右着他的选择。作为山大人，朱涛也在积极推动校企合作，尽己所能回报母校：2012年，乔伟先生诞辰八十周年塑像落成仪式上，他向乔伟法学教育基金捐资100万元，用于加强法学院科研建设；同年，为鼓励学弟学妹提高外语水平、培养国际视野，他在法学院设立政和国际化奖学金；2013年，政和科技与法学院共同成立山东大学政和科技法研究中心，他也受聘为法学院研究生合作导师，致力培养科技法方向的专业人才；2014年，在山大113周年校庆日当天，他作为优秀青年校友代表“向母校汇报”，讲述自身奋斗历程、引领青年学子成长；2016年，他被聘为山东大学学生创新创业导师，在政和开展人才培养战略合作项目、建立学生就业实习实践基地……“我能为母校做的其实很有限”，师兄希望更多的校友能贡献自己的时间和能力，为在校学子传授经验、分享智慧、传递力量，而他也会一如既往，帮助更多学弟学妹实现人生价值，共圆就业创业梦。

[**人物名片**]朱涛，山东大学法学院1996级本科生，政和科技股份有限公司创始人、董事长，高级工程师，兼任山东省软件行业协会轮值会长、山东省大数据协会副会长、山东省信息产业协会副理事长、山东省网络社会组织联合会副理事长，山东大学硕士生导师、山东大学政和科技法研究中心主任，先后获评全国“双创”之星、全国电子信息行业优秀企业家、齐鲁创业风云人物、山东省蓝色汇智双百人才、泉城产业领军人才等荣誉称号。

梅强

守护大学精神,彰显教育初心

一、惜母校时光,岁月斑驳廿四载

山东大学洪家楼校区离中心校区并不远,但是把岁月摊在记忆上回溯,这段路却有些斑驳与漫长。20 世纪 90 年代,随着我国对法律事业的愈发重视,社会上掀起了一股法学研究的热潮。也就是在那个当口,梅强由南而北,踏进了山东大学法学院的大门,由此结下了他与山大的不解之缘。

聊起大学往事,梅强评价自己当时是一个"并不专心的杂家",法律并非他的唯一热爱。本科四年间,师兄最大的兴趣爱好便是读书——上大课时除了带着教材,总会捎上一两本专业外的"闲书",自觉坐到教室最后一排,以便在空闲时间有机会"翻一翻"。很多时候,他会趁同学们都去食堂吃晚饭的功夫饿着肚子跑到阅览室,只因为在那个人少的时段更有机会翻阅到最新的期刊。访谈时,我们望着他办公室书柜里哲学、历史学、社会学、经济学、管理学、美学等方面近千本书籍,不免有些惊讶。梅强坦言,自己当时好阅读、广涉猎的习惯一直保持到了现在,这不仅为他开阔视野、增长见识、磨炼文思提供了养料支撑,也成为工作之余为数不多的"减压神器"。

谈到对山大法学最大的感触,师兄认为当属"尊师重道"这一传统的继承与弘扬,不仅老一辈法学家严谨的治学精神和崇高的人格风范得以一直延续,而且前辈对后辈的教诲与栽培也让更多青年学者扛起了学科建设发展的大旗。令梅强印象尤为深刻的,便是 1983 年建系时的首任主任乔伟先生和 1994 年建院时的首任院长徐显明教授之间父子般的师生情谊。时至今日,师兄仍记得 1997 年 9 月 12 日乔伟先生逝世时,他作为帮忙学生参与灵堂布置、书写花圈挽联的场景。他追忆道,当时目睹徐显明教授痛失师长后的那种真情流露，感佩于乔伟先生的高山仰止，从中领悟到一股激荡在两代法学大家心田之间的精神气脉，进一步坚定了自己继续留在母校追寻这种“道统”的信念与决心。时光的年轮划过二十圈，从本科新生辅导员到政策研究室主任，梅强的工作岗位虽几经变化，但他对教育的向往、对思想的追求以及对真理的热爱却从未改变。

梅强（后排右一）与同学们在校园

二、担文字工作，寸积铢累已为乐

见面之前，梅强再三强调自己并不合适接受访谈，因为他是大学同学里少数几个从事与法律不太相关工作的人之一。他调侃道，虽然本科和硕士念的都是法学，但却始终没有“学以致用”，似乎给人以“不务正业”之感。2016 年，梅强由山东大学高等教育研究中心副主任调任党委、校长办公室副主任，分管文秘工作，“与文字打交道”成为他最主要的工作内容，加班也早已是家常便饭。“我的作息很有规律，一般早上 7 点半到学校，争取下午六七点钟下班。”这几年，师兄不仅每天早出晚归，就连节假日和寒暑假也很少休息，遇到重要的文稿任务更是只能在办公室的沙发上凑合几宿。当被问及这样的工作性质和强度是否会产生倦怠感时，他不禁莞尔，表示这便是文字工作者的常态，“日思夜想、欲罢不能，也不失为一种乐趣”。

在文稿创作方面，梅强有一个“酿米酒理论”——写作过程类似于米酒在封瓮后的自然发酵，后期的“化学反应”有赖于前期的材料梳理和信息汇聚。“灵感虽来自偶然，但始于积累”，师兄表示，只有在平日里注重收集相关资料、掌握工作情况，并结合实际“因校制宜”完成转换，才能集中酝酿形成恰当的逻辑框架和话语体系，最终通过着手表达将思路落实落细落地。梅强表示，虽然自己的主要工作并不涉及具体法律事务，但本科和硕士阶段法学思维与法律逻辑的训练让他至今仍受益良多。他体会到，唯有平时多学习、多观察、多思考，方有可能使自己“从现象中看到本质”，在林林总总的平凡中发掘出不平凡的内涵。

除了文稿工作，梅强还承担着政策研究与综合改革任务，既需要潜心思考的“静”，又需要沟通联络的“动”。在师兄看来，只有在学会“务实”的同时也懂得“务虚”，才能在烦琐又严谨的工作中理出头绪，避免手忙脚乱。具体而言，便是在全面充分了解各方信息、踏踏实实做好基础工作的前提下，注重从顶层视角总结提炼规律性的认识，所谓“虚实相生，成之以文”，最终实现理论与实践的有机统一。作为山大人，能够有机会“以文辅政”，为学校推动实现“由大到强”历史性转变、加快建设中国特色世界一流大学贡献自己的一分力量，师兄深感自己十分幸运。最近几年，从学校第十四次党代会报告的起草，到百廿山大强校兴国行动方案的编制，再到实施强院兴校行动意见的出台……学校很多重大政策文稿中，都凝结着他的一份辛劳与汗水。

三、承山大基因，笃志躬行教育事

从职于山大的二十年间，梅强长期承担教学管理服务方面的工作，对高等教育理论有着浓厚兴趣，教育类的书籍也早已成为他的“案头书”。国家教育体制改革领导小组办公室两年的工作锻炼，让他对教育改革发展方向有了整体认识和系统把握；在英国伦敦一年的访问学者经历，让他有机会对国外教育模式进行现场观摩和真切了解。在这个领域“浸淫多年”，师兄坦言教育学的话语体系有其独特之处，就“教育”二字而言，知识的传递谓之“教”，品格的塑造谓之“育”，归根结底便是教书与育人的辩证统一、有机融合。在梅强看来，山大作为一所综合性大学，尽管每个学科各不相同、各有特色，但学校整体的教育底色应当是统一且鲜明的，集中体现于备受赞誉的“文化基因”——家国情怀、崇实品格、担当精神、创新素养。在访谈过程中，师兄提到了德国哲学家雅斯贝尔斯的一句话，“教育的本质意味着：一棵树摇动另一棵树，一朵云推动另一朵云，一个灵魂唤醒另一个灵魂”。他表示，在“为天下储人才，为国家图富强”办学宗旨的指引激励下，经过 119 年办学实践所积淀形成的这种“文化基因”，不仅是对过往万千学子共性的提炼总结，也必将成为开创未来铸就辉煌的动力源泉，生生不息地流淌于一代又一代山大人的精神血脉之中。

梅强(中)与校友寻访队员合影

虽然早已离开法学院,但梅强仍时刻关注学院的发展变化与学生的成长成才,希望能尽一点自己“教育上的绵薄力量”。师兄表示,人才培养质量始终是决定一所学校、一个学科社会评价高低的关键因素,后来担任过山大校长的徐显明先生在其《守护大学精神》一书中所讲的“学生是大学的目的”“教育的本质是引领人的灵魂”亦应成为山大法学学科建设的“核心价值观”。适值山东大学法科教育复办四十周年,师兄期待学院能充分发挥全国卓越法律人才培养双基地的平台作用,将理论基础夯实、实践能力提升与道德品质养成、文化基因注入相结合,悉心培育“达人达己、利国利民”的高素质法治人才。访谈的最后,梅强寄望学弟学妹立足全面推进依法治国、加快建设社会主义法治国家的新时代,把握机遇、乘势而上、奋勇前行,扬母校浩然之气、尽专业报国之力、圆中华复兴之梦,真正成为“养天地正气,担社会公义”的山大法律人。

[**人物名片**] 梅强,山东大学法学院1996级本科生、2004级硕士研究生,现任山东大学政策研究室主任兼党委、校长办公室副主任,兼任山东大学综合改革工作办公室副主任,研究员。曾获山东省高等学校教学管理先进个人、山东省省级教学成果一等奖、国家级教学成果二等奖等荣誉。

耿宝金

检察树正气，雪域育英才

一、知行相促进

辽阔的高原之上，象征着爱与吉祥的格桑花静静地绽放。西藏法治建设走过半个世纪，呈现着团结、稳定、和谐的新局面。“在高原上工作，最稀缺的是氧气，最宝贵的是精神。”尽管已时隔十几年，但回忆起三年援藏经历，耿宝金仍历历在目：“切实为藏族群众解决问题、为检察系统培养人才，这份油然而生的责任感与使命感支撑着我一往无前。”

耿宝金（后排左一）参加研究生论文答辩会

山大求学期间，耿宝金师从行政法专家肖金明老师，研究宪法学与行政法学方向。肖老师虽和蔼可亲，但学术要求严格，他推荐学生阅读大量的论文、论著，还定期组织研讨会，针对具体案例和理论学说展开讨论。在与老师同学的思想交流和观点碰撞中，耿宝金奠定了牢固的法学理论基础，也养成了持续思辨和沟通学习的习惯。不囿于宪行学科，耿宝金在课余时间还认真研读《论法的精神》《正义论》等西方法学理论，并受苏力老师的启发，逐渐重视起中国特色的法学理论和法律智慧，这让他在日后检察官工作中能够敏锐地抓住案件核心，找准问题症结。

1999 年，硕士毕业后的耿宝金进入济南市人民检察院，负责民行检察工作。他面临的第一道难题就是如何在实践中精准把握法律精神，处理具体案件时，根据不同理论提出的解决方案都不甚完美，在多种选择中徘徊犹豫的耿宝金一度陷入“布里丹的驴子”陷阱。在领导和同事的耐心帮助下，耿宝金很快地将所学知识融会贯通，开始明白办案的理论前提是公正的立场、法治的信念、良心的考验；办案的技巧是全面掌握证据、依证据规则确定事实真相、排除合理的怀疑，以达内心之确信，正所谓“用兵之妙，存乎一心”。经过一年多的实践磨炼，耿宝金办理案件愈发得心应手，不仅多次参与重大要案办理，更在工作之余发表多篇文章，获评“山东省检察系统优秀办案人”等称号。

二、雪域入春风

2004 年，国家作出对口援藏工作的重大战略决策，耿宝金意识到“这可能是为数不多的能用所学知识支援边疆的机会”。于是，他狠心离开刚满周岁的儿子，报名参加了援藏工作，并被安排到西藏自治区白朗县人民检察院任副检察长。回忆起援藏的时光，师兄记忆犹新：从成都飞往拉萨的航班上，他目睹了巍峨的雪山、青黄的草地和遍地的牛羊，那一刻，他内心深处涌现出了对这片祖国圣地的无尽向往。初到白朗县人民检察院，耿宝金就自告奋勇办理了一起盗窃案，随后又接手了一起交通肇事案。在撰写公诉书时，他猛然发现周围干警们都在看报聊天、无所事事，询问其为何不工作时，他们纷纷笑道：“因为你已经完成这两个月所有工作了。”原来，白朗县的刑事案件通常每年只有七八件，耿宝金并不知道自己犯了与干警抢工作的“错误”。随着对当地案件发生频率、案情复杂程度、干警办案水平深入了解后，耿宝金意识到当地干警由于缺乏锻炼机会，办案能力普遍不足。“授之以鱼不如授之以渔”，面对当地司法贫瘠的现状，他明白“援藏工作的核心不是办案”，开始将指导当地干警办案、为藏区培养优秀检察官作为首要任务。

师兄介绍，西藏的办案条件十分困难，司法资源严重不足、地域方言差异较大、法检人员缺乏资格……种种因素使得他们在办案过程中举步维艰。令耿宝金印象深刻的是：当时全自治区只有一名公安法医，因无法及时进行伤情鉴定，干警们只能根据人体伤害的书籍自行判断受害人的受伤程度。在一起故意伤害案件中，干警拿着尺子给受伤群众测量伤口长度，并在鉴定书上写下“经测量，两公分，轻伤”的鉴定意见。目睹这种令人瞠目结舌的司法鉴定程序后，师兄更坚定了为西藏培养法律英才的信念，“有了人才，西藏的法治建设就能推进地更快一些”。

三、心系育新禾

“邦之兴，犹得人也。”面对白朗县人民检察院15名检察干警仅有检察长具备检察官资格、白朗县法院9名干警仅有3名同志具备法官资格、全县无一律师的司法贫瘠现状，耿宝金立志为西藏培育更多的司法人才。2005年5月，耿宝金主动请缨到交通不便、通讯不畅的西藏自治区法官学院参与全区的司法考试培训工作。经过大量调研，耿宝金深入了解西藏司法考试通过率不高的原因，缺教材、缺方法、缺激励。于是，他积极联系济南书店邮寄教材、多次向区检院反映培养人才的紧迫性，积极制定奖励政策，推动解决通过司考的学员职务和政治待遇问题，从而提高学员学习的积极性。

耿宝金（左二）与校友寻访队员合影

面对法官学院的学员专业水平参差不齐的现象，耿宝金注重“因材施教”，他利用课余时间与每位学员沟通交流，适时了解他们的学习进度，指导学员制定个性化、科学化的学习方案。一年的时间里，耿宝金与学员们座谈六百余人次，累计讲授各类法律课程近千课时。观察到欧珠永青同学学习方法不当，长此以往很难取得理想成绩，耿宝金主动找机会与她聊天，在潜移默化中灌输科学的学习方法，最终帮助她顺利通过司法考试，成为当年唯一通过司法考试的藏族人。在师兄的指导与帮助下，2006年，西藏自治区检察机关共49人通过司法考试，创下二十余年间的历史新高，为“智力援藏”增添了浓墨重彩的一笔。这一事迹被众多媒体报道，耿宝金也因此被荣记个人二等功一次。如今，他的学员们在西藏各级法检部门中发挥着重要作用，推动着西藏地区的法治化现代化进程。“三载援藏路，一生雪域情”，耿宝金表示，能够为边疆建设奉献绵薄力量，将个人的价值追求融入党和人民的事业中是他最宝贵的人生财富。十年后，偶然的机会师兄再到拉萨的时候，恰好遇到政法机关的干警参加西藏大学“双语”培训。韦安徽任谢通门县检察长、拉琼任亚东县检察长、宋学红任聂拉木县副检察长（后升位自治区检察院公诉处长）、韦凤珍调回广西防城市检察院公诉处长、徐小珍任拉萨市法院刑二庭庭长、欧珠永青成为西藏自治区“十佳”律师……许多当时的学生都走上重要岗位，成为政法战线的栋梁之材。

四、内外齐兼修

2008年，耿宝金结束援藏工作返回济南，担任平阴县人民检察院检察长。平阴县地处济南市西南角，经济落后、交通不便，检察工作基础较为薄弱。“新官上任三把火”，初任检察长的耿宝金兴建检察技术办公楼，改善硬件设施；同时激励检察院全员参加司法考试培训，鼓励干部们创新工作，提高检察队伍的业务能力。“在竞争型社会中，唯有持续学习者方能生存和发展”，耿宝金将建设“学习型检察院”作为工作重点，他牵头建立“玫瑰法学社”，搭建理论研讨平台，营造学习氛围。每季度，他们都会选取三起争议较大的案件作为论辩素材，由检察官自行组队开展模拟法庭论辩赛。师兄表示，“依托丰富实践经验深入开展理论研究，有助于基层检察官在处理复杂案件时及时抓住案件‘命脉’”。

耿宝金极为重视职务犯罪侦查工作，他任期内查办的大案要案数量大幅度提升，对廉政建设形成强大的助力。但他深知，“一盎司预防胜于一磅治疗”，面对职务犯罪关键还在于预防。2008年，他与时任山东省人民检察院副检察长吕涛、山东大学法学院桑本谦教授共同承担最高人民检察院重点科研课题《职务犯罪预防工作机制研究》，研究成果为全国检察机关开展职务犯罪预防工作提供了理论基础。理论指导实践，实践检验真理。耿宝金组织全体干警“两手抓两手都要硬”，一手抓办案，一手抓预防，推动职务犯罪预防关口前移，并在乡镇设立职务犯罪预防办公室，开展全方位的宣传、监督工作。经过四年的努力，平阴县党风明显转变，贪污犯罪数量明显下降。

巍巍青藏高原，皑皑雪山圣土。每当耿宝金遇到难题时，脑海中总会浮现出雪域高原上盛开的格桑花，想起那段艰苦但幸福的岁月，“特别能吃苦、特别能战斗、特别能忍耐、特别能团结、特别能奉献”的“老西藏精神”就又为他注入无穷的动力，让他能直面挑战，继续奋进。

[人物名片] 耿宝金，山东大学法学院1996级硕士研究生，现任济南市人民检察院副局级检察员、三级高级检察官。历任西藏自治区日喀则市白朗县人民检察院副检察长、济南市平阴县人民检察院检察长、济南市人民检察院副督察长兼检务督察办公室主任，曾获评首届“泉城十大优秀中青年法学家”。

贺冰洁

坚守办案一线，踏实履职尽责

一个阳光明媚的冬日午后，一位踏实奋进的优秀校友，一群满怀期待的学弟学妹，一次传递力量的深度访谈。激情难抑、感慨万千，贺冰洁师兄欣然挥笔写下了他的座右铭——“学以致用，笃思慎行”——赠予我们，寥寥数笔字字珠玑，段段往事徐徐展开……

1997年的中秋前夕，山东大学洪家楼校区南墙边的空地上，一群身穿军训服的大一新生正在紧张忙碌着，贺冰洁就是其中一员。原来，这一连三四天，他们都在清理杂草、收拾场地，为即将到来的学院迎新晚会准备舞台。中秋夜，一场自导自演、精心编排的“大联欢”就在这片小树林圆满举行，从陌生到相熟，来自五湖四海的同学们相聚在一起，吃月饼、赏圆月，共同畅想四年的美好生活。

“初入大学，一切都是新鲜且陌生的。”军训结束后，抱着试试看的心态，贺冰洁选择加入院学生会。从纳新开始，他就充分感受到了学院老师的关怀、学长学姐的温暖、部门同学的热情，很快就融入了这个和谐友爱的大家庭。直到今天，师兄仍然肯定“做学生工作是能够快速适应大学新环境的一条捷径”，他乐在其中，也收获良多。三年的时间，从干事一路成长为学生会主席，贺冰洁与很多老师同学都成为挚友，至今仍保持着密切的联系。也许只有当毕业十年后再回母校时，听到许多老师还能一口叫出他名字的那一刻，师兄才真正懂得这段经历是何其珍贵。

同样珍贵的还有大学四年时光中的几个片段，二十年后依旧让师兄记忆犹新。1999年5月的一个普通周六，南斯拉夫大使馆被炸的消息传来，贺冰洁他们并没有激进地进行游行抗议，而是在石巍老师的指导下开展模拟法庭活动。从学院内部的国际法课堂到万众瞩目的科技馆礼堂，师兄用法律人的方式发出了山大人的声音。1999年12月的最后一个夜晚，贺冰洁组织学生会提前购买零食水果、准备游戏节目，带领法学院同学来到中心校区广场，与全校师生一起参与到盛大的篝火晚会之中。那一夜无人入眠，他们用年轻人特有的方式，朝气蓬勃地迎接新世纪的到来。2001 年 6 月，山大迎来了合校后的首届毕业生，“新山大有新气象”，贺冰洁身着学士服站在全校毕业典礼的会场，这不仅是他人生中的第一次，也是百年山大历史上的第一次。作为全校一百位学生代表之一，在展涛校长手中接过学位证书的那一刻，几多记忆几多感慨涌上师兄心头。

贺冰洁(左)代表法学院领奖

毕业也意味着一段旅程新的开始。其实从大二时起，贺冰洁就已经确定了较为清晰的职业定位和人生目标，明确了自己适合什么、想要什么、该做什么，“朝着你选定的这个方向努力，能省很多的劲儿”。师兄的“心之所向”是成为一名检察官，他认为在这个岗位上，不仅可以发挥自身的专业特长，还能实现对法律的综合运用，于是在毕业后进入济南市历下区人民检察院工作。转眼间，职业生涯的第二十个年头已悄然而至，贺冰洁依旧沿着当初设想的方向一路前行，“始终从事自己热爱的事业，我觉得心里很踏实”。

初入检察院，贺冰洁被分配至反贪部门工作，团队化办案模式使他的社交能力和协作意识有了很大的提升。经过三年的磨炼，师兄开始承担公诉工作，获得了独立办案的机会。“公诉部门是检察机关的窗口，公诉人的水平直接影响案件的成败、检察机关的声誉。”为了早日成为一名优秀的公诉人，贺冰洁珍惜把握一切学习机会、积极参加各类业务培训，很快就熟练掌握了提审讯问、文书制作、出庭公诉、法律监督等基本业务技能，不仅迅速成长为检察院公诉科的办案主力、业务骨干，更是在2010年获得了山东省十佳公诉人的殊荣。“评价一个公诉人业务水平的高低，关键是看说和写的能力。”见微知著，从沟通表达到辩论说理，从文书起草到公文写作，师兄认为语言和文字在各行各业都是“基本功”，注重在校期间的点滴积累才能在日后工作中更加游刃有余。

勤学思辨，达观求实。身为一名人民检察官，贺冰洁始终践行着“忠诚、公正、清廉、严明”的职业道德，努力把经手的每一起案件都办成铁案，啃下了多个“硬骨头”。2006年，他带领团队完成了济南市公安局打黑支队成立后侦破的首起涉黑案件的审查起诉工作，10余名被告人、6个涉嫌罪名、30余起违法犯罪事实、公安部挂牌督办……面对如此疑难复杂的案件，师兄迎难而上，先后提审被告24次，准备庭审预案110页，指控的“组织领导黑社会性质组织罪”这一罪名最终得到了法院的认定。十四年后，扫黑除恶专项斗争迎来收官之年，通过“打伞破网”“打财断血”，黑恶势力的滋生土壤被彻底铲除，社会治安得到综合治理，师兄感慨“这离不开每一位司法工作者的共同奋斗”。

担任公诉人的十四年间，贺冰洁共审查起诉各类刑事案件600余起，起诉案件有罪判决率达100%。办理的诸多案件中，首都机场集团公司原董事长李培英巨额贪贿案给他留下了深刻的印象。作为公诉团队的一员，师兄主要负责贪污犯罪部分的审查起诉，先后破解了贪污与挪用公款竞合、贪污行为认定等争议问题，系统学习了证券、理财等方面的全新知识，最终起诉指控的全部犯罪事实均被法院认定。时隔多年，撇下出生不满两个月的孩子，先后七次赴北京提审、汇报、补充证据的场景贺冰洁仍历历在目。有机会参与案件从移送审查起诉到监督死刑执行的全过程，师兄颇受触动，也进一步坚定了投身反贪反渎与预防腐败事业的决心。

在国家监察体制改革的背景下，2018年初，贺冰洁转隶为一名纪委监委干部，继续活跃在以办案为主线、以监督为重心的反腐第一线。从检察老兵到纪检新人，贺冰洁“不枉不纵”的办案思想却从未改变——坚持实事求是，严格依法办案，追求政治效果、法律效果和社会效果的三统一。十八大以来，由“不敢腐”转向“不能腐”“不想腐”，反腐败斗争的压倒性态势已然形成。师兄介绍，过去以办案数量论英雄的时代已不复存在，维护好历下区这个“全省首善之区”风清气正的政治生态环境是他们纪检监察机关下一个阶段的努力目标。

在贺冰洁看来，行走在法治建设与司法为民的路上，努力提升人民群众的法治获得感、幸福感、安全感，让老百姓真切感受到公平正义就在身边，是他身为一名法律人不可推卸的责任。作为检察系统二十余年来唯一一位“泉城十大杰出青年”的获得者，师兄坦言这一荣誉不仅是对自己政治业务素质能力的一种认可，更是对所有办案一线同事默默付出的一次致敬。来路且长，贺冰洁希望能继续坚守“正义要以人们看得见的方式实现”这一法治心愿，怀司法为民之心、担监督执纪之责，于执法办案中诠释公平正义，在平凡工作里绽放法治风采。

贺冰洁(右三)与校友寻访队员合影

［**人物名片**］贺冰洁，山东大学法学院1997级本科生，现任济南市历下区纪委常委、监委委员，曾任济南市历下区人民检察院反贪局副局长、公诉科科长。先后荣获山东省第四届“十佳公诉人”、首届“山东省优秀检察官”、第十九届“泉城十大杰出青年”、济南市“纪检监察系统先进个人”等荣誉称号。

李川

为人为学以至诚，务事务责当尽心

一、漫漫求学路，十载春秋铭师恩

紫金山下，玄武湖畔。2020 年是李川在东南大学从事法学教育的第十四个年头，校园里笔直宽阔的主干道和道旁的高大树木，时时让他回想起同样是古树参天、环境优美的山东大学洪家楼校区。置身这样一座地处闹市而取静、历经沧桑而弥新的校园中，师兄十年求学生涯倏忽而过。循着记忆之线追溯，最令李川难以忘怀和深感幸运的，便是感念师恩，正是在诸多良师益友的指导帮助之下，他能够迈入法学殿堂的大门。法学院精彩的课程为他培养了思辨能力和法学兴趣，为其在法学领域不断深耕提供了动力和支撑。从法理学宪法学课堂的法治与人权理念的学习，到法律史讨论中以刑去刑的深入理解，到各个部门法精妙复杂的理论与实践的运用，法学院老师认真细致全面的教学不仅培养了他丰富的法学知识，更奠定了他深入研究法学的稳定基础。

从兴趣中来，往学术中去。从硕士到博士阶段，他最终选择了刑法学作为研究领域。师兄回忆说当年山大法学院法理学与刑法学等部门法学交叉复合研究的特色对其科研学习影响很大，也让他在研究旨趣与研究方法上受益匪浅，最终使得他能够选择刑罚基础理论这样兼具法哲学与刑法学原理研究的命题作为研究方向。虽然并非热门的研究领域，但师兄坚持将这一博士期间的研究命题一直作为自己的重点研究领域之一持续到今天，并与社区矫正、刑罚执行等现实问题相结合，形成了自己在刑罚领域的独特学术成果。“学术研究是需要长期专注、对抗外界纷扰的工作”，而尤为抽象艰深的理论研究更需要敢坐十年冷板凳的毅力和勇气。李川表示，山东大学

青年时期的李川

许多老师终身奉献学术的热忱深深地触动着他，使他抛却快速量产的急功近利，坚持长期深入研究基本理论问题形成持续成果。毕业后，师兄选择继续投身教育深钻学术，成为东南大学的一名刑法学教师。

二、润物细无声，亦师亦友薪火传

从齐鲁大地去往江南水乡从事法学教育，在李川眼中，学生到教师的角色转换可谓是水到渠成。十余年的教学积淀下，师兄在教书育人上形成了自己的独到见地。“法律的理念和信仰是不可或缺的宝贵一课”，日常教学中，李川将坚守法律、维护正义的理念融入课堂，从许霆案到聂树斌案，他通过一堂堂生动的课程带领学生感受刑法的魅力。“因材施教是最好的教学方法”，对于初次接触理论研究的硕士，师兄会组织读书会帮助他们打开视野、形成研究思路；对于确定专攻方向的博士，他会更为侧重于课题研究、学术讲座等专业化的培养。以教书育人为己任，以立德树人为根本，于三尺讲台之上，李川生动地诠释着法学教育者的责任和使命。

“突破传统的灌输型教学，知识要活学活用。”在传道授业之余，师兄鼓励学生走出课堂，通过实践实现学以致用。2017 年，在指导学生开展未成年人网络权益软性保护路径研究的过程中，团队受制于平衡软性保护同法律监管等硬性保护之间关系的困境而止步不前。李川条分缕析地帮助学生挖掘了现实问题背后的实质——法律尚难周全地防止未成年人权益被侵害，进而指导团队结合法律规定与道德规则的关系理论提出项目下一步的研究方向——借助行业、社会、政府的三位一体规范力量。经过师兄对调研内容、答辩文本的精心打磨，该项目于 2019 年斩获“挑战杯”竞赛全国特等奖，沉甸甸的奖杯承载了学生们“知识落地”的重要成果，也为师兄日后“未成年人网络空间权益保护机制研究”课题奠定了实践基础。

李川不仅是一位因材施教、寓教于“行”的师者，更是学生眼中真诚而又热心的“川哥”。学生时期从众多老师身上感受到的那份亲和力，师兄又加倍回馈给自己的学生，“真诚是师生相处的唯一诀窍”。帮忙联系实习、指导论文修改、推荐出国交流，李川从不敷衍推托，总是尽自己最大的努力提供帮助，用真心对待每一个学生。“春风化雨，润物无声”，师兄在课堂内外的点点滴滴收获了同学们的认可，被评选为东南大学十大“我最喜爱的研究生导师”之一。十余年如一日，李川始终秉持着纯粹赤诚的法学教育初心，传递法治精神、守望教育净土。

三、经世以致用，心系社会身躬耕

作为一名青年学者，李川在兼顾教学的同时，也不断沉淀自我、深耕学术，在刑事司法领域取得了卓越的科研成果。“在我的学术生涯中，心系社会、经世致用的理念一以贯之。”在研究调研之中，师兄接触到了一些从监狱回归社会的轻刑犯，一旦他们被打上犯人的标签，便很难真正回归社会，同时轻型犯也存在一定的“交叉感染”风险，以至于主观恶性增强甚至二次入狱，而化解这些难题的社区矫正由此在犯罪矫正中意义重大。“理论研究的最大价值便是反哺于实践”，李川意识到了社区矫正制度的价值，通过对江苏省损害修复社区矫正模式的不断深挖，提出了修复、矫治、分控的社区矫正三重机能论，损害修复的理论实践成果作为“江苏智慧”被上报给司法部推广。2020 年 7 月开始生效的《社区矫正法》中提到的修复社会关系，也与损害修复理论有着异曲同工之妙，使师兄更为坚信社区矫正领域有广阔的研究前景。

李川（左二）与校友寻访队员合影

在对未成年人犯罪进行研究的过程中，李川也注意到新时代未成年人犯罪的新的成因特点，并且呈现出低龄化、暴力化等需要特别关注的新问题，出于对未来一代的使命感，他又将目光聚焦到青少年犯这类特殊的犯罪主体。师兄曾前往未成年人犯罪率较高的某乡村调研，在交谈中他发现极端例子中，留守儿童的爷爷奶奶对孩子的去向往往一问三不知，甚至造成部分儿童失学进入城市流浪的问题。这使他对未成年人犯罪预防有了更深刻的理解，也意识到改变这种恶性循环、制止悲剧继续发生的现实紧迫性。因此，李川提出福利保护和责任追究的观护责任理论，并全程参与《江苏省预防未成年人犯罪条例》立法，希望在实证调研的基础上制定出重点突出、科学有效的法律文件，最大程度提高预防未成年人犯罪工作的效率和效益。

近年来，师兄近年来还积极进行网络信息法学相关的研究。他关注到网络智能时代个人信息安全事件高发的态势，以个人信息的法律规制为切入点，他获得国家社科基金项目“网络智能时代个人信息泛在泄露与刑法有效保护”等国家和省部级课题数项，并发表了一系列论文成果，提出了个人信息法律保护应该实现从规制转移向规制应用的转型等成果建议。2019 年 9 月，师兄获得了第五届江苏省优秀青年法学家称号，“脚踏中国大地，仰望法治天空”是对他学术之路的凝练注解。坚守在法学教育和学术研究的第一线，立足于中国的现实问题，从实践中深化理论研究，在全面推进依法治国的道路上，李川将不断奋进、砥砺前行。

[人物名片] 李川，山东大学法学院 1997 级本科生、2001 级硕士研究生、2004 级博士研究生，现任东南大学法学院教授、博士生导师。兼任江苏省刑事诉讼法学会副会长、江苏省青少年工作研究基地主任、江苏省社区矫正损害修复研究基地执行主任，江苏省人大常委会决策咨询专家。入选江苏省青蓝工程中青年学科带头人，江苏省第五届优秀青年法学家(十佳)。

刘奇耀

大学从教，以生为本，与法同行

一、山大母校，既是走不出的背景，也是人生最好的选择

突如其来的疫情困住了无数人出行的脚步，校友寻访活动却并未因此而延期，通过腾讯会议视频平台，我们进行了一场特别的“面对面访谈”。虽然隔着屏幕，但刘奇耀师兄对学妹成长的关心让我们一下子拉近了距离，访谈也始于他对母校和学院的感恩与怀念。

刘奇耀(右)与展涛校长合影

刘奇耀是浙江舟山人，从南方不远千里到山大法学院读书，选择了一个完全陌生的城市和缺乏认知的专业，他认为这是一件很“奇妙”的事情，“大抵是中国文化中同时包含偶然性和必然性的缘分”。回想起大学期间的人和事，师兄坦言，“人文精神不是说教，而是学习生活中的点滴”。校园里经常可见展涛校长的身影和一个招呼；梁桂莲书记一句“精神面貌好”激励学习和成长；辅导员王苗雨老师带着我们四年成长，她的微笑温暖人心；与刘钊老师激扬文字碰撞思想，亦师亦友，受益他的指引；在洪家楼老楼五十岚清图书馆旁听硕士论文答辩，惊叹于赵雪纲师兄的滔滔雄辩；与博学谦逊热情真诚始终如一的梅强师兄相识相交20余年，向他学习做人做事的道理；与计算机专业的宗子良搭档校学生会，文理科思维相互影响，和而不同好友情谊深厚；一年内在法学院聆听的百余场学术报告，虽懵懂，但学术气氛就是最初的思想启蒙；老师们推荐书籍、交流思想的“侃大山”，知识忘了，那点思想火光还在；“恰同学少年”中国青年论坛、科学畅想曲、小树林文化论坛、世纪风讲座留下了深刻印象；在全校毕业典礼上是法学院学妹发言首次表达对工勤人员的感恩；研究生支教“用一年不到的时间，做一生有意义的事情”的经历……一段段往事见证青春岁月、编织山大记忆，刘奇耀表示，“无论往哪里走，母校都是永远走不出的背景，也是人生最好的选择”。

毕业时，怀着一份留恋与热爱，师兄选择继续留在高校工作。对此，他坦言师恩难忘，“老师们当年不经意间的举手之劳或主动帮助让我铭记在心、受益终身，也希望自己能够成为一名合格的教育工作者”。在山东财经大学从教至今已经15个年头，刘奇耀认为，人才培养是大学的使命和核心，而培育良好学风则是实现这一目标的关键。“如今作为教师，我更能感受到母校从上到下发自内心对学生的热爱，耐心耐烦的教育管理、教书育人、指导服务，让学生们真切感受到来自学校领导老师发自肺腑的感情，字里行间洋溢着对每一个山大毕业生的自豪，不是传统标准的优秀不优秀、出色不出色，而是平等对待的‘每一个’”，师兄如是说。

二、与法学相识，于二十载学习工作中寻找法科坐标

谈到结缘法学，刘奇耀表示，虽然对文学、新闻等学科更感兴趣，但自己对这一选择并不后悔，专业学习也影响了他的职业选择和人生轨迹。“法律与社会政经变迁相因应，站在法律内部，我们看到了规范结构，而同时法之理在法外，需要把握事物内在机理和发展规律。”师兄坦言，从法学殿堂走出去，懂得良知、荣誉和责任，无论工作如何变化，“以人为本，与法同行”的理

念他将永远秉承。

一路走来，刘奇耀最为感恩的还是从本科到博士给予他传道授业解惑的老师们，特别是来自硕士和博士导师肖金明教授的谆谆教诲。肖老师时任法学院常务副院长，虽工作繁忙但不曾放松对师兄的“苛刻”要求，在“搓揉”他学生干部浮躁之气的同时督促他“沉下心来学习与思考”。于是，刘奇耀把主要精力放在了学业上，担任了导师的学术秘书，组织和参加各类学术会议、研究课题、读书研讨活动，主编《宪政手稿》、参与创建“公法天地”网站……在肖老师“学习＋研究”培养模式下，师兄得到了多方面的学术训练，硕士阶段就形成了数项学术成果，成为山大首个提前毕业的硕士研究生。

刘奇耀（右）与肖金明教授合影

工作后，刘奇耀始终坚守自己作为一名大学教师、教育工作者的定位，在承担繁重行政管理工作的同时，坚持每年给本科生和研究生讲授专业核心课程，还时常发挥自身优势给新生开展讲座。一有时间，他就带着学生到山大听专题讲座和学术会议，久而久之，部分学生考取了母校法学院的研究生，师兄笑称他成功把“学生”变成了“学弟学妹”。多年来，刘奇耀推动学生多读书、多听讲座、多参加论坛，指导学生获得省级优秀学士学位论文、“挑战杯”“创青春”全国金奖，带领学生成立全国首家大学生宪法研究会、开展相关地方立法综合调研。如今作为一名硕士生导师，师兄希望自己不仅能把握财经高校法学发展规律，注重经管法融合进而推动新文科建设；还能积极引导学生在人类知识体系中找到法学坐标，真正把握这一学科的地位和功能。

三、热爱团学工作，从理论与实践双重视角推动团学改革创新

当被问及团学工作的经历时，刘奇耀笑称自己是一个“团学老兵”。在学院先后担任过团支书、学生会主席、团委副书记、学生法律援助中心主任；在学校担任过合校后新山大的首任校学生会主席以及全国学联副主席、山东省青联常委、山东省学联主席；工作后担任过山东财经大学校团委副书记、书记。从事团学工作二十余载，刘奇耀始终热爱这项工作，并从理论与实践的双重视角去观察、反思和推动团学改革创新。学生时代担任校学生会主席时，师兄坦言自己“没有变成老油条”，利用合校契机引领良好风气，做了许多促进学校融合的工作。担任校团委书记后，他从“科层体制理论”“结构功能主义”“青年成长研究”等理论切入，对团学组织体系和学生干部教育进行了系统化的革新。刘奇耀表示，学生组织是非权力运行方式，不是行政等级体系，应围绕“学生之家、师生桥梁、干部学校”进行自我教育、自我管理、自我服务和自我监督。“组织结构、功能职能、成员关系、活动载体、平台手段，都应该围绕这个展开”，在师兄的教育和引导下，学生干部“官僚气”现象也在体制机制层面得到了很好的改善。

“育人”是刘奇耀团学工作的关键词。他认为团学组织应围绕“凝聚引领青年思想、展示青年学子风采、传承建设大学文化、创新工作方式手段”发挥立德树人的独特作用。具体而言，师兄一方面开展“读书向学，建设书香校园”和“全员强体，阳光运动”两项全员性活动，另一方面建立以“挑战杯”和“创青春”为龙头、依托专业学科优势多元化的学生创新竞赛体系，引导学生养成自主学习习惯、提高创新实践能力、真正成长成人成才。此外，自2015年起，刘奇耀在省政府研究室的支持下，推动建立社会实践进千村、千社区、千企业的“三千计划”，实现全员覆盖、专业挂钩，着力打造“三全育人”实践品牌。当然，面对90后、00后，师兄也坚持从社会学角度与时俱进，把握不同年代学生“从目的和意义出发行动”到“从行动中寻找目的和意义”的变化和差异，创新思想工作的方式手段，在学生中流传了很多“斗智斗勇”的故事。

四、开放发展，让校友成为母校和学院发展不可缺少的力量

刘奇耀现在负责山东财经大学的国内合作和校友工作，他认为，前者重在筹集社会资源助力学校办学，以服务学校发展为先；后者重在搭建校友平

台，以服务校友发展为先。“校友与母校是情感共同体、荣誉共同体，也是发展共同体”，师兄表示，只有让校友感受到母校的温度，从母校继续汲取大学的涵养，才能鼓励校友用多种方式关心母校、关注母校、助力母校。谈到法科教育复办四十周年，刘奇耀说“这是一个很好的契机”，既是对过去法学教育的回顾和总结，也是面向未来更好发展的起点。他希望通过此次活动展现更多法科学子的风采，形成长效互动机制，鼓励校友用多种方式、多种资源助力学院发展，更希望学院能培养越来越多的法律人才，为法治中国贡献力量。

访谈的最后，刘奇耀表示任何一所大学总是在不断反思、改革和创新中前进的，在历史的长河中总会有起起伏伏，母校和校友们应当保持一种“任凭风吹浪打，胜似闲庭信步”的笃定和自信。作为中国近代起源性大学，山大有“为天下储人才，为国家图富强”的办学宗旨所体现的天下胸怀，有“厚重似鲁韵之魂，潇洒有齐风之勇”的中国思想文化厚植，有“学无止境，气有浩然”校训和“崇实求新”校风的薪火相传。师兄坚定地表示，历经 120 年的历史积淀和人文荟萃，山大人是勤奋、稳重、低调、求实、踏实和朴实的，这不是“不灵透”“迂腐保守”，而是时间久了才能慢慢散发品质。“这种百年历史、精神文化、校风学风弥足珍贵，这是我们的精神文化和软实力，需要格外珍视”，刘奇耀师兄希望全体山大人能够坚守这种传统，立足齐鲁、面向世界，让这种精神文脉、师道尊严在开放视野机制中守正创新，使母校由大变强，从历史到当下再到未来，在这个时间轴中笃定、自信和奋斗。

[人物名片] 刘奇耀，山东大学法学院 1998 级本科生、2003 级硕士研究生、2008 级博士研究生，现任山东财经大学合作发展处处长、校友工作办公室主任，负责学校理事会、校友总会、教育基金会秘书处工作，兼任山东财经大学法治中国研究中心主任，曾任校团委书记。学生阶段曾参加团中央中国青年志愿者扶贫接力计划研究生支教团，赴山西省灵丘县上寨中学支教，任山东大学第四届研究生支教团团长、党支部书记，上寨中学副校长。

王燕萍

向阳生长，熠熠检徽闪光芒

一、山大求学扎深根

“萍”水相逢，却让失足少年看到了承诺的无价；“燕”语呢喃，终让人们感受到的是使命的倔强。这是王燕萍获评泉城巾帼建功十佳检察官时的致敬词，更是对她日常检察工作的真实写照。少了一分庭审辩论中的唇枪舌剑，多了一分普法课堂上的循循善诱，坐在历下区人民检察院会议室里，师姐细数她二十二年间“与法同行，向阳生长”的点滴往事。

王燕萍(左一)与同学们在校园

打开记忆的匣子，王燕萍的故事始于那时的青春年少。“最想念的还是法学院门前的那片玉兰树”：清晨有勤奋好学的琅琅读书声，傍晚有法学观点的喋喋讨论声，劳动周有学子拿着锄头刨土的身影，节日前有才子排练准备会演的舞姿……在山大的日子里，师姐尽情享受着母校提供的广阔舞台，“肆意”地绽放着自己的青春风采。当然，作为班级文艺委员，王燕萍印象最深的还是多姿多彩的文艺活动。任职期间，她积极组织排练迎新晚会节目，让来自五湖四海的同学们快速“破冰”、融入集体；她主动策划第一届愚人节晚会，让师生们在令人捧腹的猜物整蛊、随心所欲的现场发型设计、搞怪扮丑的反串模特秀中畅享快乐、增进情谊。

不仅是精彩纷呈的课余生活，四年的专业学习也让师姐收获颇丰。在王燕萍的相册里，至今仍保存着大二刑事侦查课上拍摄的洪家楼教堂。在这门颇具特色的法学实践课上，师生一同外出用胶片相机拍照、进暗房冲洗影片，在光影世界中寻找蛛丝马迹、探究细枝末节。同时，学院邀请业界大咖带来的一场场法学视听盛宴使师姐学会了独立思考，一点一滴积攒起来的法学知识成为她日后工作中的宝贵财富。在王燕萍心中，法学院就像是一位儒雅大家，永远安静淡然地伫立在那里，“纵有万人敬仰，心中依然坚定方向”，它助推着山大法科学子怀揣知识与梦想拥抱大千世界，也启迪着他们牢记“公平正义是法律永恒的价值追求”。

二、控申工作吐新芽

本科毕业后，王燕萍进入济南市历下区人民检察院控告申诉科工作。“群众到控申窗口时大都带着委屈和怨气，难免情绪激动、言辞激烈”，师姐表示，控申检察人首先应当学会换位思考，只有先耐心专注地倾听群众心声、取得群众信任，才能进一步帮助他们厘清问题关键、提供解决方案。“我们的职业成就感来自群众的理解与认同”，三年的时间里，王燕萍共接待来访群众百余人次、受理各种形式的举报近百件，渐渐探索形成了热心、诚心、耐心、细心的“四心”工作法，架起了检察机关与人民群众之间的“连心桥”。

在接待群众来访的同时，师姐还参与起草了《历下区人民检察院公开答询制度》，并在全省率先使用该制度处理了一起涉嫌强奸罪的不予立案监督案件。在答询过程中，王燕萍向当事人详细阐述了相关法律规定和申诉不能成立的法律依据，帮助其真正理解了“公民眼中的法”与“法律条文中的法”之间的差别，给这起长达多年的涉访涉诉案件画上了圆满的句号。师姐坦言，通过释法说理解开群众心里的“疙瘩”，是处理涉法信访案件、解决缠诉缠访问题的治本之策。

走下控申窗口，踏上辩论舞台。2005 年，王燕萍代表单位参加了首届山东省检察机关选调生辩论赛。“虽然大学期间曾无数次想象，但这是我第一次真正站在辩论场上”，带着“初生牛犊不怕虎”的勇气，师姐从零开始，利用晚上和周末的时间查阅资料、归纳论点、模拟辩论。经过几个月通宵达旦的努力，王燕萍最终凭着掷地有声的开篇立论、你来我往的自由辩论、慷慨激昂的总结陈词斩获“优秀辩手”。“辩论最大的魅力绝不是对错与胜负，而是短时间内思维碰撞所迸发出的智慧火花”，师姐坦言，这段辩论经历不仅磨炼了她自信从容的气场，更加深了她对法律实务工作的理解，为她成长为一名优秀公诉人打下了坚实的基础。

三、公诉业务开繁花

2006 年初，王燕萍被调整至公诉部门工作。与辩论赛上的“临阵磨枪”不同，公诉人想要在法庭上游刃有余地处理各种突发情况，不仅应当庭审经验丰富、表达能力出色，还需要理论功底扎实、考虑问题周密。“台上三分钟，台下十年功”，从司法礼仪到表达技巧再到公诉理念，师姐在工作中学习、在实战中成长，很快就成为能独当一面的业务骨干。2007 年，随着在办案中遇到的“梗阻”逐渐增多，王燕萍重返母校攻读硕士学位，针对具体问题深钻细研，系统提升自己的专业水准。“持续学习使我能更有底气地站在法庭上”，十余年间，师姐先后办理了一系列有重大影响的国家工作人员贪贿案件，处理了与百姓餐桌安全密切相关的地沟油案、毒多宝鱼案等热点案件，均取得了良好的法律效果和社会效果。

“检察官只有比其他法律职业者更细致、更专业，才能更好地履行法律监督职能。”在田某某等三人非法拘禁致人死亡案件中，师姐反复审查案卷材料、细致串联证据链条、敏锐捕捉案件要点，准备了长达数十页、近万字的庭审预案。开庭时，面对多名被告人的当庭翻供和律师夸张的无罪辩护，王燕萍沉着冷静应对，对犯罪事实进行有力指控，将案件抽茧剥丝式地呈现在法官面前，最终合议庭采纳了她所指控的罪名和量刑建议，三名被告人被依法判处十年以上有期徒刑。凭着孜孜不倦的态度和锲而不舍的努力，师姐在不断提出问题、解决问题的过程中锤炼过硬本领，也总结形成了自己的办案秘诀。“审查案件时，需要细心探寻证据材料中的蛛丝马迹，因为每一个细节都可能牵涉到罪与非罪、此罪与彼罪。”经过 700 余件各类刑事案件的“萃取”，王燕萍养成了客观、理性与思辨的思维方式，树立了不偏不倚、不枉不纵的法治理念，并在山东省第三届公诉人大赛中获评“十佳公诉人”。

王燕萍(左二)与校友寻访队员合影

四、温度检察结硕果

“如果说孩子是祖国的花朵、阳光下的露珠，那我们就是那棵呵护他们、守卫他们的大树。”作为未成年人检察部主任，师姐表示，与普通刑事案件不同，未成年犯罪嫌疑人的心理尚不成熟，如何纠正其错误心理和错误认识是他们办案中要考虑的首要问题。在办理某中学生涉嫌抢劫罪案时，王燕萍在多次社会调查中得知孩子平时性格开朗、乐于助人，但因从小失去母亲缺乏安全感而特别崇拜江湖义气，所以跟随其他嫌疑人参与抢劫但并未实施殴打行为。综合考虑后，检察机关依法作出附条件不起诉决定。当师姐在回访时得知孩子开始珍惜与家人的相处时光和返校学习的宝贵机会后，她动情地表示：“把一个未成年人从犯罪的泥潭里拉出来，不仅拯救了孩子的人生，更使一个家庭从阴霾走向阳光。”从事未检工作以来，王燕萍以温情暖化了上百位踏上歧途的未成年犯罪嫌疑人，以实际行动诠释了“刑法不一定是刀光剑影，它也可以柔情万丈”。

“治已病，不如防未病”，王燕萍还别具匠心地在预防青少年犯罪方面“做文章”。每周五下午，检察官们都会到中小学开展法治进校园活动，通过还原案发现场、举办模拟法庭等形式让孩子们身临其境地感知法律的存在，在角色体验中形成对法律职业的初步认知。“法治理念的‘灌输’是在潜移默化中完成的。”在播放《黑猫警长》动画片时，师姐会引导孩子们思考小兔子的话是证人证言还是犯罪嫌疑人供述；在讲述狼和七只小羊的寓言故事时，她会启发孩子们“坏人不管说什么都是坏人，要学会保护自己”……通过喜闻乐见的方式进行普法教育，让青少年认识到犯罪的危害、刑罚的严酷，王燕萍在将犯罪预防关口前移的过程中收获着别样的满足感与成就感。今后，师姐希望能通过寓教于乐的方式在更多青少年心中种下法律的种子，点亮法治教育的“星星之火”，守护着孩子们健康茁壮地向阳生长。

[**人物名片**] 王燕萍，山东大学法学院1998级本科生、2007级硕士研究生，现任济南市历下区人民检察院第三检察部主任。先后获评山东省首届检察机关选调生辩论赛“优秀辩手”、山东省第三届“十佳公诉人”、泉城巾帼建功十佳女检察官、山东省检察机关先进个人等荣誉称号，荣立个人二等功一次。

李 侠

领航千慧发展，守望知产春天

一、圆知产梦：不忘初心，方得始终

2001 年 4 月 26 日，首个世界知识产权日庆祝活动在全球各地同步举行，“今天创造未来”的主题给李侠留下了深刻的印象。同样是那一年，她结束了自己在山大法学院三年的研究生学习生涯，也迎来了由济南市商标事务所到山东千慧商标事务所的脱钩改制。二十年如白驹过隙，在第 20 个世界知识产权日前夕，我们来到千慧知识产权集团，聆听师姐讲述千慧成长故事、畅谈行业发展未来。

李侠（左二）与校友寻访队员合影

与知识产权结缘，源自李侠1996年一个“勇敢的决定”。师姐坦言，那时任职于济南市工商局的她，有着稳定体面的工作和较高的社会地位，当大家得知她主动进入济南市商标事务所——一家不足十人的单位时，都对这个“砸掉铁饭碗”的疯狂举动感到难以置信。李侠回忆，自己“跨出来”的决心是坚定的，“能从事一份既感兴趣、又有价值的事业，我的心里很踏实”。将知识产权确立为自己未来的职业方向后，她希望能进一步开阔视野、提升层次，于1998年考入山东大学法学院读研深造。三年间，师姐不仅在导师郭庆存教授的指导下系统掌握了知识产权方面的专业知识和前沿理论，更是在与老师、同学的交流中练就了深度思考问题和准确把握事物本质的能力，她表示“这段经历为我今后深入知产行业打下了坚实基础”。

2003年，山东千慧商标事务所正式完成转企改制，李侠出任山东千慧商标事务所有限公司董事长。“随着我国商标代理业务逐步放开，坐在大厅里等着企业排队办业务的情况已不复存在。”卖方市场变成了买方市场，“如何生存下去”是师姐要解决的头等难题。李侠介绍，那时我国知识产权制度还处在起步阶段，整个市场的知识产权保护意识都十分薄弱，企业对这种看不到的无形资产普遍不以为意。“只有先教育市场，才能逐步拓展业务”，千慧人从零开始，站在客户角度不厌其烦地介绍知识产权对企业发展和市场竞争的重要意义。那一年，师姐的足迹遍布全省各地，全年无休地跑市场、见客户、写案子……在她和团队的努力下，千慧当年的业务代理量就跃居全省第一，并一直保持至今。

二十年间，李侠始终深耕于知识产权法律服务领域，对知识产权保护、使用、管理等方面进行了深入研究。凭着扎实的专业功底和丰富的实战经验，她已然走在了整个行业的最前列，并带领千慧一步步成长为国内领先的一体化知识产权服务专业集团。“不忘初心，方得始终”，师姐表示，他们将继续坚定践行“利他、专业、诚信、奋斗、价值”的企业文化，为国内外客户提供高附加值、高质量、全方位、定制化的知识产权服务。

二、闯知产潮：顺势而为，乘势而上

作为一家专业知识产权代理咨询机构，千慧始终坚持以“站在客户角度、维护客户利益、解决客户问题”为最高准则，服务各类企事业单位数十万家，培育了一批又一批知名品牌。“我们与客户是你中有我、我中有你的关系。”访谈中，李侠为我们讲述了千慧与九阳二十余年来共同成长的故事。“因专利而生，因高价值专利而兴”，从第一个国内商标的注册代理到如今企业知识产权的全球战略布局，师姐都亲身经历。她坚定地认为，九阳集团每一个阶段的发展跃迁，都源自他们对市场需求变化的高度敏感、对技术发展趋势的前瞻把握，更离不开集团管理团队对知识产权的超前意识和先进理念。“毫不夸张地讲，知识产权有时可以决定一个企业的成败。”李侠坦言，以技术创新为内核、以品牌价值为外延，知识产权已经成为企业竞争的核心武器，只有筑牢知识产权保护的铜墙铁壁，企业才能在市场经济的大潮中乘风破浪。

在为客户提供品牌保护和专利服务、帮助其完善知识产权管理体系的同时，师姐也在不断学习他们企业管理的先进经验和市场拓展的成熟做法，积极推动千慧集团快速稳定发展。“客户对服务品质的高标准与严要求，也在倒逼着我们着力提升专业能力和业务水平。”从率先推行“一对一顾问式服务模式”到行业内首倡“管家式顾问服务”，从被评为同行业首家“省著名商标”企业到被授予中华商标协会副会长单位……在李侠的带领下，千慧始终紧紧围绕知识产权延伸服务链，用优质服务提供超值体验，得到了客户与同行的一致好评。

从业二十四载，师姐见证了知识产权行业的发展变迁。她表示，从一个小众、不为人知的“小行业”演变为主流、广受关注的“大产业”，知识产权已经迎来了市场竞争有序、行业准入规范的春天。这些年，政府从对知识产权的重视不足、引导不够到坚定不移实施知识产权战略、推动相关法律法规修改完善，企业从对国外“知识产权壁垒”的无所适从、无力抵抗到凭借自主研发的核心技术逐步占领国际市场，民众从对盗版书籍、软件使用的习以为常到主动为互联网知识产品付费买单，种种变化无不彰显着知识产权保护的“全民共识”。2019 年，国家出台《关于强化知识产权保护的意见》等纲领性文件，山东实施“春笋行动”大力培育知识产权创新型企业，“我们正处在知识产权发展的黄金时代”。李侠激动地表示，她将进一步发挥知识产权在保护创新发展、助力产业升级方面“助燃剂”的作用，采取“雁阵战略”升维布局、降维建设，推动更多“中国智造”健步走向世界。

三、育知产人：人尽其才，百事俱举

“知识产权的下一个十年，将是群雄并起的十年。”在新的时代背景下，李侠提出了战略转型、抢占先机的二次创业目标，明确了千慧为精准客户提供高价值知识产权全产业链服务的定位。一方面，他们将业务重心由传统的专利撰写、商标代理升级为知识产权整体方案设计、品牌战略规划，服务高端客户定制化需求的能力显著增强；另一方面，他们与全球100多个国家建立专业合作关系，马德里国际商标注册业务稳居全国前十。不过，对于一家知识产权咨询机构而言，从事高端业务的核心是拥有一批高层次的专业人员，师姐坦言人才缺乏是整个行业所面临的最大难题。

李侠(左)硕士毕业留念

于是，李侠将目光投向母校，希望能通过校企合作共同培育知产英才。在她的推动下，千慧聘请山大法学院郭庆存、张海燕、崔立红、毛映红、王笑冰、彭哲等老师担任特邀法律顾问，从专业视角为集团发展提供技术支持和法治保障。同时，包括师姐在内的千慧顾问团队定期为学弟学妹讲授实务课程、举办专题讲座，帮助同学们更好地将理论与实践相结合。此外，通过在千慧设立“山大法学院教学科研实践基地”、共同举办“千慧知识产权论坛”、参与建设“山东大学法学院知识产权特色班”等形式，李侠为学院法学教育和科研水平的提高作出了积极探索和卓越贡献。作为过来人，师姐也给我们提出了“一早二多三心”的谆谆教诲。所谓“早”，即在入校后就要尽早规划职业生涯、找准人生方位，她表示只有“以终为始”，才能从目标出发，倒逼自己快速成长。所谓“多”，即从学生阶段就要多多积累社会经验，学会待人接物、懂得人情世故，她强调“所有的能力都源于你们的经历和见识”。所谓“心”，即不论从事什么行业都要拥有一颗同理心，她认为只有善于换位思考，才能充分理解和满足客户需求、解决客户问题，“这是让他们快速接纳、信任你的不二法宝”。

李侠表示，做好知识产权人才培养的“源头创新”，既可以为千慧输送源源不断的新生力量，又能更好地承担起作为行业翘楚的社会责任。师姐介绍，与传统法律服务行业相比，知识产权行业有着更为清晰的职业成长路径，有效避免了“三五八定律”给青年法律人带来的窘境。“不过，这并不意味着可以一蹴而就，知产业务能力的养成需要更长时间的积累与沉淀。”据李侠介绍，千慧正在实施培养高端知识产权顾问的“雁阵计划”和培养高价值专利人才的“瞪羚计划”，每培养一个成熟的知产人，都要通过济南和北京两地的培训与实战，累计投入上千万元的费用，花费三至五年的时间。“栽下梧桐树，自能引来金凤凰”，师姐期待更多的山大法律人能加入千慧、投身知产，立足这个最早最好的发展时代，把握这次前所未有的战略机遇，与她并肩遨游于这片已呈井喷之势的“蓝海”之中，为企业提供高端专业的知识产权服务，帮助企业挖掘高价值专利、培育驰名品牌，助力企业创新、高质量发展！

［**人物名片**］李侠，山东大学法学院1998级硕士研究生，现任千慧知识产权集团董事长，兼任济南市政协委员、山东省个体私营企业协会副会长、济南社会组织联合会副会长、济南市工商联执委。中华商标协会个人理事，山东大学、济南大学特邀讲师，曾获评全国IPR影响力人物、“影响济南”年度经济人物，先后被授予济南市“五一劳动奖章”、济南市“三八红旗手”等荣誉称号。

王德勇

心系律界发展，身肩社会责任

一、初入行：理想与使命在驱动

“我愿意用我二十六年的从业经验帮助青年律师成长。”这是王德勇在新动能青年律师成长论坛上的肺腑之言，也是他发起成立山东新动能律师服务联盟的初衷之一。在山东睿扬律师事务所的会议室里，我们见到了致力于打造全国一流的山东律师品牌、助力青年律师成长的王德勇师兄，向我们讲述起他与法律的光阴岁月。

王德勇（左二）与校友寻访队员合影

1994 年 7 月，怀揣着“律师可能会对社会具有一定影响力”的想法，理工科出身的王德勇在本科毕业后选择“跨界”应聘进入济南市律师事务所工作，开始与法律结缘。作为“法律门外汉”，师兄抓住一切机会汲取知识、学习本领，入职当年就顺利考取律师资格证，次年拿到律师执照。随着案件的新型化、复杂化，师兄意识到系统法科教育的重要性，于是在 1998 年考入山东大学法学院，攻读民商法专业研究生，继续给自己“充电”。三年间，他聆听法学名家教授的谆谆教诲，于潜移默化中接受着法律的熏陶；他结识了 20 余位来自各行各业的研究生同级同学，在交流讨论中追寻着法律的真理。“我们那一届研究生同学都很不简单”，师兄谈起当年并肩同行、如今已是各界翘楚的同学满是自豪。

因为逻辑思维缜密、表达能力突出，王德勇在 2001 年被单位推荐参加由司法部和全国律师协会主办的首届全国律师电视辩论大赛，获得“优秀辩手奖”。谈及这段经历，师兄表示“深厚的知识储备是辩论场上口若悬河的‘基石’”，而这依赖于广泛阅读书籍和丰富人生阅历。他坦言自己的口才也不是先天的，而是在一次次“真枪实战”中磨炼出来的。“律师在出庭中可以得到快速成长”，王德勇认为法庭上的语言表达能力、逻辑思考能力、随机应变能力等都考验着一位律师的专业素养，因而每次法庭对抗都是提升自我的绝佳机会。就这样，师兄在法庭辩论的反复“洗礼”中从一位职场新手蜕变为一名专业律师。

二、识证券：走上专业化发展路

工作期间，具有经济学基础知识的王德勇在律所的推荐下参加证券律师资格考试，成为当时山东省内为数不多取得从业资格的证券律师。其实早在 1998 年，他就曾去到英国 Cliffordchance 律师行香港分行进修，“那次经历对我的冲击很大，颠覆了我对律师行业的理解”，不同于国内专注诉讼业务，Cliffordchance 律师行的律师从事的大多是国际投融资业务，每天忙碌于设计收购方案、参与客户谈判等。那时，他就在心底埋下了投身于证券与资本市场领域的种子，而彼时的中国证券市场刚从局部试点推向全国，法律法规尚不成熟。带着“推动山东省证券与资本市场发展的使命感”和对该领域的浓厚兴趣，王德勇循着专业化道路，聚焦证券与资本市场的法律业务，一干就是二十余年。

“这是一个法律与经济、管理、商业的交叉领域”，师兄坦言，因为涉及其他学科的众多知识，他初入该行时倍感吃力。经验积累不足、客户资源缺乏也都考验着王德勇，但他不曾退缩，系统地研究法律法规规定，反复与客户沟通获取信任，不断拓宽业务市场。王德勇介绍，证券资本市场法律服务的本质是为协助上市公司、基金公司、证券公司发行股票，解决企业融资问题，而其中第一道关卡就是对企业进行尽职调查。“证券与资本市场的从业律师就像中医，对企业‘望闻问切’后再‘对症下药’，帮助其符合资本市场和自身发展的要求”，师兄表示，由于发行或上市所需要的信息披露文件和其他法律文件繁多，该领域的业务一般是团队作战，对律师有着较高的素质要求。小到法律意见书中的标点符号，大到证监会的上市聆讯，都需要律师团队的严谨认真、配合默契。十年间，王德勇亲历了证券与资本行业从初步发展到繁荣的过程，也体会到资本市场从无法可依到立法完善、依法规范，同时积累了大量的法律实务经验和问题处理技巧。“证券资本市场业务是律师非诉业务领域的‘皇冠业务’”，师兄表示，虽然该领域门槛高、要求严，但前景广阔、大有可为。

三、担责任：实现律所社会价值

2009 年，心怀创办顶级律师事务所的想法，“不安分”的王德勇牵头创办了山东睿扬律师事务所。十年间，他带领律所全力奔跑，为鲁信创投、华泰化工等多家上市公司发行公司债券，帮助青岛东盛建筑设计股份有限公司、山东和远智能科技股份有限公司等多家公司“新三板挂牌”，其证券与资本市场业务部在全省乃至全国形成一定的影响力。

王德勇参加山东省人大会议

如今，作为睿扬律所 150 多名律师人员的“大家长”，师兄将自己的角色定位于“服务者”，他尽力营造相对宽松的环境，为律师成长搭建平台，帮助他们实现自身价值。2019 年，睿扬律所在第三个五年规划中提出打造全国一流的国际化品牌强所、成为中高端法律服务市场领跑者的目标。王德勇表示，在“睿思、笃行、厚德、扬义”的理念指引下，律所未来会朝着规模化、专业化、国际化、品牌化、一体化方向发展，他也将带领团队打造具有全国影响力的专业化部门，形成差异化竞争优势。作为济南市律师协会副会长，他还心系律师行业、热心公益事业。

随着阅历积淀，王德勇不再满足于服务律师行业，他希望为社会建设“发热”。作为省市两级的人大代表，十余年间他积极参政议政，敢于针砭时弊，拒绝作“花瓶代表”。立足于法律工作实践和山东省实际情况，王德勇在2020年两会上提出“关于发起设立国企混改母基金、助推山东国企混改的建议”，其中三条举措被省国资委全部采纳；提出的加大国有资本投入、助推和引导省内创投和风投行业发展、强化以法官为中心的服务保障机制等建议也都受到相关部门的高度重视。“建议被采纳意味着我为推动社会进步贡献了一点绵薄之力，这带给我很大的成就感”，师兄表示，平时多关注社会热点、勤思考改革痛点、敢调研矛盾焦点是他提出“锦囊妙计”的源泉，他将在经济文化强省建设方面继续“添砖加瓦”，服务法治山东建设。

四、育英才：助力青年律师发展

回首二十六年的律师生涯，王德勇坦言如今的情形与20世纪90年代大有不同。随着执业环境的改善、人们法治意识的提升，“不找关系找律师”成为许多人遇到矛盾纠纷的第一反应，律师队伍在服务人民群众和经济发展中起到至关重要的作用。而随着执业人数的逐年增长，专业化分工日益明显，律师行业的竞争也愈发激烈。面对机遇与挑战，2018年9月，由睿扬律所联合省内9家律所共同发起成立的山东新动能律师服务联盟应运而生。联盟旨在加强律所业务协作和协同发展，拓展法律服务网络，服务山东新旧动能转换的同时带动全省律师业转型升级。作为联盟主席，王德勇最为关注的是建设高质量的律师人才队伍，他们精心打造青年律师成长的最佳“修炼场”，邀请各领域的律界大咖做客“新动能青年律师成长论坛”，与青年律师们面对面交流，助力其专业能力和综合素养的快速提升。

“得其法而不得其人，则法必不能济”，推进法治国家建设离不开高素质的法律人才，师兄坦言，青年律师的能力不足源于如今的法学教育未能完全适应社会需要，存在理论与实践脱轨的弊端。为此，王德勇带领睿扬律所与山大法学院等学术科研机构建立合作关系，通过开设实务课堂、提供实习岗位、多学科共建等形式帮助法科生提高法律实践能力。面对着高水平的对外开放格局和多元化的涉外法律服务需求，师兄表示“培养具有国际视野、通晓国际规则的涉外高端法律人才也同样迫在眉睫”，他期待着能与山大法学院携手培养具有全球竞争力的人才，推动学院和律所的国际化建设。

“以法为业，以律为师”，王德勇始终践行着律师的职业使命，将自我价值融入全面依法治国的战略中。他以培育青年律师英才为己任，以服务社会发展建设为目标，不断弘扬着法治正能量。未来，他希望依托于新动能律师服务联盟，助力更多的青年律师走向全国、走向世界；也期待着一代代山大法律人能在世界舞台上绽放光彩。

[人物名片] 王德勇，山东大学法学院1998级硕士研究生，山东睿扬律师事务所首席合伙人、主任。兼任山东省人大代表、山东省人大监察和司法委员会委员、山东省财税金融法学研究会副会长、山东新动能律师服务联盟主席、山东省律师协会资本市场法律专业委员会主任、济南市律师协会副会长等职。先后被授予山东省优秀中国特色社会主义事业建设者、第十八届“泉城十大杰出青年”、山东省司法行政系统先进个人、山东省律师行业促进经济社会发展突出贡献奖等荣誉称号，荣立个人二等功、三等功各一次。

孙颖

以正义之初心，谱耒检之华章

一、寻觅初心：结缘山大，创办“法萌”

“心怀正义维护公平，手握利剑明辨是非。”这是孙颖获评时齐鲁最美检察官的颁奖词，更是她检察工作的真实写照。与工作时的雷厉风行不同，离开了三尺公诉席身着便服的她温和亲切地向我们讲述了自己如何成为一名检察官，坚持正义初心故事。

孙颖（右二）与校友寻访队员合影

孙颖自幼便与山大结下了不解之缘，因此在高考结束报考大学时，她便将山大作为第一志愿。同时，由于受到影视作品中检察官形象的影响，她对法庭上的唇枪舌剑刀光剑影产生了深深的向往，毅然选择了法学专业。于是，在 1999 年的秋天，孙颖正式成为山大法学院的本科生，开启了寻觅初心的征途。谈起在山大读书的日子，最令她印象深刻是山大开放包容的思想氛围，在一次刑法总论课堂学习理论体系时，一位同学为适用两阶层还是四要件与老师产生了相悖的意见，老师不仅没有生气，反而鼓励同学进行深入研究，并在后来一直同这位同学保持交流。在山大的求学经历让她意识到开放包容的重要性，“开放包容，是思维开拓、思想进步的前提”。

正是受到山大这种开放包容氛围的影响，孙颖在大学期间勇于涉足不同的领域，其中令她印象尤深的是担任法学院刊物《法萌》主编的经历。由于当时《法萌》的征稿能力有限，时任《法萌》社长的孙颖及时作出了将《法萌》由杂志形式调整为报纸形式的决定。报纸形式不仅增加了《法萌》的可读性，更为同学们提供了发表文章的机会，但是，报纸形式的《法萌》需每月出版一期，这给孙颖及其社员带来了巨大的挑战。“刚开始大家什么都不懂，便要在有限的时间里完成组稿、排版、印刷等一整套烦琐的流程。”时至今日，她仍然非常感谢梁桂莲书记及老师的鼓励包容和同学的支持，“正是因为老师们的帮助，《法萌》报纸才顺利渡过难关”。《法萌》对于孙颖来说不仅是一种能力的肯定，也是鼓舞她坚持初心继续向前的动力。山大校园带来的开放包容的氛围和迸发火花的辩证思维，使她在工作六年有所建树之后，又毅然在 2009 年回到山大读研深造、充实自己。孙颖坦言，“独立思考的精神、勇于承担的信念、海乃百川的胸怀，是法学院带给我的最宝贵的财富。”

二、坚定初心：初入侦监，多办“首例”

本科毕业后，孙颖怀着“挥法律之利剑，执正义之天平”的初心选择了检察事业，来到济南市人民检察院侦监处开展工作。初入侦监，她面临着很多困难。审查逮捕位于刑事诉讼的前沿，有着至关重要的作用，但这同时也是一个短平快的过程——证据单薄、矛盾尖锐、时间紧迫等都是短平快的审查批捕面临的巨大难题。在孙颖办理的济南首例国际信用卡诈骗案中，两名外籍华人将伪造的国际信用卡卖给两名中国人进行诈骗，认定的关键是如何证实涉案国际信用卡的真伪，但这一证据的取得不仅面临国际刑事司法协助困难，更面临难以在有限期限内完成跨境取证工作的难题。尽管时间有限困难重重，她仍敢于担当、迎难而上，最终决定用 Visa 卡组织中国总部出具的证明替代发卡行证明，并引导公安机关连夜飞赴上海，终于在审查逮捕期限内补充到这一有力证据。“路不险，则无以知马之良；任不重，则无以知人之才。”孙颖凭借其扎实的理论功底和丰富的实践经验适时作出了关键的法律判断，更是不畏艰难的精神和勇挑重担的信念支撑她办成了济南的首例国际信用卡诈骗案，使得四名犯罪嫌疑人被顺利批捕，获得了应有的惩罚。

“利剑断是非，法眼侦细微。”一位优秀的检察官不仅能运用专业知识作出专业判断，更能用从细微入手找准立案之关键。在 2011 年孙颖主办的济南首例制售地沟油案件中，她过硬的专业素质和着眼细节纵横协调的能力得以彰显。在当时，加工、销售“地沟食用油”处于立法的灰色地带，缺乏明确的法律依据和检测标准，全国还没有按照生产、销售不符合安全标准的食品罪定案的先例，认定犯罪事实的证据体系、规格还需进一步达成共识；涉案公司作案手段极其隐秘，给侦查和认定带来很大难度。为把握关键节点和主攻方向，孙颖和办案团队多次邀请省畜牧局、市质监局等部门人员和全国粮油、化工方面的专家实地勘察生产厂房，分析论证涉案公司的生产线、生产工序具备大量生产制造“地沟食用油”的能力和特征。随着侦查的进展，孙颖判断油品最终流向和现实危害对确定案件性质至关重要，为形成扎实的证据链条，她引导公安机关将购买“地沟油”后冒充棉籽油卖给食品加工摊贩的企业查封并抓获相关人员，这些工作为理清生产、销售网络发挥了关键作用。正是孙颖在每个案件中细致办案，才将嫌犯送上审判台，以法律行侠仗义，将有罪之人绳之以法。

工作中的孙颖

“石以砥焉，化钝为利；法以砥焉，化愚为智。”孙颖从每个挑灯奋战的夜晚，到每个扎实钻研的案件，打磨出属于她的法律利剑，挥向每个应当被法律制裁的犯罪嫌疑人。从没有先例极难处理的制售地沟油案，到轰动一时的贵州团伙撬盗保险柜案、章丘“5·20”爆炸案，一桩桩一件件都展现着她以法行正义之决心。从业十余年，她所办理的案件无一起案件发生超期羁押现象，无一起案件出现冤假错案。她说：“坚守社会底线，以正义为标尺，是走好检察官之路的底气。”

三、坚守初心：入职未检，守护“未来”

2019年底，孙颖离开了自己工作多年的侦监处，来到第九检察部主持工作，工作阵地由侦查监督转向未成年人检察。未成年人司法工作与打击成年人犯罪在理念上有着较大差别，以保护为主、惩罚为辅。在新的岗位上，她及时转换工作思路，全市未检工作向充分做好未成年人双向、综合、全面司法保护的方向迈进。济南检察机关在全省率先开展罪错未成年人分级处遇工作的探索，她主持制定了《济南市人民检察院罪错未成年人分级处遇工作指导意见》，为解决涉未案件不同年龄段犯罪嫌疑人刑事政策存在差异的问题以及未满刑事责任年龄未成年人教育监管存在真空的问题贡献了新方案。她结合未成年被害人综合司法保护的需求，组织起草并协调市教育局、市公安局等6部门会签了《关于加强未成年被害人权益保护的意见》，协调市妇联建立了共同推动保护妇女儿童权益工作合作机制，指导建成了5个未成年被害人“一站式”办案区，构建起更加完善的未成年被害人权益保护体系。“法是善良与公正的艺术”，面对尚未形成完善三观的未成年人，孙颖表示：“我们不仅要用法律进行约束，更要唤醒他们的良知，用善良与公正加以感化。”

事后补救不如防患未然，犯罪预防是未检工作的重点。济南市检察机关针对预防未成年人犯罪开展了校园普法教育、建立法治基地等多项活动。校园普法教育，并不是针对法律泛泛而谈，而是环环相扣有针对性的教育工作。首先通过充分协商确定普法教育的专题，专题围绕如校园欺凌、性侵等与未成年人关系密切问题详细展开。负责开展专题教育工作的检察官须经过严格的筛选，丰富的知识储备、优秀的沟通能力以及亲和力缺一不可。校园普法，一方面协助青少年树立正确三观知晓法律之禁止，另一方面也提高他们自我保护的意识及能力。随着济南市多个青少年法治教育基地正式成立，青少年更加集中和系统地接受法治教育。兼任法治副校长的孙颖说，孩子是祖国的希望和未来，“关心保护未成年人健康成长是全社会的共同责任”，只有家庭、学校、社会各个方面形成合力保护，才能真正守护孩子的未来。

“少年兴则国兴，少年强则国强。”预防未成年人犯罪这条路漫长艰辛且任重道远，孙颖表示，唯有法治和道德同进、正义与良心同存，面对未成年人时心怀爱与责任，才能让误入歧途的少年迷途知返，让法治的阳光洒进每个孩子的心田，别让“未来”失落在今天。

［**人物名片**］孙颖，山东大学法学院1999级本科生、2009级硕士研究生，现任济南市人民检察院第九检察部负责人、四级高级检察官，曾任济南市人民检察院侦查监督处副处长。先后获评全国侦查监督优秀检察官、齐鲁最美检察官、新时代山东向上向善好青年、山东省优秀检察官、山东省检察业务专家、济南市担当作为“出彩型”好干部、泉城优秀公务员标兵等荣誉称号。

肖文

怀法治为民初心，以法律思维公证

一、孜孜不倦：秉持求学之心

进入泰安市岱宗公证处，唯见窗明几净中，来往办证的百姓三三两两，向公证员低声咨询。走进公证员肖文的办公室，桌上两枚熠熠生辉的司法行政及公证荣誉奖章映入眼帘。师兄介绍，这是司法部及中国公证协会为从业三十年以上司法行政干警及公证员颁发的奖章。1987年，肖文从山东省司法学校毕业，被分配至泰安市公证处，正式进入公证领域工作。这两枚奖章，正是他三十三年来兢兢业业工作的见证。

肖文硕士毕业留念

工作后，为进一步提高法律修养、学习法学知识，肖文选择了在岗工作时自学。参加自考的师兄，在鲜有教师指导和没有重点的条件下，探索出独特的学习经验：“看书须先咬文嚼字，再熟谙脉络，历经由薄到厚、再由厚变薄的过程。”看书时，他会先对每个知识点追根求源，抽取知识点的前因后果；在透彻了解全书后，他又将其归纳为知识脉络图。经过三年刻苦学习，肖文把自考教材翻得几乎散架，最终取得全省自考第一的优异成绩。

本科毕业后，肖文仍渴求进一步的深造。在信息网络缺乏的年代，凭借《法制日报》的招生信息及对法律硕士统考教材的钻研，他成功考入山东大学，成为法学院首批法律硕士之一。在山大的青葱岁月，治学严谨、学风自由的法学院令师兄难以忘怀。他记得谢晖教授对权利与义务的细致讲解，课后有同学借阅谢老师的讲义，看到的讲义却只有不到 10 个字。肖文说："这种知识内化于心的境界给予了我很大的启发。"毕业之际，他融合知识与实务经验，撰写论文《中国古代公证研究》，获评 2002 年优秀硕士论文。获法律硕士学位后，肖文作为山东省首位硕士公证员，继续坚守在公证岗位。

二、力学笃行：坚守公证之业

作为全国首位深入研究古代公证制度的专家型公证员，肖文坦言"中国公证人要有文化自信，善于借鉴本土经验"。肖文介绍，中国历史上最早的公证是西周官员对以玉换地的买卖进行的公证，这推动了奴隶社会向封建社会的转型。自研究生时期起，师兄便着力挖掘研讨本土公证渊源，《中国古代公证概述》等研究成果屡获奖项。师兄表示，"中国公证有其独特故事"，蕴含着智慧与经验的古代公证，仍可为现代公证发展提供借鉴、传递能量。

"身处公证处，一丝不苟办业务；钻入古书籍，不知疲倦汲智慧。"不断的实务积累和知识输入，为肖文提供了文章创作的灵感。师兄坦言，"山大培养的论文意识对写作至关重要"。当公众对房改房的性质众说纷纭时，师兄通过《房改房继承公证若干问题》等文章提出房改房属于夫妻双方、惠及家庭才符合社会正义；在发现古代公证缺乏系统研究时，他以《古代公证的官样式与民间样式》等成果填补学术空白。"勤勤恳恳做公证，兢兢业业学新知"，肖文始终用自己的行动践行着法律人、公证人的信念。

"公证员只有将实务经验与法学知识结合，才能破解难题获得通往真相的答案。"学术研究之外，肖文更是一名兢兢业业的公证员：在接受申请、建立卷宗、审查事项与材料、出具公证书的办证过程中，"要火眼金睛，去伪存真"。20 世纪 90 年代初，一位工人申请为日军残害兄长的罪行进行证据保全。年代久远、资料缺乏、证人难寻等困难也曾令他难以下手。为寻访惨案幸存者核实情况，他深入街头巷尾，寻访间接证人；后又数次查阅资料费尽周折找到目击证人，取得详细证言；先后走访泰安党史资料办公室、史志办、泰山区人民法院等单位终于寻得文字资料。从人证到书证，凭借深厚的法学底蕴与实务经验，肖文完成了全省首例侵华日军罪行证据保全公证。"公证是记录国家历史的人"这也正是师兄坚守法律阵地的初心。

三、达权通变：回应时代之声

"公证是我们观察世界的神器，像视野辽阔的望远镜，透过公证可瞭望到风云变幻的历史。"改革开放后，公民私有财产增加、法治观念增强，办理遗嘱公证成为越来越多人的选择。肖文表示，自己每年办理遗产公证数量较 30 年前已翻 40 倍。20 世纪 90 年代，国内兴起首次留学潮，泰安市公证处办理学历公证的人络绎不绝。一方小小的公证书，承载的是百姓的人生；一项公证内容的变化，反映的是社会的变迁。

肖文(右二)与校友寻访队员合影

新故相推，日生不滞。进入 21 世纪，公证行业迎来新挑战，肖文认为改革势在必行。2019 年，泰安公证处应司法部要求，正式由行政体制改为事业体制，并更名为岱宗公证处。公证员的工作状态从坐堂等证变为主动办证；他还带头主动学习新法律理论以提升职业素养；公证处也不断更新办公设备，提高了为百姓办证的效率。公证处开设老年人公证法律服务工作站，提供全面家事公证服务；针对百姓时间与公证处上班时间不对称情况，增设 24 小时线上服务；针对残疾人等特殊群体，提供上门服务、绿色通道等等。岱宗公证处所展现的活力与生机，为齐鲁公证增添了一抹亮色。

师兄坦言，除了公证处内外部的提升，"公证还需要主动走出去"。针对当前"不知道什么事项需要公证"和"不知道何时何地办公证"的情况，肖文认为应依托媒体宣传公证为民的理念，增加百姓对公证的认知与理解，让公证为百姓权利保驾护航。但在法治国家中,“公证不可单打独斗,须在完备的法律服务体系中才能发挥最大效能”。社会转型时期,当事人提供的证据以及律师提供的证据真实性常受到质疑,而公证证据的客观性、真实性能有效提高判决的公信力。此外,公证处参与司法辅助事务,与法院就送达、调解、执行等领域合作,也能为多元纠纷解决机制建立贡献力量。

四、敦本务实:不改为民之愿

从事公证领域三十载,肖文在见证行业变迁与发展的同时,也一直坚守着为民服务的本心。当被问及印象深刻的公证案件时,师兄缓缓道来:年逾五旬的范先生身患重病,有意与其兄嫂建立监护关系,但因病情所困,范先生需在家休养,难以前往公证处办理公证。了解情况后,肖文表示“不用担心,我们免费上门服务”。到达范先生住所后,师兄向他介绍相关法律法规、解释意定监护的内容、反复核对其真实意愿。最终,红手印在监护协议上按下,范先生与其兄嫂的监护关系为法律所确认。“伟大的理想,所追求的都是让最普通的人得到最寻常的欢乐”,肖文表示,“百姓的生活始终是公证人牵挂的‘头等大事’”。

岱宗公证处的名称虽历经变动,但为民公证的初心却一以贯之。2020年1月,43户贫困户缺少生活物资,岱宗公证处为其捐赠米面油逾千斤,助其跨越寒冬、静候春来;2020年2月,因新冠肺炎疫情造成血库告急,岱宗公证人集体参与献血活动,肖文在半年内更是先后三次参与义务献血(献全血及血小板);2020年5月,面对房价高、办证烦琐等层出不穷的购房问题,岱宗公证处在全省首次推出不动产公证延伸服务,为购房人群提供一站式办证服务,高效办理房产公证……始终以人民为中心,岱宗公证处用辛勤与热血交出了一份公证为民的合格答卷。时代的浪潮未曾片刻停止翻涌,公证行业在浪潮之中起伏,师兄为民服务的初心却被打磨得愈发明亮与坚硬。随着依法治国持续推进,继续把法治理念和法律技能融入公证事业,专业公证以维护百姓权利,笔耕不辍以传授法治经验,在“铁肩担道义,妙手著文章”的道路上必争朝夕是肖文终生的不懈追求。

[人物名片] 肖文,山东大学法学院1999级法律硕士,现任泰安市司法局法治调研科一级主任科员、泰安市岱宗公证处高级公证员,山东农业大学兼职教授。先后获评山东省十佳公证员、山东省司法行政系统先进个人、泰安市十大法治人物等荣誉称号。

王 刚

坚守律师路，回馈母校情

一、法律职业，路虽远行、行则将至

从齐鲁律所会议室的玻璃墙往外眺望，黄海的海岸线就在远处的薄雾中若隐若现。从青涩的实习律师到老练的律所主任，二十多年的光阴如白驹过隙，王刚始终深耕于律师领域，将专业、敬业展现得淋漓尽致，坚持着自己的法律信仰，为梦想笃定前行。

王刚（右二）与校友寻访队员合影

话题的线头从走上法律职业的道路开始牵起。王刚并不是一开始就踏上了法律职业的道路。当年山大法律系在黑龙江没有安排招生计划，“那时候我想着，报不了法学专业，那就先上山大”，他便选择了一条“以迂为直”的路径——报考了毕业后同样能拿到法学学士学位的科学社会主义系。当时科学社会主义系与法律系之间离得并不远，出于对法律专业的向往，在完成本专业功课之余，王刚还选修了一些法律系的课程，那些没在选修名单里的课程，王刚也会想尽一切办法去旁听。时间一久，老师们也认识了这个每每坐在课堂前排的学生。即使是选修、旁听，王刚也丝毫没有放松对自己的要求，无论是课堂上老师的谆谆教诲，还是图书馆中浩瀚的法律书籍，都是王刚汲取知识的海洋。

三年的法律学习，使王刚养成了运用法律思维思考和处理问题的习惯，为他今后从事律师工作打下扎实的知识基础，也为他重返山大法学院学习攻读在职法律硕士埋下伏笔。本科毕业后，王刚前往青岛科技大学工作了三年，这三年里，对法律的憧憬与热爱激励着他，使他坚持每天都能阅读法律书籍。有时在学校加完班回到住处时已经深夜，但是他仍会看一会儿法律书，感受着法律的威严与温暖，“每晚读书的时间是我一天最快乐的时光，这个习惯也一直影响我到了现在”。坚持与努力终究有所回报，王刚顺利通过了法律职业资格考试，并拿到了律师的从业资格。也就是从那个时候开始，他对于法律职业的向往变得更加坚定，便怀着满腔热血与激情踏上了律师执业之路，一直走到了今天。

二、律师执业，受人之托、忠人之事

做律师“前途虽然光明，但道路却是曲折的”。成为实习律师之后，王刚才发现，理想与现实之间的差距是如此之大，他形容自己“就像穿上了铠甲的勇士一样勇往直前，然后呱唧坐上了冷板凳”。“无论刑民商，各个方向都要做，也都得会做”，没有明确的方向指引让他陷入了迷茫期。这段时间内，他每天都会见缝插针地去找经验丰富的老律师们“取经”。律师们的工作比较繁忙，他便把握一切可以把握的时间，有时是在午饭时，有时是在上下班路上，一切场所都是他请教学习的地方，“只有在走完这条不得不走的路，才能选择自己的路”。最后，“我的选择是顺应经济的发展，呼应时代的需求”。他敏锐地抓住房地产行业发展的机遇，果断选择建筑房地产领域作为未来几年的执业主攻方向。“受人之托，忠人之事”，为了给客户提供更高质量的法律服务，王刚在学习之路上从未停歇，一轮明月，一盏台灯，一杯浓茶，一本《房地产专业术语》,陪伴他度过了那段难熬但难忘的时光。

随着金融体制改革的深入,王刚又开始深耕于银行相关的业务特别是不良资产处分和民间借贷,他努力让“所经手的每一起案件都能经得起事实与法律的检验,都致力于公平与正义的实现”。现在尽管他已经不再将此作为自己的主要业务,但是老客户们还是络绎不绝的来找他咨询案情、介绍律师。目前,王刚主要做的业务是政府法律实务、投融资法律服务。“融资难、融资渠道窄是很多公司都会遇到的难题”,某置业公司开发的科技产业园项目因资金问题迟迟未能开工,在同行的介绍下他们找到了王刚。王刚了解情况后,果断带领团队为该公司提供专项法律服务,短短数周便完成了为委托人居间引荐相关投资人、起草投融资合同文件等工作,同时协助投资人监管公司证照,力求在每一方面都做到尽善至美,确保相关文件符合法律规定、行业规则。最终,在王刚的协调下,该公司成功融到一大笔资金,如今该产业园项目已经顺利进入了开工建设阶段。

“变”是恒久不变,这些年来王刚所涉及的领域是在不断变化的,“紧跟时代进步的潮流,回应客户发展的需求”,在不断学习实现更好的自己,靠着坚定的理想信念,他逐渐从一名普通的律师成长为一名拥有丰富办案经验的高级合伙人。

三、律所管理,一路征程、一路精彩

2007年,山东齐鲁律所在青岛设立分所,王刚以绝对优势当选主任一职。作为律所的主任,除了要服务好自己承办案件的当事人,他还要释放齐鲁(青岛)律所整个团队的能量。

青岛市政府为优化营商环境,由政府出资为企业购买法律服务。依靠优良的业务能力及诚实守信的职业操守,王刚带领着齐鲁律所成功入选青岛首批惠企法律服务机构。为做好惠企政策落实的工作,他协调团队深入青岛市各个行业的百余家企业实地走访调研,帮助企业进行政策分析。此外,王刚还会同团队律师以电话、微信等形式与企业、政府等相关负责人进行实时沟通,紧跟政策落实过程,确保精准施治。“惠企团队关键要发挥中间纽带作用”,在师兄的指导下,齐鲁律师团队客观全面记录企业发展难题,并以此向政府传达企业声音,协助政府制定科学且有针对性的惠企政策,并积极地促进政策落地。齐鲁所律师团队以“诚信、高效、专业”的服务获得了政府机关、企事业单位的高度评价及充分肯定,在让企业充分享受到政策带来的福利同时,也为其今后发展提供了有力的法律服务保障。

“律师行业的发展离不开青年律师的培养，时代和行业本身就在不断筛选他需要的人”，师兄坦言，他认为律师只有不断地学习才能够跟上时代的发展，才能让自己的脚步更加的稳健。王刚将对学习能力的重视带到了所担任的社会职务中，作为青岛市律师协会分管教育培训与专业指导考核委员会的副会长，他十分关心行业内青年律师的学习成长，不遗余力地做好提升律师专业水平的工作。在他的倡导下，委员会逐步探索出以“发展与创新”为核心宗旨，以“教育和考核”为主要抓手，以“引导”为主要方式的“青岛模式”，以考带学，以学促考，通过考核促进各专业委员会教育培训活动的开展，回应青岛律师对教育培训的实际诉求，实现青岛律师行业高质量、可持续发展。

四、不忘师恩，饮水思源、情系母校

“拳拳感恩心，浓浓校友情”，山大在王刚心中，是“真的种子，善的信使，美的旗帜”。作为山东大学青岛校友会的副会长兼秘书长，他始终将自己定义为学校和校友的桥梁，“发掘校友文化，传承山大精神，向社会讲好山大故事是我们的使命与责任”。青岛籍校友魏世杰是我国著名的核研究科学家，自山大毕业后便前往青海隐姓埋名 26 年投身我国核武器事业，被网友誉为“核武老人”。魏世杰的故事一经央视报道播出，在社会上引起重大反响，青岛校友会几经努力，终于联系上他本人，为魏世杰校友提供长期关注与帮扶，并邀请魏世杰讲历史讲传承，传承发扬山大人的优良传统。在平时的校友工作中，王刚不仅注重山大精神的传承，也还注重向社会讲好山大故事。青岛籍校友田广渠，几十年如一日为山大校史人物精心作传，青岛校友会协调各方资源，筹集善款出版《山海人物》，从人物传记角度记录百廿山大的发展。

王刚用自己的实际行动回报着学校的培育之恩，鼓舞着学子们在菁菁校园里，不负韶华，砥砺前行。“我爱法学院这个家，我也会常回家看看。”法学院搬迁青岛之后，王刚积极推进齐鲁律所与法学院开展合作，以律所主任的视角来为法学院发展建言献策，一系列法律论坛的建立、研究生实务课程的开设，背后都有他奔波的身影。他主讲卓越法律人才培养系列讲座，向同学们传授成为律师的经验；推动齐鲁律所在法学院设立助学金，建立法律人才孵化教育基地，助力法学院人才高质量培养，为学院发展贡献自己的力量。“既要仰望星空，更要脚踏实地”，王刚希望通过他的这些努力，激励学弟学妹勤奋钻研读好书，脚踏实地固基础，做到游刃有余，处变不惊。“希望大家能在努力中度过每天的时光，这就是有价值的人生”，王刚如是说。

王刚（右）与樊丽明校长合影

［人物名片］王刚，山东大学法学院1999级硕士研究生，山东齐鲁（青岛）律师事务所主任、山东大学青岛校友会秘书长，兼任青岛市律师协会副会长、青岛市法律顾问团成员、青岛市仲裁委仲裁员，青岛科技大学兼职教授。先后荣获青岛市十佳青年律师、青岛市百名优秀引进人才、青岛市司法行政先进个人等荣誉称号。

李伟

努力奏响中国海事审判之声

一、潜心求学，意在格物致知

“选择这条路，就肩负起人间冷暖”，伴随着《冷暖》舒缓悠扬的旋律，一位女法官的形象进入视野，渐渐清晰。2018 年，最高人民法院影视中心等单位出品的法治题材剧《阳光下的法庭》在央视一套黄金时间播出，该剧从女性大法官的视角出发，以知识产权、环境保护、执行等典型案件中情与法的冲突与碰撞完成叙事。“这是一部反映新时代法官职业群体和聚焦法治进程的正剧，青岛海事法院全力以赴协助其成功拍摄。”为了帮助女主角尽快熟悉法院工作和法官生活，李伟向其介绍法官对法治的信仰，对正义的坚守，对事业的执着以及面对困难与挑战的坚持，加深了其对角色的理解。

“法律源于生活，又融入生活，仿佛了无生息，实际无微不至。”父母辈的一次诉讼经历使李伟萌生了学习法律的念头，“华东政法学院的四年大学时光是在晦涩的法学基础理论、民法、刑法、民诉、刑诉、写作以及司法技术等课程的学习中流转的，逝者如斯，不舍昼夜”。斗转星移，潜移默化，她完成了法科生的大学之旅。本科毕业后，山东省高级人民法院的民事审判实践让李伟意识到提升法学理论的紧迫性，“那时候案件不像现在这么多，高级法院的法官更多从事一锤定音的工作，还有对下指导的任务，让人战战兢兢，如履薄冰”。为了更深刻理解法的精神，掌握法律方法，在工作五年、有了一定的实践经验后，李伟报考了山东大学，在法学院继续攻读研究生。在近七年的求学时间里，学习、工作和生活的紧张关系从未消解，“那是艰难的七年，也是丰盈的七年，老师们为我打开了法学理论与方法的大门，带我一窥奥妙。许多年过去了，我还是常常被困在理论之原，师长们当年的指引仍在远方，好在越来越清晰可见”。李伟在理论与实务之间不断往返的一程又一程里，世事有所洞明，人情有所练达，法律职业素养与职业伦理基本养成。

李伟参加研究生论文答辩会

2001 年，李伟作为在校研究生参加了由山东大学法学院与中国政法大学法律系主办的“全国法律解释与法律论证理论研讨会”，许多著名的法理学家参加了这次会议，“老师们的真知灼见，他们所散发的学术魅力极具感染力，让人一下子喜欢上了法解释学”。按照会议安排，李伟承担了整理会议纪要的任务，在老师的指导下，《走向微观论证的法理学——全国法律解释与法律论证研讨会综述》一文成功发表，并被《法哲学与法社会学论丛》收录，此文成为李伟法理学学术之路的开端。“春风化雨当如是，法学院的深造让我的世界发生了变化”，从具体中抽象出一般的能力，赋予个案以生命的能力得到训练，审判的新天地渐次打开。

二、躬身裁判，追求良法善治

从传统民事审判到涉外商事海事审判、知识产权审判，再到法官培训，又回到涉外商事海事审判，二十六年的法律职业生涯涉及民事审判的方方面面，既有涉及公民权益的婚姻家庭、劳动争议、相邻关系之争，也有涉及外交关系的信用证止付争议，“案无大小，唯求公正”。李伟在山东高院民四庭担任了五年的助理审判员，连续参加了最高法院民四庭组织的三次裁判文书评选，次次获奖，获奖次数和等次至今保持着记录。期间审理的一起一审涉港案件，主合同约定适用内地法律，抵押合同约定适用香港地区的法律，21世纪初，内地法官不会用、不敢用普通法系法律的情形比较常见，“典型案件是可遇不可求的”，她决定根据当事人的约定以香港地区法律作为处理抵押合同纠纷的准据法。“法官要保持相对开放的心态去面对问题解决问题”，在当事人举证和个人搜集相关法律的基础上，该案的抵押合同适用香港地区法律予以裁判，出现了一案依据两个法域不同准据法的少见情形。双方当事人以一审服判息诉表达了对判决的尊重。“尊重当事人意思自治是法治进步的体现，更是让人民群众在每一个司法案件中感受到公平正义的基础”，从细致入微的工作态度到敢于挑战的工作精神，“人民至上”的法治要求在司法领域得到诠释。

“法官不是案件的亲历者，但要依据事实法律及时作出裁判。”因“蓬莱19－3”溢油事件产生的系列案件，从立案登记1000多件到最终判决近300件，涉及山东多地及外省零星当事人，稍有差池即会招致群众的不满，引发群体性事件，更容易引发海事司法的立场、公正性等敏感话题。作为案件处理的总协调人，李伟在接待好养殖户代表，解答大家的疑问疑虑的同时，要求审判人员排除干扰，克服心理倾向，依照事实和法律作出判断。“对于弱者的同情与悲悯是人之常情，但法官是理性职业，要站在客观中立的立场上进行理性判断，正所谓只尊重事实，只尊重法律。”经过连续三个月的日夜研判、集中庭审、加班加点对比近百份送检油污样品，分析联合调查组发布的海水污染范围图后，审判人员主动向原告分析案件走向，劝说多数原告撤回了起诉；而审理期间的充分沟通与裁判的辨法析理换来的结果是，原告的诉讼请求虽然没有得到支持，选择不撤诉的那部分原告最终选择了一审服判息诉、案结事了。“有时候功夫在诗外”，裁判文书送达后，通过多次倾听养殖户的诉求，在解释“为何如此裁判”的同时，说明党和政府希望维护养殖户合法权益的立场，说明政府在修复海岸线和增殖放养海洋生物方面的行动，提高了裁判的可接受度和人民群众的满意度和获得感。

“司法是理性的职业，司法同样是有温度的事业，要在事实与法律之间，国法天理人情之间架起沟通的桥梁，系好联系的纽带，尽量尽快弥合受损的社会关系，保障经济社会健康有序发展。”二十六年来，李伟参与审理的上千起案件无不闪耀着法治光辉，在民三庭工作期间，案例两次入选《最高人民法院公报》，其中“北京百度网讯科技有限公司诉青岛奥商网络技术有限公司等不正当竞争纠纷案”成为最高法院第45号指导案例。2018年，李伟获得了肯定其职业作为的最高荣誉，成为第四届全国审判业务专家，“从首席大法官手中接过证书的那一瞬，我获得了讲好中国法治故事的力量”。

三、深耕海事，护航国家战略

2015 年，因工作需要，在省法院工作了二十一年的李伟来到青岛海事法院担任副院长一职。山东沿海 3345 公里海岸线、16 万平方公里海域是青岛海事法院的管辖区域，这片区域承载着对外开放、“一带一路”、海洋强国等国家战略，辖区拥有上合组织地方经贸示范区，山东自贸区青岛、烟台片区，在实现个案公平正义的同时，履行好保障辖区国家战略的使命是海事司法的职责所在。“海事法院是改革开放的产物，既是国家对外开放的晴雨表，又事关国家海洋权益的保护水平，其地位和作用不言而喻”，五年来，年年有大事，从波澜不惊到波澜壮阔，气象万千。

护航国家战略，可谓任重道远。千头万绪，如何行稳致远？如何用行动诠释“法治是最好的营商环境”？“理念是行动的先导，一切都要从维护公平正义出发，千里之行，始于足下。”排在第一位的，是注重发挥海事司法作为人民司法所具有的普遍性职能，参与社会治理，实现个案定分止争，快速矫正被破坏了的社会关系，又通过典型案件的审判向社会输出司法导向，在法治进程中贡献司法力量。加强智慧法院建设，推广全流程网上办案系统的应用，优化当事人端、法官端的用户感受，实现网上立案、调解、审判、执行、信访、缴退费一网通办；加强诉源治理，建设海事纠纷多元化解开放平台，让更多法律服务主体有机会参与纠纷化解；加强案件繁简分流、快慢分道、轻重分离，实现 20%的审判力量解决 80%纠纷，80%审判力量处理 20%纠纷；加强司法救助工作，在脱贫攻坚战略、社会保障机制构建中贡献司法力量。2018 年，青岛海事法院如期完成“用两到三年时间基本解决执行难”任务，实现了最高法院向党中央、全国人民庄严承诺；2019 年，海事法院的服判息诉率、案件结收比、改判发回率、调解撤诉率、裁判自动履行率、执行到位率等检验司法质量、效率、效果的主要指标在全省各辖区名列第一，18 个月以上的长期未结案件清零。

“时代是出卷人。”一眼看上去，来势汹汹的新冠疫情这道难题显然超纲了，是束手就擒坐以待毙，还是迎难而上化危为机？以拥抱现代科技的形式破题，既能解决眼前的困难，又能实现长远的发展，一举两得。“我们用三天时间开通了互联网庭审的通道，之后，云诉服、云审判、云执行、云听证、云会议相继使用，我们把互联网技术运用到海事司法服务的各个场景，22 朵海事司法云让海事司法从线下走上云端。”执行干警首次通过网络直播方式拍卖

"正和 58"轮，借助航拍器、VR 拍摄像机，"全副武装"直播看船，执行法官不遗余力推介船舶，经过 20 次延时，最终以 2888 万元成交，超出起拍价 1272 万元，溢价率达 78.7%。我们召开企业、律所、行业组织、行政机关代表参加的疫情防控与复工复产座谈会，听取大家的意见建议，通过善意司法、文明司法与各主体一起抵御疫情的消极影响。通过加大对"正和 58"轮溢价卖出等案件的宣传力度，向全社会、向航运界传递信心与希望。从 2020 年截止到现在，青岛海事法院所有案件的平均审理天数减少了 62 天，审判执行时间同比减少了一半。

李伟(右二)与校友寻访队员合影

专门法院，专属管辖，自然有其独特使命，发挥好海事司法独特的职能作用是海事司法人要回答的另一道题目。近年来，青岛海事法院受理案件的诉讼主体涉及美国、英国、日本、韩国等 30 多个国家和地区，覆盖我国 27 个省市自治区，世界 10 大航运公司，我国各金融企业和山东港口集团所有港口，他们正逐步成为外方当事人扣押外籍船舶、解决纠纷的优选地。青岛海事法院通过积极有效行使涉外海事司法管辖权，提升了中国海事司法的国际公信力和影响力。马绍尔群岛籍"尼莉莎"轮扣押案中，外方当事人主动申请接受我国法院管辖，通过实施"活扣押"、允许完成剩余航程等措施，海事法院妥善化解了涉及中国、希腊、新加坡等六个国家利害关系人的船舶买卖合同纠纷，受到涉事各方的高度评价和赞誉，新船东主动更改船名为"尊重"，致敬中国法治。该案被《人民法院报》头版进行宣传报道，并载入 2020 年最高人民法院工作报告。

四、走向国际，描摹中国画卷

2017 年 5 月，英国外交部为英国司法法院举办的首届国际商事司法论坛举办晚宴，29 个国家和地区的 51 位法官出席。席间，代表中国法官参会的李伟用英文与英国、美国、巴西、印度等国同行自主交流，其表现获得中外法官的肯定，获得英国最高法院大法官陪同的礼遇。这次随最高人民法院团组访问俄罗斯、英国最高法院，李伟参与了 7 场高水平的交流，议题涉及中国的海事司法制度、海洋环境保护、仲裁、调解与诉讼的关系等。“我的成长经历是中国改革开放的映照”，高光的背后蕴藏着多年审判的磨砺和近十次海外游学经历的积淀。

“海纳百川，有容乃大。”自 2005 年起，李伟先后前往中国香港、德国、比利时、美国、俄罗斯、英国等六个国家和地区访问交流，“学习、吸收、比较、鉴别、融合，实现为我所用，分享我之所用。循环往复，以致无穷”。从汲取国外经验到用批判性思维自我扬弃，逐步坚定中国特色社会主义司法制度的信心，再到对外展现我国司法优势，李伟的经历是中国法治发展进步的一个缩影。2019 年 11 月，李伟随山东高院团组赴英国参加为期 21 天的“英国防范化解金融风险司法经验”专题培训，“海事立法的兼收并蓄，司法的体制优势和海事法官的丰富经验已经让海事司法在国际上走在了前面，它将成为中国法治成果的典型代表”。

“立足海洋经济发展大局，推动青岛海事司法国际化是时代要求，我们责无旁贷。”“天下大事，必作于细。”从发布海事审判白皮书、海事行政审判白皮书，到发布中英文双语白皮书和指导案例；从改版中文外网网站，到建设英文外网网站；从追求传统媒体宣传，到自媒体的建设；从致力于媒体的正面宣传，到主动接受人大代表、政协委员监督；从加强与其他海事法院的交流，到加强与高等院校的合作，参与海事立法工作；从到外国学习交流，到接待外国同行向他们介绍中国的海事审判……点点滴滴，时时处处，李伟着眼于构建海事审判的生态系统，致力于塑造中国海事司法平等保护的国际形象。“最高人民法院国际海事司法研究基地和国家法官学院青岛海事分院是两块金字招牌，我们要恪尽职守，以更有效的行动，不断赋予其新的内涵。”

“海洋是人类的起源，也是人类的归宿，作为一名海事工作者，我们愿努力守护蓝色国土，守护蓝色经济之舟行稳致远。”眼前波平如镜，鸟儿自由翱翔，船舶正排队入港，一幅美好画卷。

［**人物名片**］李伟，山东大学法学院2000级硕士研究生、2003级博士研究生，美国加州大学伯克利分校访问学者。青岛海事法院副院长、二级高级法官、审判委员会委员，曾任山东省高级人民法院民三庭副庭长、民四庭庭长，获评全国审判业务专家等称号。

孙法柏

传道授业润无声，履职奉献总关情

一、山大求学历历在目

在山东师范大学外语系读大三时，老师在课堂上放映的美国电影《纽伦堡大审判》，引起了孙法柏对于法学的最初向往。影片中对历史上第一个国际法庭中正义与邪恶激烈交锋的生动呈现，对法律、伦理与人性孰为优先问题从法律制定层面的深刻反思，都在师兄心中埋下了一颗“以法之心，寻求公平正义”的种子。

孙法柏（左二）与校友寻访队员合影

恰逢千禧年，山东大学法学院第一年面向非法律本科毕业生试行全国联考招收法律硕士，怀揣着法律梦想的孙法柏首次觉得法律大门正在向他打开。那时，他已于山东科技大学任教，同时在职攻读曲阜师范大学的教育学原理硕士学位，以期更好地用理论指导教书育人。由于在2000年师兄已完成了教育学研究生的大部分学习，时间宽裕且兴趣使然，于是毅然决定报考山大法学院。“这个决定像一列换轨的火车，载着我驶向了不同的人生轨迹”，也正式开启了孙法柏的法学之路。

虽然距2000年入学已过去二十年，但是在山大求学的时光孙法柏仍历历在目。师兄介绍，那时法学院的学术氛围非常浓厚，每逢讲座举行，小阶梯教室都几乎座无虚席。这其中，他印象最深的当属讲授法理学的谢晖老师，“每次讲座或授课，谢老师都用一个卡带式的小录音机实时记录下来，后将录音整理出版成书”。除此之外，谢晖老师一年能撰写30多篇高质量学术论文。惊叹于老师学术之高产，孙法柏深感从事学术研究，“不日进则日退”，从此便更加珍惜学习时光。得益于山大浓厚的学术氛围和学生科研的高度自由，孙法柏逐渐构建起学术框架，不断追随热点问题，从他感兴趣的民法与环境法的关系入手，“运用交叉学科的研究方法可谓是柳暗花明又一村”，最终于2002年发表了首篇法学类论文《环境侵权的经济学分析》，继而又在贸易与环境问题上深入钻研，完成硕士论文《WTO框架下自由贸易与环境保护的冲突与协调》，并在《国际法研究》上发表同主题论文一篇，在获得导师、同学赞赏的同时，这种学术成就感也对师兄踏上法学研究之路产生了深远影响，一直鼓舞着他完成在吉林大学的法经济学博士学业。

二、教书育人尽心尽力

自1993年任教以来，孙法柏在教育岗位上已经走过了二十七个年头，始终遵循着“循循善诱、润物无声”的教学理念，以“教书育人”为己任，传道授业解惑没有丝毫懈怠。他认为“传统填鸭式教学只会培养考试机器，却不能打造法律人才”，因此师兄通过融案例入课堂和理论结合实践的手段创新了教学方式。

在课堂上，孙法柏能旁征博引、理论联系实践，还善用“苏格拉底式”的问答教学引导学生主动思考。在讲授《联合国国际货物销售合同公约(CISG)》中的“根本违约”概念时，他引入“蒂森克虏伯冶金产品有限责任公司与中化国际(新加坡)公司国际货物买卖合同纠纷一案”，就能否满足“客观上实质损害期待利益”“主观上能预见损害后果”两个构成要件，与学生一问一答、充分详尽分析案情，经过多个回合最终得到了正确的结论。师兄笑称，“刨根问底经常会将学生追问得哑口无言”，这时他会就学生不懂的问题予以解答，当场无法解答则会鼓励学生和他一起在课后查资料研究透彻。这不仅充分锻炼了学生的思维能力，对于培养学生钻研学术的兴趣也起着至关重要的作用。

孙法柏始终认为“知识是宝库，实践则是开启宝库之钥”，在传授知识的同时，他一方面要求并鼓励学生进行课堂展示，另一方面则为学生积极争取国际模拟法庭比赛、“挑战杯”大赛等锻炼机会。在第十六届 JESSUP（杰塞普）国际法模拟法庭全国选拔赛中，作为文法学院院长，他坚持以重在参与的原则，支持学院教师韩天竹老师组织训练参赛，最终参赛学生在八分之一赛中顶住了对阵北京大学的压力，以缜密的法律逻辑和流畅的英文表达获得了法官的青睐，斩获选拔赛全国二等奖，成为最大的黑马。“知是行之始，行是知之成”，经过课堂理论与校外实践双管齐下，学生在加深法学基础知识理解的基础上，提高了分析和解决实际问题的能力，距成为卓越法律人才更进一步。

三、严谨治学勤耕不辍

对于高校教师来说，如何平衡教学与科研是一个普遍的难题。在孙法柏看来，“所谓教学相长，教学与科研本就是一体两面，相辅相成”。科研过程中他时有遇到瓶颈，数次都是在给学生讲课过程中豁然开朗，或者因学生一句无心的提问而茅塞顿开。在具体的时间安排上，师兄为协调上课和工作时间，每天早上 5 点始读书学习，这样早晨 5 点到 8 点之间就是一个无人打扰、效率极高的黄金科研三小时。诸如此类克服困难，坚持学术研究的事例还有很多，孙法柏二十几年如一日地钻研学术、勤耕不辍，不断发挥交叉学科背景优势，从国际角度进行环境法比较分析，引入经济学计量模型等研究方法，科研硕果累累，出版著作十余部、发表学术论文近百篇、主持和参与省部级科研项目数十项。正是这种专心致志、孜孜不倦的精神成为他在学术世界里披荆斩棘的利刃。

他的成就不仅依靠焚膏继晷、持之以恒的勤奋和努力，更得益于永远定格在学术前沿的卓越眼光。“求新对于学术研究而言是基本目标。”一直以来，孙法柏都积极参与学术会议，与国内外专家学者进行广泛交流，紧跟法学领域前沿，分享学术成果，启发科研思路，在学术研究上日益精进。面对 2020 年爆发的新冠肺炎疫情，我国乃至全球损失巨大、教训惨痛，习近平总书记指出，要完善疫情防控相关立法，构建疫情防控法律体系。在2月22日的《野生动物保护法》修法线上研讨会上，孙法柏与其他13位环境法学者经过深入研讨达成统一意见，提出了“将确立风险防范原则作为决定和修改未来《野生动物保护法》的基础”“除法律规定的特许情形外，禁止食用野外陆生野生动物、水生哺乳动物及其制品”等对野生动物实行严格保护的六项立法建议。这些建议对于革除食用野生动物陋习，保护生物安全，提倡绿色环保的生活方式，保障公共卫生安全具有重大的意义。

四、服务社会恪尽职守

孙法柏参加青岛市政协会议

孙法柏的目光从不局限于个人学术的卓越上，作为山东科技大学文法学院院长，他勇担重任，致力于推动学院学科建设。在他的带领下，文法学院硕士点申报、科研平台建设、科研项目立项等方面都有了大幅度提升，其中最具特色的便是知识产权学院的成立。一直以来，师兄对于交叉学科的建设都持有相当大的热忱，“随着科技发展，单一学科终将无法解决问题，交叉学科的建设是大势所趋”。2017年底，他推动成立知识产权学院并与文法学院合署，意图能培养真正理科与法科交叉的人才。在山东省实施新旧动能转换重大工程的背景下，此举为技术创新提供强有力的知识产权保护和优质法治服务，政府部门、法学会都向其表达了高度的合作意愿。孙法柏抓住了高校发展的难得机遇，积极推动了校地融合，服务青岛经济发展，在社会治理、海洋法治等方面形成特色研究方向，也为学院学科建设提供了极大的助力。

孙法柏身体力行，践行经世致用的信条，不仅在完善学校学科建设中发光发热，更志于以一己之力带动当地社会经济发展。作为青岛市政协常委，他充分发挥法律与政策研究领域学者的专业优势，为解决社会问题献言献策。2020年5月，孙法柏提出了《关于自贸区青岛片区建设推进中制度创新的问题与建议案》："制度创新是自贸区的战略目标和定位的核心，其基础是法律与政策创新。"师兄表示，只有把工作重点放在加强自贸区法律与政策研究上，才能更好地推动建立公正透明、体系完善的法治环境。"从法律中来，到实践中去。"这份分析当前存在问题并提出有力解决对策的提案，得到了青岛市委市政府和各界人士的一致好评。

作为教师，孙法柏循循善诱，手持教案、立于三尺讲台；作为学者，师兄伏案笃学不倦，学科交叉、硕果累累；作为政协委员，他更是心系民生发展、致力于解决社会问题。无论在各个领域多么出色，孙法柏始终保持一颗谦逊之心，秉持着"适当的时候做适当的事，把能做的事做到最好"这一朴实恒重的处世哲学，将继续像萤火虫一样为学生、为社会无私奉献着自己的光和热，恪尽职守书写更为精彩绚烂的育人华章。

[人物名片] 孙法柏，山东大学法学院2000级硕士研究生，现任山东科技大学文法学院、知识产权学院院长。兼任青岛市政协常委、山东省国际法学研究会暨海峡两岸关系法学研究会副会长、中国环境资源法学研究会常务理事。

马海兰

一袭法袍传大爱，深谷馨兰溢清香

“绿叶青葱傍石栽，孤根不与众花开；酒阑展卷山窗下，习习香从纸上来。”初见马海兰师姐，齐耳的短发、朴素的衣衫、和蔼的笑容，恰如董其昌笔下高洁贞清的兰花，质朴无华又不近凡俗。捧一杯香茗，聆听师姐从事民事审判二十余年来的法官成长记忆，感受其司法为民、守护正义的大爱之心，如深谷馨兰、芳香四溢。

工作中的马海兰(左二)

回忆幼年时光，马海兰常随担任教师的父亲在村中断是非、明事理，就此在心中深深埋下了“法”的种子。1992年，在宁静而朴实的潍坊昌乐乡村，师姐趴在一台老式收音机旁，聆听里面略带噪音的小说《天使的愤怒》。“小说中法庭辩论时唇枪舌剑的精彩对白，让我看到正义在思辨中闪光。”那时起，法言法语在马海兰心中激荡起阵阵涟漪，公平正义之种随之生根破土、发芽开花。“用法律保护身边的人，给大伙儿评评理”，怀着朴素的法治初心，师姐在高考志愿书上坚定写下华东政法学院，从此开启与法律数十年的不解之缘。

1996年本科毕业后，马海兰因父母期盼回到家乡，进入潍坊市中级人民法院。在研究室工作的三年间，师姐以认真扎实的态度处理每一份文件，以严谨求真的品格对待每一项数据，所负责的司法统计工作更是连年位列全省首位。1999年，马海兰调入民一庭任职，自此坚守于民事审判一线。“法科恰如医学，亦属实践的学科”，谈及初入民一庭的经历，师姐坦言那时尚且稚嫩的自己虽满腹法学理论却少有实践历练，是一个个案件的积累使她逐渐得心应手、日益稳重周全。“一摞摞卷宗的背后，是一个个家庭的悲欢离合和一位位孩子的命运轨迹。”一起离婚案件宣判后，被判给父亲抚养的孩子抱住母亲撕心裂肺痛哭的场景深深刺激了马海兰，令她真切感受到手中法槌的重量和司法裁量的担当。师姐坦言，法官的职责不仅在于适用法律、定分止争，更体现在设身处地体会当事人的喜怒哀乐上，“用鲜活案件诠释司法温情”。在强烈使命感的敦促下，马海兰在民事审判的道路上始终坚守“爱与司法同行”的信条，在冷冰冰的卷宗上烙出司法的温度。

初为法官的经历，让师姐深感自身法律知识的浅显与不足。为更好履行法官职责、寻求内心法治信仰，2001年，恰逢山东大学建校百年之际，马海兰毅然选择再回校园，成为山大法学院的一名在职研究生。谈及洪楼法硕岁月，师姐将自己的山大情怀封存在记忆中的图书馆：或结合实际案件查询资料，或遵循内心兴趣钻研经典，课余饭后之时，总能在图书馆的排排书架间看到她专注阅读的身影。“工作之后，我再也没能找到一个法律资料如此丰富的地方来读书思考。”广博知识的滋养使马海兰的法治视野从学习研究上升到哲学高度，进而加深了她对法律的敬畏之心和司法的慎独之道，“法学乃律己之学，法理乃谨慎之理”成为师姐穷其一生践行的座右铭。

2003年，从山大毕业的马海兰继续怀着法治的初心，在民事审判领域不断摸索前行。“法官必须拎得清事实、辨得明事理。”十余年民事审判工作中，马海兰始终坚持因案制宜了解当事人的需求，每每俯身为百姓的家长里短提供法律的关怀。“‘一判了之’未必能彻底‘案结事了’”，为减少诉累，寻求当事人之间利益的柔性平衡，师姐更是紧紧围绕调解做足文章，在实践中总结出“四点促调法”。2008 年，136 户菜农因农药剂量使用不当而导致血本无归，望着十几亩蔫了的黄瓜苗，农民们欲哭无泪，而农药公司也因信誉受损导致产品销量骤降，双方僵持不下，诉至潍坊中院。正值三伏，马海兰顶着炎炎烈日，深入田间地头，寻找矛盾诱发点；安抚农民情绪，寻找情感契合点；前往农药公司为负责人权衡利弊，寻找利益平衡点；一连十五天奔波辛劳，寻找调解着力点。经过“四点促调法”的充分运用，最终农民得到相应赔偿，农药公司也挽回了产品的信誉。看着双方当事人满意的笑容，师姐悬着的心终于放下，该案也入选为全国法院优秀调解案例。“民事调解的意义在于化解当事人之间的矛盾和纠纷，从而平衡利益分配、维护社会稳定。”多年来，马海兰用沟通共情能力和独有调解经验，守卫着内心的司法良知，用极富耐心的话语和充满人性的关怀，成为百姓爱戴的“平民法官”。

马海兰（左二）与校友寻访队员合影

2013 年，师姐调任潍坊中院民二庭，正式涉足商事裁判领域。“民事审判如大排档般充满人间烟火味，商事审判更注重程序和规则。”面对民商事案件截然不同的审判思路，马海兰表示，“民事案件的处理充满情感与人性的考量”，需要法治透露出温情的一面来填补当事人的“精神空缺”，亲切的“乡语”调解更能实现法律效果和社会效果的统一；而商事案件则更多是利益角逐与时间赛跑，烦琐和复杂的“磨嘴皮”式调解只会让当事人损失更多的经济利益，尽快恢复市场经济秩序才是商事法官的职责所在。从主持审理亿能光学仪器公司出售式破产重整案探索破产案件审理新模式，到参与审理山东海龙股份有限公司破产重整案服务推进供给侧结构性改革，师姐始终以公正为基础、以效率为优先，不眠不休、争分夺秒，以雷厉风行的速度将问题市场经济秩序“扳回正轨”。

作为潍坊中院民二庭庭长，马海兰以业务学习和法律探讨为重心，致力于打造一支专业而有活力的法官队伍。“不辩不明，不论不知”，在师姐的鼓励和带动下，全庭固定在每周五上午集体研讨典型案例，在表达与辩论中提升专业素质、拓展业务能力。此外，马海兰格外注重裁判文书的写作，曾获评第六届山东省法院优秀裁判文书评选活动民事类一等奖。日常工作中，她总是悉心指导年轻法官在固定的格式框架下，利用缜密的逻辑和援引的证据，精准描述出案件的争议焦点及个案的创新之处。“面向未来，社会经济快速发展，新的经济形式不断涌现，商事法官面临着更大的业务学习压力”，师姐表示，她将继续带领民二庭深入学习、不断充电，争做学习型、专家型法官，不断适应社会发展的新浪潮。

“虚心竹有低头叶，傲骨梅无仰面花。”谈及全国模范法官、全国“五一劳动奖章”等获奖经历和名誉头衔，马海兰谦逊坦言，“我只是基于司法的良心做了该做的事。”在司法的道路上，师姐从未将荣誉作为自己的目标，而是将农村底层的生活经历化作慎独的信仰，如胸前的天平徽章，秉公办案、不偏不倚。“察民情、体民意的人民好法官”，写有12个大字的锦旗熠熠生辉，这是一位70多岁的当事人对马海兰铁面无私办实案的衷心赞扬；“绝不拿钟爱的工作和审判事业做任何交易”，为老百姓营造法律保护的踏实感与归属感，这是师姐从业二十年来坚守不渝的法治信条。未来，建设社会主义法治国家的目标昭示着我国司法工作的春天，马海兰期盼着更多胸怀浩然之气的山大学子能在法治的道路上如空谷馨兰，唯奇卉之灵德、禀国香于自然，用责任与忠诚守护正义公平的美好人间。

[人物名片] 马海兰，山东大学法学院2000级硕士研究生，现任潍坊市中级人民法院民事审判第二庭庭长、四级高级法官，潍坊市妇联兼职副主席、潍坊学院兼职教授。先后被授予全国“五一劳动奖章”、全国模范法官、全国优秀法官、全国优秀女法官、山东省人民满意的公务员、山东十大杰出青年等荣誉称号。

肖辉馨

理性为剑辟天地，柔情做盾予关怀

如果要给肖辉馨贴上属于他的注解，不同的人一定会有不同的选择。媒体人、法律人、作者、电台 DJ、书店老板……每一个词语对应着他的一个选择、一段经历，或许这些故事串联起来并不惊天动地，但也足够精彩。

肖辉馨（中）与校友寻访队员合影

一、这一切，要从高考的阴差阳错说起

2001 年，山东威海，高中时代的肖辉馨就已经展现出了他的文字天赋，在高考前的模拟考试中，他的文章被选作全市范文。他的语文老师对他说：

“我做了一个梦，梦里你是今年山东省的高考语文状元。”然而等到高考结束，电话的另一端传出“语文 90 分”的声音的时候，肖辉馨泪水瞬间流了下来，虽然最终取得了 638 分这个还不错的成绩，但他仍然觉得有所缺憾。在肖辉馨眼中，父亲是个典型的不苟言笑的严父形象，高考后，他便懵懵懂懂地遵从父亲的意愿选择了山东大学法学院。

进入山大后，肖辉馨还依然保持着写作的习惯，也继续得到了法学院老师们的认可。在他看来，写作更像是一种天分，是水到渠成的本领。在山大法学院的时光，也没有成为像别人一样求学的单纯四年，一切还是像肖辉馨进入山大的巧合一样，他参加了中央电视台挑战主持人大赛、尝试了广播电视行业，在跟随着老师们求学的步伐的同时，还不断丰富着自己的经历与人生。

肖辉馨曾在他的新书《所有遗憾，都是对未来的成全》里写道：“第一次准备期末考试，在自习室里抄写、背笔记。我是一个法科学生，你可以想象那些烦冗的法条会如何跟一个人的脑细胞角力……十几分钟后，我会自然醒来，睁开眼睛，迅速切换到疯狂的看书模式，时常就会直接忽略了晚饭，一直学习到晚上。晚上 10 点半，自习室关门，我便转战到学校西门附近的路灯下……第一次期末考试，我考到了全院的第一名，这个成绩好得超出了我的想象。”肖辉馨说：“每次想起那个努力的场景都觉得特别欣慰，在学校里，只要通过努力就一定会有收获。”也正像他在书中写到的：“来日方长，时间会见证不易，时间也检验着努力。”2005 年，肖辉馨本科毕业，被保送修读刑法学研究生，开启了他在山大的又一段时光。

二、他用声音和文字，给人慰藉

肖辉馨一直坚持着写作的习惯，后来他的听众去到出版社工作，在听众的劝说下，肖辉馨出版了他人生的第一本书。2015 年《每一首歌都有 TA 要去的地方》《每个适合熟睡的夜晚我都在想你》出版，2016 年《没有你的晚安我睡不着》出版，2018 年《确认过眼神，遇见对的人》出版，2019 年《所有遗憾都是对未来的成全》出版，2020 年《人生不易，但很值得》出版。“不高不帅，一介书生”是他对自己的评价。肖辉馨坦言，写书对他来说就像是对过往人生经历的总结，他把这些他遇到的故事用自己的方式记录下来，将自己的阅历和人生经验娓娓道来。在写作中，肖辉馨把他感性的一面更多的展示出来。除了写书，他还与朋友共同开了书店“想书坊”，执着地坚持着他的阅读情怀。

谈起主持，这些年的经验仿佛也都还历历在目。大学时期参加活动，肖辉馨觉得自己也可以尝试主持。2003 年，肖辉馨大二，老师给肖辉馨打去了电话，建议他周末参加一个活动。等到到达现场，他才从身边的人口中得知这是《挑战主持人》在山东挑选手。彼时肖辉馨作为一个年轻的学生，并不露怯，在台上说了一小段。节目导演对他说："你的表现特别好，你可能是第一个到北京录像的。"后来肖辉馨一路比拼，取得了令自己满意的成绩，也通过自己的精彩表现获得了湖南卫视、东南卫视等电视台的邀约。当时他并未想过将来会成为主持人，直到大三时，正在外地实习的肖辉馨收到了即将成立的济南音乐电台总监的电话，然而他却拒绝了这样一个许多人求而不得的机会。最终电台总监只要求和他见一面，正是这一次见面，电台总监评价他"没有情绪也是一种情绪"，还在读书的学生拥有了一个属于自己的工位，成为一名主播。

肖辉馨（后排中）与同学们在校园

"我是你的 DJ 小新，未央之歌，唱在夜里。"在济南，在 FM99.1，每周一至周五 22：00 到 24：00，肖辉馨又通过声音展示着他的细腻温情的一面。他的声音在电波里透露出一丝神秘，但却给予听众一种安心与温暖。《城市夜未央》作为一个情感类的音乐节目，接受着城市里形形色色的人的深夜倾诉，许多人在这里和肖辉馨说出自己的秘密，许多人听着他随心选择的音乐在深夜悄悄睡去。肖辉馨坦言，他做了十余年的电台广播，最感谢的还是他的听众。听众为向他讲述的形形色色的不同的故事，让他看到了不一样的人生，也成为他不断创作的素材。

肖辉馨坦言，兼顾学校的课业和广播电台的工作时是有压力的，他也曾因为电台工作行走于深夜街头，在学校也得到了老师们的理解与支持。肖辉馨的声音在电波中传递着温暖与能量，用音乐舒缓着城市里人们心头的压抑。2007 年，他获得“全国十大 DJ 奖项”，对于肖辉馨来说，这都是他一点一滴的积累。

三、做新闻，也有法律人的坚守

肖辉馨的主持人事业从电台开始，后来慢慢发展到电视领域。他还曾做过一段时间早间新闻节目，夜晚与清晨的工作叠加在一起，有时连续三天都没有时间睡觉。电台里他感性细腻，电视里他理性客观，他却觉得，在细腻之中也有冷静分析，理性里也可以加上一点人性化、人文化的表述。

2013 年 1 月，山东电视台公共频道新改版的《民生直通车》栏目改版，肖辉馨担任主持人，对他而言，这也是一次大的跨越与改变。肖辉馨说：“在其他人喧哗时，我一定是沉默的，或者我提供的是一个理性的角度。”他倾向于带着他的观众直达事实的终点，不绕弯子。他也从来不会用过激的表达，因为他知道，媒体也应该带有温度，用最真诚质朴的态度展现事实的真相，而主持人在这条路上就是指路的灯。肖辉馨曾在采访中说：“如果某些新闻节目主持人或者民生节目主持人，他们代表的是过去或者现在的老百姓的说法，我希望我代表的是未来。”七年的法学学习经历，对肖辉馨的主持风格产生了重要影响，而法律知识也为他搭建了认知的基础，塑造了他的逻辑能力。

肖辉馨的书里有一篇名为《她什么都懂，她什么都知道》的文章，记载了他主持工作中印象很深的一次经历。一个患有白血病的孩子，已经配型成功，却因为缺少医药费迟迟得不到治疗。肖辉馨曾在报道中深情落泪，也在朋友圈发文筹款，然而最后，小女孩还是去世了。肖辉馨的手机里还存着孩子的父亲给他的语音，每每听到，他还是忍不住落泪。他说：“她最后带给我们的，依然是她生的渴望，还有那种生命的喷薄。”

对于肖辉馨来说，做民生新闻这件事是有着责任与担当的。山大法学院七年的训练给予了他知识与能力，也让他能够更加深刻地理解民生百态，而不仅仅是以普通人的朴素情感去作二元的简单判断。他挖掘隐藏在表面之下的真实，因为真实，才更有力量。理性是他的底色，感性也是他的特点。他在主持中也会不忍落泪，也会深情脉脉地讲述民生故事，只是因为从心底被感动。

四、心系山大，从不停下脚步

年轻时的肖辉馨从来没有想过进入广播电视行业，更没有想过自己会成为一位主持人。他曾经一直坚持着要“回归高校”的想法，在毕业后也在山大成为了老师一段时间。他说，后来不再在学校任职，但却偶尔也会遇见我的学生，那种情谊是独一无二的。在山东大学法学院的七年时光，见证了肖辉馨的成长与发展。他仍然记得学院教书的老师、古朴的校园、琅琅的书声还有来来去去的莘莘学子，他甚至还记得大一时讲授中国法制史的马建红老师曾给了他 98 分的成绩。

肖辉馨最感激的是周静老师，“当时的山大给了我一个非常自由的空间。我非常感谢我在硕士阶段的导师周静，她给了我妈妈一样的慈爱和温暖，引导我养成了乐观的心态。至今我都觉得我的心态受到了周老师的影响，永远乐观地看待这个世界。因为工作比较繁忙，我们好久没有联系过了，对此，我心中一直对她怀有愧疚。有时候怀念一所学校，更多的是在怀念学校里发生过的事和遇到的那些人”。

肖辉馨也会偶尔回山大转一转，面对“有着草莓一样鲜活面孔”的学弟学妹，与他们面对面交流。他认为这里有一种被信任的感觉，被人信任本身就有意义。

学习法律，从事传媒行业，专业塑造的理性成为肖辉馨的利剑，而他的感性本身变成了他坚强的盾，支持着他成长。他眷恋母校，感恩师长，是难以割舍的山大人的情怀。作为非典型的法律人，肖辉馨坚守着自己的信念，通过电视与广播传播着他的价值观，也许这一切正如他自己在书里写到的，“那些苦楚和窘迫，才是需要一个主持人和写作者去传递的‘声音’，因为这本身才是生活”。

［人物名片］肖辉馨，山东大学 2001 级本科生、2005 级硕士研究生，现任山东广播电视台融媒体中心评论部主任(播音名：小新)。山东电视公共频道《民生直通车》主持人，山东广播音乐频道 991《小新的未央歌》《那些年我们听过的歌》主持人，担任山东省文明旅游形象大使、山东省全民阅读推广形象大使、济南市文明交通形象大使等，出版《人生不易，但很值得》等著作，作品被翻译为日语、越南语出版。

吕 青

刑事审判刚并柔，法官生涯清如水

一、重返山大，踏法官之路

“我愿意做冰雪中怒放的那一簇红梅，驱除人们心中的冬寒，唤回久违的春暖。”这是吕青在事迹专题片《誓言》中透露的人生格言，也是她法官执业多年的坚守所在。从青葱校园到庄严法庭，品咂近三十载与法律同行的岁月，吕青感慨良多。

吕青（左二）与校友寻访队员合影

时间拉回到1996年，本科毕业后的吕青回到老家山东淄博，进入淄川区人民检察院工作。经办的众多案件中，令师姐印象最深的是一起检察院侦办但最终被法院宣告无罪的受贿案件，不能说服她的判决理由让她体会到“法院是公平正义的最后一道防线”。五年间，固然工作繁忙、案件如山，但师姐始终不忘深化理论学习，总结实务经验。她每周参加院里的案件讨论会，及时学习最新立法与司法解释，了解掌握学界最新研究动向，琢磨老检察官们的实务经验……“书本和实践绝对不能是两张皮”，师姐表示在法律方面自己永远都是个“学生”，只能在案件中不断学习，在实践中逐步提高，丝毫不敢放松懈怠。

出于对知识的渴求与向往，2001 年吕青毅然决定重返母校，进入法学院深造。再次回到大学校园，学术氛围的浸润熏陶、老师们的谆谆教诲、同学间的交流沟通共同勾勒出了她的三年研究生活。“若想实现法律的真正含义，必须依靠公检法这一双有形的手”，法学院的学习让师姐真正明白了法律实现的要义，更深刻认识到“法律本质和立法原意的‘落地’需要法官发挥无可替代的作用”。师姐坦言，当年的那起案件让她萌生了转职法官的冲动，而三年的法学学习则更加坚定了她选择法官行业的决心，可谓是“求学三年，影响一生”。怀揣着“把自己理解的公平正义体现在每一个案件中”的初心，硕士毕业后的吕青考入济南市市中区人民法院。

二、执法如山，愿两袖清风

进入刑庭，师姐坦言每一天的工作都充满了挑战。推陈出新的案件类型、纷乱繁杂的案件事实、不断更新的法律条文都考验着她的业务能力，但她深知“梅经寒冬才能扑鼻留香”。一起虚假诉讼案件中，检法机关在虚假诉讼是否具有溯及力的问题上各有分歧，但当时法律适用尚不明确、已有判决意见不一。面对摆在眼前的“拦路虎”，吕青带着同事们多方查找资料，大量阅读文献，经过一个多月反复摸索、系统梳理，在厘清立法原意的基础上最终形成理解与适用认识，圆满解决该案。一起组织领导传销案中，检察机关指控的事实尚不符合犯罪构成要件，吕青跳出既有思路建议他们追加事实以完善层级瑕疵，先后撰写八稿案件报告进行汇报，最终成功解决该案。

“能够将复杂案件妥善地处理完毕是作为基层法官最大的成就”，师姐如是说。一起强奸案中，犯罪嫌疑人百般抵赖，证人违心作证，被害人也几乎心灰意冷。但吕青不肯放弃，与被害人长谈，在详细查阅卷宗基础上系统分析辩护理由并制订出详细的庭审预案，前后六次开庭并撰写了长达万言的审理报告，最终在确实充分的证据面前，罪犯被判处有期徒刑三年。师姐告诉我们，当她看到被害人抱着仅有四页纸的裁判文书失声痛哭时，切身感受到守护正义的温暖力量。

随着法官终身责任制、裁判文书上网制的实行，庭审直播形式的推开，法官的每一次判决都被成倍数地“放大”。师姐表示这既是压力，同时也是鞭策她不断精进的动力，因为“要让每一起案件经得起人民的检验”。数年法官生涯，吕青面临过领导打招呼、好友说情、被告人家属上门送礼等，但在一次次的情与法、公与私、利与义的考验中，她始终心如磐石、不为所动，坚持“只要不贪，就没有推不了的人情”。正如师姐案头的那句话所言，“一个优秀的律师后面可以有百万家产，而一个合格的法官背后，只能有洁白朴素的生活”，她用朴素织出了法官的尊严，用洁白维护着司法的圣洁。

三、少年审判，予温暖关怀

2009年，吕青被任命为少年法庭审判长，长期的少审工作中，她坚持用温暖与关怀帮助少年犯迷途知返。一起仅造成轻伤的故意伤害案中，公安机关对被告人实施逮捕后，其家人不管不问，原本纯朴稚气的被告人在近六个月的羁押中变得孤僻木讷。吕青认真研判案情后，多管齐下地做好被害人、被告人和学校三方工作，最终被告人得到谅解，以被判处有期徒刑十个月、缓刑一年而告终。随后，师姐又去学校帮助他争取到返校补修课程的机会。回访时，曾经的少年犯对师姐充满感激，在发来的微信中写道：“在我遇到挫折时，是您给了我新生，谢谢您。”

吕青（中）与孩子们在一起

“少审法官的责任不仅体现在判决的公正，更在于爱心的引领”，师姐表示处于迷茫期的少年犯心智尚不成熟，大多数因一时冲动莽撞而酿成大错，其背后的根源是问题家庭和畸形教育，需要用真情重新唤醒他们。为此，吕青常采用“圆桌审判”的方式开庭，与公诉人、少年犯、家长等围坐一起，“零距离”审理案件，以最大化减少对孩子的心灵伤害。她动之以情、晓之以理，许多孩子痛哭流涕、表示愿意改邪归正，家长也认识到疏于看管导致孩子误入歧途，愿意悉心沟通、耐心教育。

为真正让预防犯罪的关口前移，2011 年 8 月，立足于市中区人民法院的全省首家功能性“网上法院”平台，吕青主导开通了“与法同行，青春飞扬——吕青关爱成长热线”栏目，在线对少年犯进行回访并提供法律咨询等服务。师姐仍记得热线开通不久的一次咨询，某少年因在网上写了诋毁他人的文字而担心被起诉，焦急地留言咨询。吕青看到后首先疏导事情起因，待少年情绪平静后严肃讲清其行为的危害性，并持续关注事态发展。至今，师姐仍不知道少年的真实身份，但与他一直保持着朋友般的交流，时常还能收到他的问候留言。热线开通以来，师姐在线交流 5000 余次，解决问题 200 余个，真正实现了大爱漫时空，牢牢攥住了在犯罪边缘游离的未成年人那根线。

四、雷厉风行，推改革落实

从事刑事审判十六年间，吕青追求公平正义之心不移，坚定法律人情怀不改，骨子里疾恶如仇、除暴安良的正义感和责任感召唤着她将罪犯绳之以法，每遇扫黑除恶的案件，她总是冲在第一线。全区首例恶势力犯罪团伙王某某等四犯寻衅滋事、故意伤害案中，面对颠倒黑白的犯罪嫌疑人，她通宵达旦地审阅繁多复杂的案卷材料，不分昼夜地重新组建新的证据链条。最终在还原清楚的案件事实面前，被告人当庭认罪，23 天审结该案开创了惩处黑恶势力犯罪的“市中速度”和“市中模式”。此外，师姐还在案件生效的第一时间分别向相关部门提出司法建议，就审理期间发现的执法瑕疵与监管漏洞及时予以通报，助力法治政府的规范建设。

在司法改革的大潮中，师姐坦言自己从来不是“守旧派”，她一直勇做“改革排头兵”。审理速裁案件中，吕青高度重视到被告人在审判环节的诉讼权利保障，积极建议司法局让律师以辩护人身份全面介入案件，最终促使市中区人民法院成为济南首家在认罪认罚案件中推行律师辩护全覆盖的法院。“在案件中不断学习、总结复盘是法院人的常态”，审判之余，吕青还总结实务经验，细化刑法总则规定的各种量刑要素和分则中各具体罪名的量刑基准，主笔起草了院里的《量刑指导规则》，开创了全市法院系统刑事审判业务的先例。师姐还参与省法院、最高院量刑指导意见的专题研讨，提出建设性意见，先后发表学术稿件和专业论文 17 篇，成为名副其实的专家型法官和创新型法官。

两肩不卸法治梦，一身诗意踏歌行，已然“身经百战”的吕青带领着刑事审判庭以每年处理六百余件案件的力度守住无数人日常安宁的生活。面对不断深化的刑事诉讼制度改革，师姐期待法院、检察院、公安机关能够在不断磨合中各明其责，加强衔接配合，以形成一股打击犯罪、保障人权的强大合力，为法治中国建设作出自己的贡献。

[人物名片] 吕青，山东大学法学院 2001 级硕士研究生，济南市市中区人民法院刑事审判庭庭长、四级高级法官。曾获评全国模范法官、山东省优秀法官、山东省青少年维权工作先进个人、山东省“巾帼建功”标兵等荣誉称号，荣立个人一等功一次。所带领刑事审判团队先后被授予全国巾帼文明岗、全国法院刑事审判工作先进集体。

刘振会

用坚守促公正，以法理铸法魂

一、坚守刑事审判

初见刘振会校友是在一个明媚的上午，儒雅的气质、学者的风范，让人很难将他与握有生杀予夺大权的刑事审判法官联系起来。闲聊间，师兄的思绪回到1995年，西南政法大学毕业的他带着匡扶正义的初心毅然选择进入基层法院，十余年间历经刑庭、研究室、民庭多次岗位调整，他始终保持为民初心，坚守公正底线。

刘振会（左二）与校友寻访队员合影

2003年，为进一步提升自己的法学理论素养，刘振会进入山东大学攻读法律硕士。忆及山大的学习生活，师兄最深的感受是“学风浓郁”，难以寻觅到空位的自习室、充满读书声和讨论声的小树林、必须提前抢位置的学术讲座共同勾勒出师兄的山大记忆。读书期间，恩师的诲人不倦也令他记忆犹新：田荔枝老师给他提供选题资料、传授研究方法、指导论文写作等，其对待学术的严谨、细致和耐心都潜移默化地影响着师兄；谢晖老师通过讲故事的形式将抽象的法理知识具体化，幽默诙谐的语言引人入胜，师兄表示：“他传授的法理知识培养了我的思辨能力和法律意识，让我受益终生。”

2007年，刘振会进入山东省高级人民法院工作，先后在刑四庭、审管办、研究室、机关党委工作。2017年，师兄回到刑四庭工作，除审理刑事二审、复核案件外，还从事调研、综合材料起草、对下业务指导等工作。2018年以来，又参与了省法院扫黑办的工作。作为从事死刑案件审判的法官，师兄对死刑的存废进行过深入思考。师兄表示，中西方国家对死刑的认识受文化和价值观的影响较大，不能简单地以一元化的标准看待死刑的存废。“价值观深受环境影响，比如一盆光彩夺目的花被换到其他地方后可能就黯然失色了”，师兄表示死刑存废没有对错之分，而是要权衡社会治理的需要、文化传统、主流价值观和社会公众的接受程度等诸多因素。“保留死刑，严格控制和慎重适用死刑”，符合当前我国的社会治理需要和社会公众的普遍共识。

二、立足司改前沿

2014年春，刘振会被借调至山东省社会体制和司法体制改革领导小组办公室，参与司法责任制改革的相关工作。“法官员额制是司法责任制改革的核心，它能真正实现‘让审理者裁判，由裁判者负责’”，刘振会表示这一改革不是从审判员到员额法官的简单概念转化，而是从制度层面实质性地推动法官独立审判。怀着对司法责任改革的憧憬，2016年底参加了省法院第一批员额法官遴选，进入了员额法官队伍，回到了刑事审判一线，切身体会到时代变革对于法官的专业能力和业务素质提出了更高的要求，而他也将继续以打击刑事犯罪为己任，让正义之花结出群众满意之果。

司法责任制改革是司法领域一场深刻的自我革命。刘振会坦言，紧紧牵住责任制这个“牛鼻子”，除了法官内部队伍的建设外，还需要落实配套的责任机制、监督机制等。随着以审判为中心的诉讼制度改革推进，建立刑事证据开示制度、完善庭前会议制度、贯彻直接言词原则等一系列变化让师兄感受到刑事审判庭审实质化改革的成效，他也努力将尊重和保障人权、程序正义等理念体现在每一起案件审理中。

三、拓展理论研究

从业多年，刘振会办理过众多复杂棘手的案件，其中包括备受关注的“于欢案”。作为该案二审的合议庭成员，师兄坦言，“舆论的确给审判带来巨大压力，但审判始终保持了法治定力，确保了依法公正裁判”。在刘振会看来，舆论与司法是相互促进的良性关系，它们的最终目的都是实现最高层次的公正——被社会接受的公正。“‘于欢案’是一场对全社会起到教育意义的司法公开课，推动了法律的进程”，师兄表示该案的全程直播让公众看到了法官对于法治立场的坚守，也引发了全社会对正当防卫、司法公正的思考，其法律效果和社会效果影响深远。

刘振会获评全国优秀案例分析一等奖

作为刑四庭副庭长，近年来刘振会接触了一些重大涉黑恶案件。师兄介绍，黑社会性质案件均为组织犯罪，牵涉人员众多，社会影响恶劣，但认定黑社会性质组织的四个特征在司法实践中尚无统一标准。在师兄看来，机械地适用法律规定有可能悖于罪刑法定的要求，而同类案件中事实、情节等认定具有较大的参考价值，因为“类案类判不是非左即右的极端化理解，而是运用一种同样的思维方法和判断标准去审理案件”。结合多年理论研究和实务经历，刘振会在对吴某某案的评析中提出应坚持依法认定、实质判断、标准相对稳定的原则进行综合评判和整体衡量，其成果获评全国优秀案例分析一等奖。“发现问题、找准焦点后基于法理并结合法律进行分析就能顺理成章地得出结论”，师兄建议在校法学生可以从分析案例开始撰写文章，不断锻炼自身的分析能力和逻辑思维。

[人物名片] 刘振会，山东大学法学院2002级硕士研究生，现任山东省高级人民法院刑事审判第四庭副庭长、三级高级法官。兼任山东省诉讼法学研究会副秘书长，山东师范大学、山东财经大学兼职教授，先后获评全国法院系统扫黑除恶审判专家、山东省法院审判业务专家、山东省法律研究领军人物。

耿国玉

心随“律”动，秉“法”前行

一、求学山大，难忘校园时光

初到众成清泰，耿国玉师兄便热情地带领我们参观律所。当走到会议室里的铜像前时他沉默静立，而后向我们介绍铜像所刻画的便是其法律行业的领路人——已故的王广仁主任。回忆二十年相处点滴，耿国玉感慨王主任对他而言亦师亦父，一把将他拽进了律师行业的大门，指引着他一路前行。

耿国玉(左二)与校友寻访队员合影

思绪飞回被岁月染黄了的那些年。1992年,由于父亲过早去世、家中负担较重,本科毕业的耿国玉没有选择继续深造,而是回到老家平阴县的对外经济贸易委员会工作。六年间,虽然工作繁杂,但耿国玉内心一直未曾忘却自己最初的法律梦想。"既然学了法学,那就应当给自己本科四年一个交代",怀着法律人的初心,1998年耿国玉来到了山东众成仁和律师事务所,就此开始了二十余年律师生涯。当时正值律所自巅峰落至低谷的特殊时期,在创始合伙人王广仁主任的全心信任和无私指导下,他迅速"入行"、快速"上手",对每一天都感到新鲜、好奇,对每一案件都充满热情、希望,短短三年就成长为律所副主任。

"越是工作多年,越是渴求实现理论知识的升华",出于对专业知识的执着以及对百年学府的向往,从事律师工作五年后的耿国玉决定赴山东大学法学院继续深造。与同学在洪家楼校园的午后漫步、与老师在课堂上的学术交流均令他印象深刻,而实务中的案例积累也促进了法律知识的内化。忆及这段青葱时光,师兄笑称自己当年每每想到周末要去山大上课,便从周五就开始忍不住兴奋、期待。如今毕业十四年,从走进校园设立奖学金到与山大共同合作科研项目,耿国玉从未停止过对母校发展的关注。作为一名山大人,师兄不禁感慨母校厚重温和的文化氛围至今仍滋养、鞭策着自己,三年求学,一生受益。

二、律师从业,感性理性相融

对于当年放弃"铁饭碗"而转职律师的决定,耿国玉表示从未后悔,因为自己遵从了内心的声音。从业多年,师兄深感"律师行业是一片挥洒自由精神的天地,但也是理性与感性并存的世界"。遍阅法条、详读案卷后,基于自身知识和经验积累在法律框架内寻求争议最优解是律师职业理性的彰显,但亦需要感性来将冰冷的法律化为温和的力量。

早期办理一起刑事案件时,根据对委托人的了解和所掌握的事实,耿国玉认为其被判处限制自由的期限过久。耿国玉深知"法律的最终目的是实现民众的自由与平等",也见过太多人因失去自由而绝望,于是想以法律为武器,帮助委托人获得合法权益。为此,他在三年半时间里往返北京30余次,用法律事实帮助委托人复原客观事实,最终成功辩护。由于师兄收取的律师费用甚至不足以覆盖往返的车票和住宿,委托人家属事后多次对他以物质表示感谢,但均被拒绝。对此,耿国玉表示受人之托、忠人之事,只要能让委托人得到公平待遇,自己就会不计成本、不遗余力,而他"做过了,就心安了”。“干律师，就要把律师当作一项崇高的事业，而不是谋生的手段。”师兄一直将王主任的这句话作为人生的座右铭，让理性与感性的光辉交互闪现在职业生涯中的每一起案件中。

二十年余间，耿国玉为济青高铁、遥墙机场、济南轨交、泉城广场、奥体中心等多个重大建设工程提供全程法律服务，保证了项目依法合规进行；为莱钢集团、兖矿集团、华鲁集团等公司改制提供专业指导意见，助推国有企业深化改革。办理业务之余，师兄还将日常所思转化为文字。多年来，他笔耕不辍，撰写了10余篇论文并在省市律协组织的理论研讨中获奖，其作为主要撰稿人参与编写的《公司法》一书成为高校通用教材。

三、创新发展，勇担社会责任

2015年，耿国玉所在的众成仁和律所与清泰律所合并，成立众成清泰律师事务所，实现律所资源整合与跨区域合作。2018年，王广仁主任不幸去世，耿国玉倍感悲痛之余，亦肩负起带领律所进一步做大做强的责任。面对内外部的巨大压力，他迅速制定出律所发展的“三年规划”，力争在2020年转向全国布局，落实律所发展一体化战略。在科学规划下，众人一条心拧成一股劲，众成清泰律所正实现着新的飞跃。

“‘众成清泰’四个字是我们律所理念的高度凝练。”谈及律所文化，耿国玉表示可以此四字概之。“众”“成”二字均一语双关，既意味着对内团队协作、成就员工，又表示对外服务大众、成就客户；而“清”“泰”二字则从自我层面警示所有员工应以法律为底线，不做蝇营狗苟之事，同时要将自身的专业水准提升至与泰山同高。“个人进步始终与集体发展唇齿相依”，师兄强调一个充满生命活力和事业张力的团队是律师成长最好的摇篮，而他今天的成绩也得益于众合清泰提供的广阔平台。

在律所理念的激励下，耿国玉把匡扶正义作为职业使命，把扶危济困作为社会责任，一直积极带领律所投身公益事业。“清晨上班时，我经常看见环卫工人默默清扫大街的身影，总想着为他们做些什么”，师兄质朴的话语扣人心弦。他把关注的目光投向社会中最易被人们忽视的劳动阶层，组建起残疾人维权律师团、环卫工人维权律师团，为弱势群体提供力所能及的法律服务。2019年初，为纪念王广仁律师，耿国玉还主导设立永久存续的“众成清泰——广仁基金”，以培养青年律师，参与公益救济。不论是精准扶贫时在长清区马山镇关王庙村捐钱修通的自来水管道，还是疫情来袭时向湖北孝感捐赠价值40余万元的消毒设备，耿国玉始终带领着众成清泰以实际行动诠释着社会担当及家国情怀。

四、行业布局，蓬勃高质发展

“中国当前的法律服务行业欣欣向荣、充满生机”，作为济南市律师协会会长，耿国玉表示经济的持续发展必然会导致大量新型交易模式的出现，法律服务的需求领域亦会随之不断扩大。谈及济南市律师行业的未来布局，耿国玉表示将进一步发挥省会优势，以济南为核心，辐射拉动周边城市的律所发展，打造司法一体化发展新局面。近年来，济南律协也在加强律师培训教育方面持续发力，精心组织青年律师领军人才训练营，为律师行业培育守初心、担使命、勇担当、善作为的高质量法律人才，服务于“法治山东”建设。同时，耿国玉还积极参加涉及改善和保障民生的地方立法工作，先后参与和承接《济南市企事业单位民主管理条例》《济南市保障残疾人合法权益的若干规定》等多项地方立法工作，努力将“律师的价值”真正发挥到极致。

耿国玉(右)受聘山东省委法律顾问

自执业以来，耿国玉始终紧紧围绕着党和政府的中心工作，将一名党员律师的社会责任感体现得淋漓尽致，在他看来，“律师当有‘为生民立命’的担当作为”。疫情期间，耿国玉迅速组建起公益团队为中小微企业免费提供法律服务，同时针对复工复产过程中出现的热点法律问题进行深入研究并共享研究成果，让掌握“一技之长”的律师群体在这场抗疫战争中切实发挥作用。第十四届济南市政协第四次会议期间，他畅谈对于法治政府建设的建议，表示市律协将组织律师行业积极参政议政，做好政府法律顾问工作，推进重大项目依法进行，努力在社会主义民主法治建设中展现济南律师的担当。

山东自贸试验区建设、黄河流域生态保护、新旧动能转换等众多与社会民生相关的热点话题都吸引着耿国玉的视线，未来他将通过律师协会努力搭建起多方协作平台，与更多的律师同仁一起致力于服务山东建设，让法律的阳光普照每一个人的心田。

[人物名片] 耿国玉，山东大学法学院2003级硕士研究生，山东众成清泰（济南）律师事务所主任，中华全国律协公司法专业委员会副主任、山东省律师协会常务理事、济南市律师协会会长，山东财经大学、烟台大学、济南大学法学院客座教授，担任中共山东省委、山东省政府、济南市委、市政府常年法律顾问；先后被授予全国优秀律师、全国公共法律服务工作先进个人、山东省法律研究领军人物、山东省十佳律师、济南市十大法治人物钱伯斯“亚太法律指南”山东地区公司商事领域第一等律师等荣誉称号，并荣立个人二等功、三等功各一次。

郑海涛

战“疫”路上，执法治之笔，开健康良方

2020年初，一场突如其来的新冠肺炎疫情肆虐神州大地，全国上下都进入了全民抗疫的紧张时期。在疫情最为吃紧的关键当口，我们通过腾讯会议视频平台对在山东省卫健委工作的郑海涛师兄进行了一次“云采访”，真切感受到他作为一名法律人、卫生人的使命与担当。不过，师兄的“战疫故事”，还要从17年前的那场“非典”讲起……

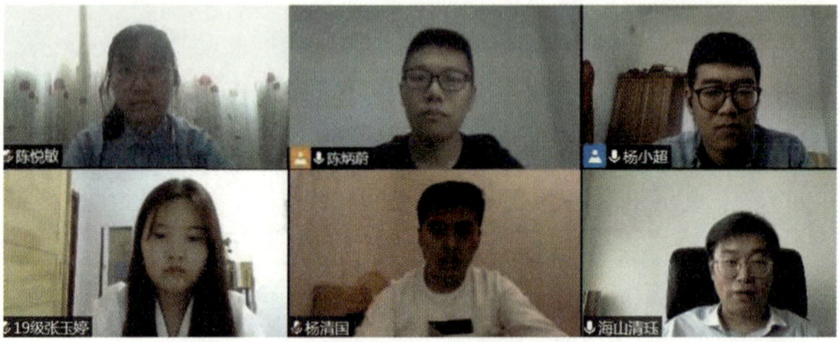

郑海涛（下右）接受校友寻访队员“云采访”

2003年春天，SARS病毒席卷中国。时年27岁的郑海涛刚刚遴选至山东省卫生厅不足两年，便主动请缨进入山东省“非典办”。如今回想，师兄仍能清楚地记起当时日夜轮流值班的细节——会议室内灯火通明，电话铃声此起彼伏，工作人员紧张忙碌。那段不分昼夜、不辞辛劳坚守岗位的经历让他终生难忘，那句“特别能战斗，特别能吃苦，特别能奉献”的抗疫精神还时常在他耳畔回响。

同样是那一年，郑海涛踏入了山东大学法学院的大门，成为一名宪法学与行政法学方向的硕士研究生。师兄表示，自己本科毕业于机械设计与制造专业，有机会来到山大这样的高等学府再次深造，他倍感珍惜。经过三年

系统的法律学习，法学的基本概念、基本理论和基本思想在他心中牢牢扎根，运用法律规则、法律方法与法律思维解决问题也成为他工作中的日常。“依法行政是政府工作的灵魂，学法用法更是每一个国家工作人员的基本要求。”十余年间，郑海涛先后在办公室、人事处、机关党委等处室任职，虽不直接从事与法律相关的工作，但他却始终不断强化着自身的法律意识和法治观念，成功防范化解了工作中遇到的很多困难与挑战。

2015年起，郑海涛开始主持山东省卫计委政策法规处工作，得以将所在行业与所学专业有机结合。除了参与制修《山东省人口与计划生育条例》《山东省精神卫生条例》《山东省医疗废物管理办法》等地方性法规外，师兄还承担着山东卫生行政机关规范性文件的合法性审查、行政复议、行政应诉、法制宣传等相关法律事务。多年的工作实践中，郑海涛始终坚持问题导向、目标导向和效果导向相统一，通过座谈会、听证会等形式最大限度地听取专家学者、企业代表、普通群众的意见，在汇聚民智的基础上着力提升立法质量与执法水平，不断筑牢公共卫生服务领域的法治堤坝。

新冠肺炎疫情期间，师兄也发挥所长、尽己所能，为这场“战疫”贡献着自己的一份法治力量。疫情发生后，他便第一时间带领政策法规处的同事梳理《传染病防治法》《突发事件应对法》等与疫情防控和应急管理相关的法律法规，在组织机关内部进行学习研讨的同时，通过微博、网站等媒介让百姓及时知晓。同时，他们以群众需求和现实需要为导向，持续深化推进“放管服”改革，对放射卫生、消毒产品生产企业实施行政许可告知承诺制，不需等待完成现场检查、资料审查和技术审评之后再作审批，最大限度地优化业务流程、助力抗击疫情。“将各项疫情防控措施统一纳入法治轨道，让法治思维成为我们打赢这场阻击战的坚实后盾和有力保障”，郑海涛如是说。

访谈过程中，师兄几次表达了自己因没有医学背景，无法到一线救死扶伤的遗憾。当提及山东省卫健委的同事和各大医院的医护人员纷纷写下请战书、逆行出征的白衣战士们高喊“敬畏生命，救死扶伤，甘于奉献，大爱无疆”的口号等温暖瞬间时，他一度哽咽。不过，最令郑海涛感动和骄傲的，还是母校数以万计的师生医务员工和校友汇聚而成的山大力量：学校各附属医院、教学医院先后派出8批次共计639名医护人员驰援湖北，齐鲁医院援鄂护师张静静因多日劳累突发心脏骤停献出宝贵生命，王传新教授所在的联合研发团队成功研制病毒抗体检测试剂盒，海内外校友响应“楚天齐鲁、守望相助”号召纷纷捐款捐物……师兄发自肺腑地为自己是一名山大人而感到无比的自豪。

“春风杨柳万千条，六亿神州尽舜尧”，郑海涛表示，取得疫情保卫战的突破性胜利，离不开全国 14 亿人民的上下同心、同舟共济。疫情发生后，师兄先后赴四地市参与多轮督导检查工作，以“四不两直”的暗访形式深入村庄社区、基层卫生服务中心、重要交通卡口调研疫情防控情况，在与百姓面对面的沟通中真切感受到了人民战争的伟大力量。从无事不出门到出门戴口罩，从不聚集聚会到不走家串户，精准防控、群防群控的成功实施得益于每一个群众的积极参与，郑海涛感慨“这是一场没有旁观者的全民行动”。

工作中的郑海涛

随着国内疫情形势趋缓，疫情防控进入常态化阶段。作为政策法规处处长，师兄也开始反思疫情“大考”中暴露出的法律问题，考虑法治思维在重大公共卫生事件中所应扮演的角色。郑海涛介绍，我国公共卫生法律法规体系呈“曲线型”发展，现有体系是 2003 年“非典”疫情暴发后紧急建立的，十余年来并未进行实质性的修改与完善。从国家法律法规到地方法规规章，均无法满足疫情防控和突发事件应对的需要。“痛定思痛，我们不能再去做‘事后诸葛亮’了”，师兄表示，“这次疫情敲响了公共卫生安全的警钟，也倒逼着法律法规体系的‘加速度’完善”。

2020 年，公共卫生应急管理改革被确定为山东省“重点工作攻坚年”的第一项攻坚行动，建立健全公共卫生法治体系便包含其中。下一步，郑海涛将紧跟国家立法进程，全力推进《山东省传染病防治条例》《山东省突发公共卫生事件应急办法》等多部法规规章的制修工作，致力于加快构建系统完备、科学规范、运行高效的公共卫生法律法规体系，努力健全权责明确、程序规范、执行有力的疫情防控执法机制。“天下之事，不难于立法，而难于法之必行。”师兄认为，法律从“纸面上的法”真正落实为“行动中的法”离不开政府治理能力的增强和全社会法治素养的提升。为此，他们对内实施分类普法、精准普法，提升三级卫生健康委工作人员依法行政的意识和能力；对外加大普法力度、创新普法手段，以大众喜闻乐见的图文漫画、短视频等方式，让法律精神得以真正实现。

2020 年 6 月，《基本医疗卫生与健康促进法》正式实施，“健康”迅速成为百姓关切、社会热点。“一人健康是立身之本，人民健康是立国之基。”郑海涛表示，在贯彻健康中国行动、推进健康山东建设方面，山东已然走在了全国的前列：制定《“健康山东 2030”规划纲要》，切实提高人民健康水平；大力发展中医药事业和产业，不断向中医药强省迈进；全面推动实施国民营养计划，开展“一评二控三减四健”行动；完善全民健身公共服务体系，构建“一市一品牌，一县一特色”的全民健身活动格局。未来，师兄希望能继续为卫生健康改革发展提供有力法治保障，多措并举织牢织密公共卫生防护网，帮助更多公民树立“做自己健康的第一责任人”的理念，保证个体健康、守护群体健康，逐步筑牢健康中国“大厦”的每一块基石。

［**人物名片**］郑海涛，山东大学法学院 2003 级硕士研究生，现任山东省卫生健康委员会综合监督处处长，长期从事卫生健康法律法规工作。历任山东省卫生厅人事处副处长、山东省卫生计生委机关纪委书记、山东省卫生健康委员会政策法规处处长，兼任农工党山东省委参政智库专家，曾获评全国“六五”普法先进个人。

朱士刚

风雨长路与法同行，气有浩然初心相伴

一、求知若渴，重返校园

2003 年，山东大学校友联合发起《关于恪遵职业操守共促司法公正的联合宣言》——《枣庄宣言》，提出恢复法官与律师良性互动关系、提高司法权威与公信力的愿景。宣言因其独特的时代前瞻性，在全国引起了强烈的反响。朱士刚作为发起者、参与者之一，亦以他 26 年的律师生涯为这一宣言注脚。

朱士刚（左二）与校友寻访队员合影

回忆起在山大的校园生活，朱士刚对法学院厚重的学习氛围与严谨治学的风气印象深刻。在老师们“领路人”一般的引导下，师兄的法律思维在潜移默化中逐渐形成。“老师不仅带我领略了法律世界的奥秘，还解决我的困惑，指引着我的人生道路。”师兄表示，来自不同地域的同学本着对法学同样的热爱在山大相遇，在讨论中，不同的思维方式与思考角度相互碰撞，往往可以产生新的思考。“实际上大学不仅仅可以学习知识，更可以开阔视野、打开思路、提高法律素养。”

师兄坦言，在山大求学的经历铸就了他的律师之路。朱士刚仍然记得老师们多次讲述“某厂女工正当防卫的故事”，老师们深入浅出，用专业法学知识进行解读，展现出了法律行业的精彩之处，深深吸引了朱士刚。求学期间，李洪武老师兼任法学院隶属的山东第四律师事务所主任。李老师将法学知识与实务操作结合分享律师从业经验，讲述律师职业技巧，坚定了师兄从事律师行业的信心。“律师需要终身学习，不进则退。”毕业后，朱士刚进入律师行业，仍不断汲取最新知识、着力提高业务水平。2002 年，师兄通过专升本考试进入山大学习两年；2005 年，师兄考取法学院在职法律硕士。正是因为法学院老师们的身体力行、堪当表率，朱士刚才得以在从业二十余年的时间里孜孜追求着师长们的身影。

二、业务精专，争为翘楚

1994 年参加工作至今，朱士刚见证了律师行业 20 多年的发展，“枣庄律师业的发展是山东省乃至中国律师行业发展的一个缩影”。工作初期作为新人律师，师兄坚持用开阔的眼界去学习，摸索符合自己的学习方法，在最短时间内快速提高法律素养、业务能力，在自己的业务领域有超出其他律师的水平。律师之路绝非坦途，但是朱士刚一路奋斗、一路前行，其中艰辛从未向人提起。经过长期经验积累，朱士刚在公司破产法与刑事辩护领域深耕细耘，卓有成绩。“破产问题不仅是法律问题，更是社会问题，但仍然需要借助法律解决。”本着“专业的人做专业的事”的理念，迎难而上，厘清政府、债权人、职工之间的关系，协调不同主体利益的诉求，推动破产案件圆满解决。以专业解决方案解决具体案件，生动诠释着业务精专的独特优势。作为山东省政府法律顾问和专家律师，朱士刚认为，“律师不但需要具备综合专业素质，而且需要守住底线，才能依法办案”。

“我们最大的价值体现在通过我们的法律技能和业务能力为人民解决问题。”朱士刚身体力行，在枣庄的城市和乡村，做了大量的农民工维权援助工作，促成山东龙头律师事务所和山东齐鲁（枣庄）律师事务所的律师组成“山东龙头－齐鲁女律师志愿团”，走乡村赶大集、到广场进社区，普及法律常识、宣扬法治精神，帮助弱势群体，成为法律宣传服务的一道亮丽风景线。“律师应当关注社会问题，积极承担社会责任”，进入律师行业二十余年，朱士刚始终保持着对社会的关怀，用行动践行着自己的信念。

三、角色转变，放眼未来

朱士刚（前）带领律师集体宣誓

2007 年，朱士刚担任龙头律师事务所主任，经历了从律师新人到律所管理者的角色转变，他身上的担子更重了，目标也更明确了——带领龙头律师事务所勇攀高峰。“一个人的能力终究有限，要重视团队建设，将诚信、协作、敬业、争先的律所文化融入人心。”他特别注重青年律师的培养，通过以老带新推动梯队建设；积极开展读书会、乒乓球比赛等文体活动，增加团队凝聚力、向心力，塑造集体归属感；积极发挥党建引领作用，带领团队重走长征路。在朱士刚的带领下，龙头律师事务所荣获“全国优秀律师事务所”“山东省优秀律师事务所”“山东省十佳律师事务所”等称号，先后两次荣立山东省司法厅集体二等功。“十年磨一剑”，龙头律师事务所的发展正是他不懈努力的最佳证明。

朱士刚不仅是律所的引领者，更是枣庄市律师行业的护航人。作为枣庄市律师协会会长，他经常带领全市律所主任赴全国高校培训学习，提升律师的专业水平；积极协调相关组织，为律师营造良好的执业环境；关注律师身体健康状况，组织全市律师定期体检……从能力养成到人文关怀，朱士刚勤修不怠，为培养更多的律师人才奉献着自己的力量。

“青年是我们的未来，我非常注重青年的培养。”这是朱士刚对年轻一代律师的关心与期盼。朱士刚带领枣庄律协每年开展有益于青年律师培养的专项扶持与培训,并带动全市律所主任定期去高校授课,保障律师后备军能得到良好的培养、迅速的成长。对于龙头律师事务所内的青年才俊,朱士刚希望他们独立起来,成为律所的骨干、优秀的律师,接过前辈们的接力棒,努力实现百年大所的目标。龙头律师事务所建成已 40 年,作为主任的他对实现这个目标充满信心。

四、身兼数职,回馈社会

"律师最大的价值体现在通过律师的法律职业技能为人民解决问题。"在律师工作之外,朱士刚积极从事社会工作、热心支持公益事业,尽己所能回馈社会。2006 年,朱士刚加入中国国民党革命委员会,并两次担任枣庄市民革副主委,创建了民革法律援助中心,积极开展法律宣传活动,为枣庄市民提供公益法律咨询服务,形成了良好的学法、尊法、守法、用法氛围。新冠疫情期间,倡议全市律师捐款捐物,为一线医务工作者提供帮助,为高铁站等购买消毒设备和测温仪,积极承担社会责任。"律师不能只向钱看",他相信投身公益,必有收获。

2018 年,朱士刚团结私营企业和外资企业的管理人员和技术人员、社会组织从业人员、自由职业人员、新媒体从业人员组建枣庄市新的社会阶层人士联谊会。"我们应积极向党靠拢,发出正能量。"作为会长,朱士刚带领联谊会充分发挥职业优势,开展"送技术、送书法、送绘画"党建活动,丰富基层文化活动,积极为弱势群体发声,助力社会企业发展;作为枣庄学院兼职教授,师兄每年都会为学生带来高质量的课程;作为山东省政协委员,他积极参政议政,曾经给最高法、省法院的报告提出意见建议 14 条,尽其所能推动山东省司法工作的发展。

"学无止境,气有浩然"是母校为朱士刚留下的烙印。作为具有学习精神、社会责任、创新思维的律师,朱士刚用自己的实际行动践行着家国情怀与社会责任,也走出了一条精彩的律师路,书写出了山大法律人的精彩人生。

[人物名片] 朱士刚,山东大学法学院 2006 级硕士研究生,现任山东龙头律师事务所主任。兼任山东省政协委员、山东省律师协会青年委员会主任、枣庄市新的社会阶层人士联谊会会长、枣庄市律师协会会长,枣庄学院兼职教授。曾获评全国优秀律师、山东省十佳律师、山东省维护职工权益杰

出律师、山东省优秀中国特色社会主义建设者、山东省非公有制经济人士优秀中国特色社会主义事业建设者等荣誉称号，荣立个人二等功一次、三等功两次。

张西明

铁肩担当铸忠诚，身耕检察系百姓

大江流日月，慷慨歌未央。从中专生到硕士研究生，从啤酒厂到人民检察院……数十载光阴转瞬，“不屈于命运”的张西明，用他的努力奋斗成就了自我，扎根滕州基层、创新敢为人先，张西明走出了与众不同却又闪闪发光的检察之路。

由于家境困难，成绩优异的张西明在初中毕业后选择升学中专，刚满18岁便被分配到啤酒厂从事机械维修工作。“我对知识的向往并未止步于此”，在一场普法讲座上，张西明被法律的魅力所深深吸引，因而坚定地迈向了神圣的法学大门。1991年，张西明报名参加了法学专业的自学考试，在啤酒厂三班倒的繁忙工作之余，他挤在简陋的宿舍里，争分夺秒地学习法学知识。回忆起那时的自学时光，张西明坦言自己不求结果，“但求问心无愧、不负时光”。在没有老师、没有大纲的条件下，他坚持立足教材、细细揣摩，将书“由薄读厚”，最终能独立复述一整本书的主要内容。正是这段艰苦却踏实的学习时光，张西明迅速掌握了大量知识，形成了自己逻辑框架，对法学有了全新的认知。“自学考试，为我提供了一个没有围墙的大学，是我迈向法律的第一步。”1994年，张西明顺利取得法律专业专科毕业证，并通过全国律师资格考试。“得之在俄顷，积之在平日。”恰逢山东检察机关增编补员面向社会招考，得益于自学积累的张西明在考试中表现突出，以优异成绩迈进了他向往已久的检察队伍。

从检之初，张西明以踏实稳重的工作态度迅速胜任刑事检察工作，很快便能独立进行案件的审查批捕，并在一年后调任公诉部门工作。恰逢刑法修改，张西明初为公诉人便办理了全国首例村委会作为单位犯罪主体的刑事案件。张西明介绍，村主任是法律意义上行政村的法定代表人，在村主任被逮捕后，如何指定新的代表人等具体问题并无具体法律规定。在无先例可以借鉴的情况下，张西明潜心研究，通过查阅大量资料、逐项沟通落实，最终作出了村委会属于社团法人的法律判断。“不能就案办案、机械办案。”正是这个没有先例的案件，使张西明认识到经验总结和开拓创新的重要性，为日后获评“全国优秀公诉团队”埋下了种子——不局限于现有条件，善于延伸办案、延伸职能。

张西明(左一)与同学们在校园

“检察官的学习应以法律知识为圆心、以相关学科的知识为半径，画一个饱满的圆。”20世纪90年代中期，中国法治环境正处于日新月异的变革浪潮之中，张西明愈发意识到学习的重要性，深觉自己的理论知识还需提升。在检察院工作六年后，怀揣着对知识的渴望和不安于现状的进取心，张西明于2001年回到山大先后攻读本科和硕士学位。谈及校园生活，张西明印象最为深刻的便是每周在洪家楼校区举办的“银杏树下”论坛，在有着几十年历史的银杏树下，老师和学生正进行着“苏格拉底式”的思辨活动。张西明介绍，在每期论坛开始前，轮流“坐庄”的老师会提出一个议题，从刑法到刑诉法，从合同法到侵权责任法……师生围坐在树下交流讨论、各抒己见。不同于如今规范化的论坛，“银杏树下”在张西明心中更像是一份精神寄托，传递的是山大法学院师生对于学术的重视和对真理的追求。“师生论道以为乐”，打破单一的授课与听课模式，银杏树下老师的谆谆教诲、同学的畅所欲言，带给了张西明论证思辨的快乐和增进智慧的友谊。“流年暗中偷换，不变的是师生间的情谊亘古万千、知识薪火相传”，张西明如是说。

2001年底，张西明调任民行科科长，他在检察工作上的创新成果“三位一体”被誉为“滕州模式”，即“敞开入口，严把出口，抗诉后跟踪问效，息诉需要规则”。他率先提出在律师事务所设立“民事行政检察接待站”的建议，畅通了群众申诉的便捷通道。目前，滕州检察院80%的申诉案件来自接待站。另外，张西明结合自己的司法实践，多次到知名律师事务所征求意见，遍查资料、逐句推敲，在交检察委员会讨论后，正式出台了《民事行政检察息诉规则》。息诉规则首次运用于李老汉案，案涉一起债务纠纷，累计诉讼时间长达四年之久，但因李老汉的老伴因病急需用钱，难以支撑接近一年的抗诉程序，在这个关键时刻，刚出台不久的《息诉规则》发挥了重要作用，双方达成检察和解，李老汉得到了4.5万元的救命钱。张西明表示，“民行检察是一项民心工程，坚持息诉与抗诉并重，实现法律效果与社会效果的良性互动，真正发挥民行检察的法律监督职能”。

张西明高度重视抗诉案件跟踪问效。他认为，“显失公平的判决，会把当事人对法律的不信任传导到更为广阔的社会范畴，其影响也许并不显露于一事一时，却是隐性的、长久的”。长此以往，势必动摇稳定的根基。因此，为强化监督、促进整个程序的规范性，张西明和同事们经过缜密调研，制定实施了《民事行政抗诉案件跟踪问效办法》，该问效办法有力地促进了法院的再审改判。回忆起创新的过程，张西明提到令他十分触动的孙传惠老人案。年过花甲的孙传惠，右腿残疾、生活拮据，法院错判的抵押让老人失去了住房，张西明到法院将抵押合同等证据材料调取后逐一核对，并进行科学笔迹鉴定，最终证实合同上的名字是冒签，据此，依法抗诉。法院经过再审，迅速推出新的正确判决，免除孙传惠的连带责任。残疾老人的冤屈被平反，使张西明对“立检为公、执法为民”的精神有了新的体悟。“从检当立公仆志，执法应怀爱民心。”为民着想民方敬，作为检察官，更应坚持司法为民、公正司法的职业准则，强化监督、敢于创新，更好地捍卫公正，维护人民群众的合法权益。

张西明转任公诉科科长后，“违法占用耕地导致基本农田被毁”成为他新的“心事”。他专门对违法占用耕地案件进行了统计，2006～2010年发生违法占用耕地案230余件，涉案土地1100余亩，其中刑事案件40余件，非法占用耕地500余亩，引发了诸多社会问题。“虽然近年来加大了对违法用地的打击力度，犯罪分子被依法严惩，但多数被占耕地撂荒，大片良田或遍布断瓦残垣、或变成水洼深坑，令人痛心。这样的执法效果与‘十分珍惜和合理利用每寸土地’的基本国策要求相距甚远。”张西明说，如何在打击犯罪的同时最大限度地督促土地复垦利用，成为摆在检察机关面前的严峻问题。另外，“不少被毁土地虽可复垦，但涉案人员宁可多交罚金、蹲监坐牢，也不愿复垦。原因很简单，那就是他们认为积极缴纳罚金可被认定为有悔罪表现，能得到从宽处理，而花钱费力复垦，无论是强制措施的适用，还是定罪量刑，均得不到从轻处理”。张西明举例说，郝某在基本农田上挖沙，致使20亩良田无法耕种。庭审时，郝某提出将判缓刑作为复垦的条件，未得到积极回应。郝某最终被判处有期徒刑三年，但其毁坏的20亩耕地却撂荒了。在张西明看来，涉案人员怠于复垦，关键是缺乏有效的引导、激励和监督机制。他认为办理此类案件时，应将复垦认定为行为人悔罪表现的重要情节，在强制措施的适用和刑罚的裁量上，都应有明显的区别。唯有如此，才能督促、引导当事人积极复垦，恢复被毁耕地。2010年1月，在张西明的主导下，滕州市人民检察院出台了《办理非法侵占农用地案件督促复垦办法》，确立了“事先约谈、督促复垦、组织验收、兑现政策”的工作措施和“复垦从宽，拒垦从严”的案件处理政策，有效解决了当事人虽受到刑事处罚但多数被占土地仍然撂荒这一难题。最高检、省检院先后批示肯定该做法。

张西明（右二）与校友寻访队员合影

在公益诉讼工作开展三年来，从最初的民事公益诉讼，到后来的行政公益诉讼，基层检察院参与公益诉讼的范围在不断地扩大。张西明及其同事在履职过程中发现滕州市北沙河河道内存在大量蔬菜大棚，一旦突遇洪水，群众生命和财产安全将受到威胁。经过实地调研与走访后，张西明提请检察院向相关部门发出采取措施保障北沙河滕州段行洪安全的诉前检察建议，这一公益诉讼案例也入选“全省公益诉讼典型案例”。三年内，滕州市人民检察院获得了两个“全省十佳检察建议”、两项全省典型案例。张西明也参与起草《山东省公益诉讼办案细则》，将他的成功探索，融入全省司法实践。他认为，应当尊重一线实践及基层的首创。正所谓崇台九层，起于累土——基层的实践成果，为整个司法体系提供前进的动力。正是多年身耕一线的坚守、心系百姓执法为民的信念，使他每一步秉公执法的道路都走的扎实，走得心安，未来他也将更坚守自己的岗位，为“以法治国铸伟业，秉德安民兴中华”添附自己的力量。

［**人物名片**］张西明，山东大学法学院2006级硕士研究生，现任山东省滕州市人民检察院副检察长、四级高级检察官。先后从事侦查监督、公诉、法律政策研究及民事行政检察工作，曾获评山东省十大杰出青年卫士、山东省民行检察十佳办案人、感动枣庄十佳政法人物等荣誉称号，荣立个人一等功一次。

孟一姝

朝乾夕惕促法治，温暖聆听诉民情

初见孟一姝师姐，她俨然是一副娴静、亲切的邻家大姐姐模样。正是眼前这位娇小瘦弱的80后女孩，恪尽职守至今，为百姓撑起了一片正义的天空，用公正廉明谱写正义与忠诚，用坚定信念诠释检察官的神圣职责和崇高使命，用无悔青春照耀金灿检徽。

孟一姝（左二）与校友寻访队员合影

提及为何选择法学专业，孟一姝坦言，受幼时观看的律政剧中运筹帷幄、唇枪舌剑的法律职业人形象的影响，她年少时就有一个法律梦。2002年高考结束，孟一姝顺利考上了山东大学威海分校法学院，梦想照进了现实。她仍记得开学的第一节法理课上，陈金钊教授对法字起源的精妙讲解：公平如“氵”，配以能明辨善恶的上古神兽“廌”，再添上祛除罪恶的“去”，这便是古文的“灋”字。古人对“法”浓缩了追求公平正义的愿景，传承至今，公平正义仍是现代法律的追求。“明是非，辨善恶，卫公正，守正义”，是她最初树立的法律信仰，在实现信仰的道路上，孟一姝从未停下脚步，她怀着对法学满腔的热爱孜孜不倦地学习，终如愿被保送至山东大学法学院攻读硕士研究生。

2006 年，孟一姝踏入了山大洪家楼的大门，开启她的研究生生涯。在法学院的求学时光中，孟一姝深觉学会“像法律人那样思考”是她在法学院收获的最宝贵的东西。研二那年，经导师推荐，孟一姝参加了国家卫生部联合培养项目，这是她第一次离开象牙塔踏入社会。作为法学专业的学生，孟一姝被分配到政策法规司，参与卫生医药标准的起草备案、卫生领域的自贸区谈判等工作。在参与卫生部具体草案的起草工作中，从前期调研到条文编纂，孟一姝第一次尝试将法律思维运用于实践。正是这段经历，让孟一姝不仅提前熟悉了政府机关工作的特点，更使她坚定了未来从事法律工作的信念。

2009 年，秉持“经国纬政，法泽天下”的使命，孟一姝来到济南市槐荫区人民检察院，成为一名检察官。初始，孟一姝被分配到民事行政检察部门，这对学习刑法专业的她而言是个很大的挑战。

“困难不能阻碍我追求理想的脚步”，她用夜夜秉烛的努力来弥补专业上的不足，用虚心请教弥补经验上的欠缺，孟一姝渐渐掌握了审查处理民事行政检察监督案件的技巧和能力。2015 年初，孟一姝办理了一起机动车交通事故责任纠纷案。某汽修厂员工车某擅自驾驶客户送修的小客车将申请人王某撞成重伤，车某负事故全部责任。王某要求车某和汽修厂承担连带赔偿责任，法院判决由车某承担全部赔偿责任，汽修厂不承担赔偿责任。但车某名下无财产可供执行，法院判决支持的 100 余万元赔偿款，王某实际仅获赔 1 万元。王某因重伤一直卧病在床，生活不能自理，由其丈夫全天护理，全家无收入来源，生活极其困难。孟一姝经过调查核实发现，汽修厂对客户送修的车辆未尽到妥善保管义务，根据相关司法解释规定，汽修厂作为车辆管理人存在过错，应当承担相应的赔偿责任，遂以该意见提请上级院抗诉。该案经过再审，法院采纳了抗诉意见，酌定由汽修厂承担 30％、车某承担 70％的赔偿责任，王某治病急需的 30 余万元救急款终于有了着落。能够让当事人通过自己的努力切身感受到法律的公平正义，孟一姝感到非常满足和欣慰。孟一姝说，“身为检察官，更应秉公执法，持之以恒，一丝不苟”。正是因为在每个案件中秉持公正，在每个案件中沉淀积累，令她终成长为独当一面的专业检察官。

“任不重，无以知人之才。”2014 年检察系统举办首届全国民事行政检察业务竞赛，槐荫区人民检察院经过慎重研究，决定派综合素养过硬的孟一姝参赛。刚休完产假的她，在家庭与事业之间选择了后者，毅然参赛。备赛阶段，孟一姝整理的学习笔记有20厚本之多，比赛期间，她披荆斩棘，从全市第一到全省第一，顺利晋级全国比赛。全国比赛设置了三个环节，基础知识考核是竞赛的第一关，“丘山积卑而为高，江河合水而为大”，前期积累的法律知识得以展现，孟一姝灵活应对、顺利通关；随之而来的案例审查竞赛，凭借深厚的法学功底、敏捷的思维反应和从容自信的气度，结合以往办案的经验，她再次过关斩将；最后的案件答辩环节，参赛者需针对抽选案例制作幻灯片，进行案件讲解并阐述审查意见，同时需灵活应答评委提出的刁钻问题，这对参赛者的综合业务能力提出了极高要求。虽然时间紧、要求高，但孟一姝凭借多年的专业积淀和充分准备，在比赛中大放异彩，不负众望，荣获“全国民事行政检察业务能手”称号和优秀法律文书制作奖。

孟一姝进行经验分享

2015年，凭借着出色的业务能力，孟一姝被委任槐荫区人民检察院民事行政检察科科长。成为民行科科长后，她对检察官的工作也有了更深的理解。“在民法慈母般的眼睛里，每个个人就是整个国家。”孟一姝说孟德斯鸠的这句名言是对民法精神最好的概括。在审查一起劳务纠纷案件时，申请人徐某因常年提供家政服务造成严重腰伤几乎丧失劳动能力，她诉至法院要求赔偿，但诉讼请求被驳回。案件审查过程中，徐某数次打电话给孟一姝倾诉苦衷，甚至一瘸一拐来到孟一姝的办公室申诉。孟一姝始终耐心倾听，适时劝导，让当事人感受到了检察官的真切温暖。孟一姝也经常和身边人说：“你处理的每一个案件对于自己来说可能只是日常工作的短暂一瞬，却可能会改变别人的一生。”秉承审慎办案信念的孟一姝，春风化雨般温暖了每个当事人，将人文关怀融入办案，让司法显露出了温暖和人情味的一面。

从检 11 年来，孟一姝共办理各类检察案件 400 余件，办案数量和质量始终在全市名列前茅，在案件处理中，她不单单只遵从前辈们审查三条“证据锁链”的传统方式，还积极参加创新理论研讨会与前辈碰撞思想，将自己对办案工作的思考形成文字，最后归纳形成了独特的“四对照”审查方法，即采取将起诉状与答辩状对照、申诉状与反驳意见对照、各方证据与案件事实对照、庭审笔录与判决书对照的方法，对案件进行全面细致审查。经过一段时间的推广，取得了良好效果。科里的同事都说：“有了孟科长这套方法，我们办案的效率和质量提高了一个档次。”

在推进全面依法治国的道路上，检察机关除了要履行好传统的法律监督职能外，还面临着开展公益诉讼这一新的挑战。“为民着想民方敬，公益诉讼是维护公共利益、维护广大人民群众利益的制度设计，更需要检察官主动监督。”孟一姝在带领团队走访排查公益诉讼线索时发现，辖区某村 70 余亩耕地存在被人为破坏未复耕的情况，为进一步了解案件事实，孟一姝带领同事多次勘查现场、走访村民、查阅大量法律法规规章，最终认定相关行政机关未履职到位，造成某建设单位将承包的耕地填放建筑渣土，破坏了耕地资源。孟一姝经过逐级汇报审批，通过发出诉前检察建议、提起行政公益诉讼，督促相关行政机关全面依法履职，使该宗耕地完成复垦验收。耕地复垦后，村民们专程道谢：“土地是我们农民的命根子，检察官就是我们的贴心人。”经过此案，孟一姝深切领悟到过去的坐堂问案、书面审查已经不适合公益诉讼办案的新要求，公益诉讼必须俯下身子多方调查，了解案件的全貌，挖掘案件的真相。

“以法治国铸伟业，秉德安民兴中华。”公益诉讼是督促之诉，更以维护公共利益为目标，对检察官提出了新要求。只有扎实推进公益诉讼检察工作，才能为国家治理体系和治理能力现代化贡献公益诉讼检察智慧、检察方案、检察力量，才能为更好地实现法治贡献力量。

[人物名片] 孟一姝，山东大学法学院 2006 级硕士研究生，现任济南市槐荫区人民检察院检委会委员、第四检察部主任。先后被授予全国民事行政检察业务能手、山东省优秀共产党员、山东省人民满意政法干警、山东省民事行政检察业务标兵等荣誉称号，入选首批全国民事行政检察办案实务类人才库和全省公益诉讼案件办理人才库，荣立个人一等功一次、二等功一次、三等功一次。

薛辛伟

百诉“细”为先，海晏河清法治梦

一、缘结司法初见志

闲暇之余，薛辛伟爱好摆弄花草。一盆盆太阳花开得繁盛艳丽，被他细心地贴上了标签，按照颜色分门别类地摆放在架子上。静心侍弄花草时的薛辛伟，就好像沉浸在批阅卷宗的工作中，有条不紊，分门别类，不变的是一丝不苟、严谨细致的心。

薛辛伟(右二)与校友寻访队员合影

于江西财经大学取得国际经济法本科学位后，怀着对故乡的热爱与依恋，薛辛伟毅然放弃了留在南方的优厚待遇，回到山东，于 2002 年进入济南市天桥区人民检察院。参加工作一年后，他因出色的语言表达能力被调入公诉科。面对相当具有挑战性的公诉工作，薛辛伟总是积极主动地跟随前辈参与讯问犯罪嫌疑人、外出调查取证等工作，反复推敲卷宗细节，仔细斟酌法律文书的表达，他的案头常摆放着一摞摞法律资料，稍有闲暇便会翻阅学习，批注和摘录的笔记做了几大本。努力和悟性犹如双翼，在这二者的加持之下，年轻的薛辛伟很快便能完满妥当地处理各类公诉工作。然而，两年后，薛辛伟却渐渐发觉自己的理论研究能力存在不足，也短暂地陷入不知前路通向何方的迷茫中。就在这时，无意中阅读到的《毛泽东选集》如同北斗明星，为他在蒙蒙迷雾中的他指明了方向。“毛主席说，‘有了学问，好比站在山上，可以看到很远的东西’，这使我豁然开朗。”为提高自身的法律素养，以知识铺就登高望远的基石，他决定继续深造学习，并于2007年顺利进入山大法学院攻读法律硕士学位。

检察官和在职研究生的双重身份深刻地影响着薛辛伟的研究方向。他在工作中发现，认定故意伤害罪在司法实践中存在客观归罪、错误认定责任主体以及混淆故意伤害罪与聚众斗殴罪、寻衅滋事罪等错误做法。由此入手，薛辛伟打破就实体论实体、就程序论程序的框架，撰写了他的硕士学位论文《故意伤害案件司法适用问题研究》，他在文中表示应当推广适用轻微刑事案件和解处理、设立轻伤害案件优先办理制度。随着刑诉法改革，认罪认罚制度的推广逐渐实现了他在毕业论文中的构想，这篇视角独特、兼顾实体法与程序法的论文正是他立足实践钻研、勇于打破传统的见证。

二、公诉十载志不移

“作为检察官，一定要养成独立思考的习惯。”薛辛伟回忆起他办理过的一桩非法出售发票案，售出假发票的数额巨大，从涉案单位取证十分困难，薛辛伟却不畏麻烦、迎难而上，主动接手这块“硬骨头”。面对厚重复杂的卷宗、凌乱庞杂的证据，他冷静思考，沉着应对，将数量巨大的证据划分为四类，梳理出定罪所需的证据清单。在案件审查过程中，控方只需对比四张表格便可快速筛选出证据漏洞，使得证据链一目了然。上百本卷宗、上千条流水，在他创造性的梳理方式下，化为几张表格。这种创新方法节省了大量人力成本、大大缩短了办案时间，提高办案效率，得到了有关部门甚至被告方辩护人的赞扬。

“把细致浇灌进每个案件、每个细节”是薛辛伟办理案件的首要原则。坚守公诉人岗位数十载以来，他始终秉持“如临深渊、如履薄冰”的严肃态度，力求“将案子办到精致”。在一起买卖国家机关证件案件中，面对看似简单明了的贩卖公司营业执照的案情，薛辛伟并没有放松警惕，他认真设计提纲，反复讯问犯罪嫌疑人，从确定贩卖证件数量和证件流向到详细确认事件发生地，不仅发现该案不属于本院管辖范围，更发现该案还涉及信用卡诈骗、洗钱等其他犯罪行为；在 2012 年的济南市盐务局公职人员滥用职权案中，面对涉案被非法处罚的货运司机不敢作证的情况，薛辛伟提前介入，引导侦查取证，细致审查，快速起诉，督促法院快速审理，终为受害群众追回财产；2016 年办理苏荣案期间，他与专案组的同事一起，赴各地参与和指导复核工作及补充侦查取证工作，最终形成了长达 100 万字、十分详尽的审查报告和阅卷笔录，为攻克该案立下汗马功劳。自 2002 年参加工作至今，薛辛伟已从检十八年，其间办理各类刑事案件 1000 余件，案涉 1200 余人。十八年来，他一直坚守基层检察院，冲锋陷阵在公诉第一线，正因这般严谨细致、一丝不苟的态度，经他手的案件没有一起出现过纰漏和差错，没有一起收到过举报和投诉。他说：“公诉人是刑事审判程序的守门人，兹事体大，不可掉以轻心。”

三、纵横国赛若等闲

“比赛如磨石，磨砺也磨利。”先后参加过济南市检察机关拔尖人才选拔、山东省十佳公诉人比赛、山东省检察业务专家选拔、公诉人电视辩论赛的薛辛伟，可谓“久经沙场”，但参加全国十佳公诉人大赛的经历仍是他公诉人生涯中浓墨重彩的一笔。三年一届的全国十佳公诉人比赛可谓群英荟萃，山东全省也只有三个参赛名额，而薛辛伟正是那一届代表山东出战的大将之一。他回忆道，赛程的第一项是论文写作，3 小时的全封闭考试，没有任何辅助资料，手写 3000 字以上的材料分析论文。严苛的条件并未限制他，长年累月的积淀和持之以恒的学习使他早已对实践性论文信手拈来，并斩获了当期的优秀论文奖。比赛第二天，选手们面临着更为艰巨的挑战。经数次延长时间后，考试从 8：30 持续到 20：30，整整 12 个小时的答卷时间都略显紧张。卷宗糅合了不同省份、不同领域的各种疑难案件，包含事实归纳、证据分析、法理论证等方面，考察的罪名从职务犯罪到经济犯罪、从侵权犯罪到暴力犯罪，涵盖了刑法分则数十个罪名和总则的几乎所有问题，题目之纷繁、资料之庞杂，令人瞠目结舌。面对巨大的心理压力和逼近身体极限的考试强度，薛辛伟并没有自乱阵脚。当他全神贯注沉浸在工作中时，便不再执着于考试的结果，他有条不紊地审阅卷宗，全面分析事实证据和法律难点，深入思考案情疑点，沉着应对，顺利渡过难关。

随之而来的是面试环节，经过了和学术大牛进行法律问题辩论的紧张刺激、选手间一对一公诉辩论的神采飞扬、等待评委对平时工作考核的忐忑不安，通过综合评比遴选出的20位最佳选手进入了最后一轮断杀，各有所长的20位优秀公诉人在最后一场辩论赛中角逐“全国十佳”。薛辛伟一步一个脚印，从伊始奋战至终，年复一年的不辍耕耘为他带来了最好的回报。“十年磨一剑，终朝显锋芒”，回想起驰骋“沙场”的光辉岁月，薛辛伟仍然十分自豪。而今，“老将”薛辛伟也会对一些优秀青年检察官进行诉讼比赛的培训指导；举办讲座、专题辅导会，他毫无保留地将参赛经验传授给后辈，期待培养出更多法治人才，“共同描绘海晏河清法治社会的美好蓝图”。

工作中的薛辛伟

四、政通人和显本心

薛辛伟曾经带领的天桥区人民检察院公诉科被戏称为“公诉娘子军”，这支除科长外纯粹由女性构成的队伍人均办案数常年位居全市前列，案件出错率也极低。这是一支有着优良作风的队伍，在遇到疑难问题时，同事们不仅互相帮助，更会提出有针对性的意见，同心协力解决问题。“众人拾柴火焰高”，公诉人们的意见在论辩中交织融合，形成了一张恢恢天网，网罗犯罪，打击不公，维护正义。他们一路高歌前行，斩获众多鲜花与掌声：公诉科曾获评“国家级巾帼文明岗”“全省优秀公诉团队”“省级青年文明号”等称号，科里许多检察官也曾荣获“全市优秀公诉人”“年度公诉业务标兵”等荣誉。

在如今司法体制改革的大背景下,“捕诉合一”对检察官们提出了更高的要求,薛辛伟也紧跟时代脚步,以一贯的严格标准要求团队和自己:谨慎负责地全程跟进案件,不仅要熟练掌握公诉技巧,更要学习侦查技能。“捕诉合一”改革要求提高司法效率和案件办理质量,薛辛伟表示:“检察官需要比以往更具备大局观和责任意识,要有吃苦耐劳和精益求精的精神。”与此同时,薛辛伟也表达了他对新时代下青年检察官们的期望:凡作决断必讲求道理,绝不放弃案件中任何一个疑点,抓住一切机会锻炼提升自己,心怀谦虚、终身学习。

“政通人和、海晏河清,是我最大的法治梦想。”近廿余载,薛辛伟始终兢兢业业,砥砺前行,将细致、严谨贯彻到公诉业务的方方面面,用实际行动践行他海晏河清的法治梦想,在细致处成就辉煌,于平凡中达致非凡!

[人物名片] 薛辛伟,山东大学法学院 2007 级硕士研究生,现任济南市天桥区人民检察院第一检察部主任、四级高级检察官。曾获评全国十佳公诉人、山东省十佳公诉人、山东省政法系统先进个人、山东省检察业务专家等荣誉称号,荣立个人一等功两次、二等功一次、三等功三次。

王 磊

从跨界律师到实务教师

一、在山大：求学顺本心，明法怡自然

2002 年 3 月，王磊踏入了全国首届统一司法考试的考场，并成功取得司法部颁发的首批《法律职业资格证书》。作为一个本科毕业于理工类专业、在济南钢铁集团从事技术工作的“法律门外汉”，师兄笑称这次大胆尝试源于自己那份发自心底的热爱，“兴趣与爱好是开启我法律之路的原动力”。在随后的工作中，通过运用法律思维思考和处理问题，王磊对法律事务进行了深入了解和初步实践，这种全新的角度和体验让他真切感受到了法律所散发的独特魅力。为进一步提升自身的理论功底和专业素养，师兄在 2007 年毅然辞去稳定的国企工作，来到山东大学法学院读研深造。

王磊(中)与校友寻访队员合影

毕业十年后重回大学校园，王磊少了一分稚气和浮躁，多了一份成熟与思考。入校的第一天，他便给自己确立了“静心学习，潜心阅读，用心思考”的目标。置身于母校浓郁的学习氛围之中，师兄在课堂之余抓住一切闲暇时间，广泛阅读各类专业书籍，在卷帙

浩繁中探寻法律的真谛。王磊表示，尽管过去也时常通过报纸、网络等媒介进行“快餐式学习”，但对于法律深层次、系统化的阅读和思考还是头一次。“从量变到质变”般不一样的体验与收获，不仅帮助他构建了较为全面的法律知识体系，还促使他养成了理性客观的法律思维习惯。师兄感慨：“山大法学院三年的学习沉淀，使我具备了持续进步、终身成长的能力。”

王磊硕士毕业留念

2010年，硕士毕业后的王磊面临着新的职业选择。对于即将步入而立之年的师兄来说，如果从原有行业跨界到法律行业，他过去十年所积累的专业知识、技术经验、人脉资源都将“归零”，这份决断不仅会带来不少麻烦和挑战，更需要巨大的决心与勇气。然而，王磊却早已在三年前便“想好了自己要走的路”，坚定地选择成为一名执业律师。师兄认为，每个人一生中都会遇到很多选择，这些选择本就没有对错或好坏之分。“每一次选择都意味着一种舍弃，纠结得失只会顾此失彼，坚定地听从内心的声音、追随自己的热爱才能走得更远。”就这样，怀揣着用“工匠式法律服务”为客户创造价值的职业理想，王磊开始在法律与技术的交汇处——知识产权领域开疆拓土。

二、入知产：远望渐清朗，近观万千象

选择专注于知识产权这一法律服务领域，是王磊对行业进行充分考察了解后深思熟虑的结果。“随着我国经济结构的转型升级和资源要素的优化配置，智力成果在市场经济中的作用日益凸显，知识经济的时代已经到来。”师兄表示，从改革开放之初的山寨模仿到如今的自主创新，很多企业的盈利结构已经形成了“U”字形的“六一三模式”——技术创新和品牌价值所创造的利润达60%，市场营销和客户服务为30%，加工生产仅占10%。“企业创新发展的空间有多大，知识产权服务的前景就有多广。”王磊坦言，涉及专利、商标、版权等知识产权纠纷的数量正呈几何倍数增长，企业意识和行

业环境也在不断改善,知识产权必将成为新时代我国经济发展的"朝阳产业"。

从业十年间,王磊担任着数十家大型集团的法律顾问,办理过近百起知识产权类纠纷案件,逐步从一名普通律师成长为律所主任。给师兄留下深刻印象的,是一起先后经商评委复审裁定、北京中院一审维持、北京高院二审撤销和最高院再审维持的商标案件——"捕鱼达人"商标异议复审行政纠纷案。在该案中,师兄的委托人济南千贝公司主张其在先独创使用的"捕鱼达人"游戏商标被上海波克公司恶意抢注,虽然最高院最终没有支持千贝公司提出的异议,但这一案件仍带给王磊诸多思考。目前,不少企业并没有将知识产权放在经营战略层面加以考量,仅仅是作为一项边缘化、事务性的工作进行处理。"我们不仅仅是客户纠纷处理、争议解决的'救火队',更应当成为企业风险防控、合规管理的'智囊团'。"在师兄的努力下,他服务的多家单位都转变了思维方式,开始对知识产权加强事前主动保护和进行风险源头防范。

访谈中,王磊带领我们参观了千慧律师事务所,为我们介绍了全国首家知识产权实务人才培养机构——千慧知识产权学院。"与代理传统民刑业务相比,从事知产行业的初期会吃力一些。"师兄坦言,对于一名知产律师而言,至少经过五年才能成为专业领域的中坚力量,十年之后才能掌握一定的行业话语权。不过王磊也表示,"知产入门难,难在畏惧和陌生",通过对专业知识和工具的系统学习运用,每个人都能越过那道"分水岭",拥有其他领域无可比拟的成长速度与发展后劲。

三、做教师:存理守公正,知行俱合一

2019年,王磊被聘任为山东大学法学院首批实务教师,为研究生讲授模拟法庭训练实务课程。从接到开课通知的那一刻起,他便开始认真搜集资料、设计问题、制作课件,希望能给学生分享自己更多的实务经验与职业思考。在完成律所日常工作的同时,师兄几乎每天都在考虑授课细节,每周都要奔波往返于济青两地。"只要学生满意,我的付出都是值得的",王磊笑着表示,这是自己第一次站上母校的讲台,他承蒙信任、与有荣焉,又深知责任重大、使命在肩。授课过程中,师兄十分注重与同学们的交流互动,不断探索授课的新方式、新内容,力求打造更实用、更丰富的法律课堂,"知行合一、学以致用"的教学理念得到了学院领导和广大学生的一致好评。

"我希望传递给你们的,不仅仅是法律知识,还有立足社会的本领。"在

王磊的课堂上，一个个真实案例、一种种思维角度、一段段职业经历……他希望能尽己所能，帮助学弟学妹更早、更好地了解这个行业的全貌，在毕业后找准方向、少走弯路。访谈过程中，师兄也对初入或即将从事律师行业的青年法律人提出了自己的殷殷期盼。“戒掉浮躁、踏实做事乃律师谋事之基”，王磊认为，律师本身就是一门潜心钻研的学问，需要具备吃苦耐劳的精神、持之以恒的决心和务实专注的态度，蜻蜓点水、浅尝辄止终将一事无成。“拓宽视野、持续学习乃律师成才之道”，师兄强调，当今社会正发生着日新月异的变化，律师只有树立终身学习的观念，及时更新知识结构、不断提升业务能力，才不会被这个时代所淘汰。

“师者，所以传道授业解惑也。”在王磊看来，律师和教师这两种身份有很多相似之处，二者均有一个“师”字，都以发挥专长、传授知识为本职，以公平正义、和谐社会为追求。师兄感慨，每当听到学生们一声亲切的“王老师”时，他都会感到无比的幸福。“教师这一职业的神圣感和尊荣感，是律师在服务客户中无法得到的。”王磊表示，他今后将继续坚守在知识产权实务第一线，进一步探索实践案例与法学理论的深度融合，给山大法科学子提供更加“接地气”的法学教育，为学院卓越法治人才培养贡献自己的绵薄力量。

[人物名片] 王磊，山东大学法学院 2007 级硕士研究生，山东千慧律师事务所主任，千慧知识产权集团董事、副总经理。兼任济南市律师协会知识产权委员会副主任，山东大学法学院实务教师、济南大学法学院客座教授，曾获评全国首批“商标代理金牌服务个人”。

于莉

茉莉花开香满园，少年审判蓄温暖

一、古韵洪楼，法官初成

“弯下腰是一座桥，站起身是一架梯”，短短十四字恰是于莉十八年审判工作的生动写照。身处庄严法庭，师姐用人民法官的冷静和理性，践行着守护公平正义的如磐初心；面对迷途少年，她以女性特有的善良与温情，感化了一颗颗失足心灵，帮助一位位“折翼天使”重新起航。伴着初夏煦暖，我们坐在菏泽市中级人民法院的会议室里，聆听于莉细数她十八年法官生涯的幕幕往事。

于莉（右二）与校友寻访队员合影

2002年本科毕业后，师姐顺利考入菏泽市郓城县人民法院，负责办理“最接地气”的民商事一审案件。在扎根基层一线、直面矛盾纠纷的过程中，于莉常常遇到因当事人对法律理解偏差或断章取义而难以服判息诉的情况，不仅难以实现案结事了，有时还会引发更为激烈的冲突。为此，师姐选择将晦涩难懂的法言法语转换为形象贴切的“家常话”，“亲切的方言和生动的比喻帮助我迅速拉近了和老百姓之间的距离”，于莉表示，人民法官不能仅仅“坐堂问案”，还要善于走到群众身边释法说理，才能真正化解当事人心中的疑虑，实现裁判法律效果与社会效果的有机统一。六年光阴荏苒，怀着对法官职业的热忱和对公平正义的追求，师姐办理民商事案件300余件，身体力行地践行着“人民法官为人民”的法治心愿。

2008年，于莉遴选至菏泽市中级人民法院，开始从事少年审判工作，直面从未接触过的陌生领域。“法律学习有如铁砧，愈经敲打，愈能迸发出火花。”为巩固法学理论知识，更好履行法官职责，于莉决定重返校园读研深造。“山东大学是齐鲁大地当之无愧的百年学府”，师姐表示，选择山大进行研究生学习并非一时心血来潮，自己在山东法官学院培训时日日途经山大门前，当时便不禁为洪楼校区古朴优雅的大学氛围所深深吸引。

三年研究生时光转瞬即逝，只留下满满的回忆：洪楼繁华热闹的生活气息、同学间交流分享职业心得、导师于改之远在异国却及时提出论文修改意见……其中，山大图书馆的广博藏书更是让师姐在温暖岁月里置身于法学理论知识的殿堂，于此感受法理的精髓，体会刑诉的微妙。正是图书馆中那本姚建龙教授的《长大成人》，让于莉首次真切看到了少审案件背后一位位令人痛心的孩子以及一个个支离破碎的问题家庭，帮助她深刻又系统地意识到家庭、学校、社会三者在未成年人保护制度的建构中缺一不可，为师姐今后的少年审判工作奠定了坚实理论基础。

二、庭审内外，花香满园

从事少年审判工作的十二年间，于莉始终坚守在办案一线，以事实为依据、以法律为准绳，努力“让法治精神彰显于案件本身”。谈及办理未成年案件的感触，师姐坦言，“未成年被告人涉世未深有特殊性，审案须慎之又慎。”在2017年的一起盗窃案中，被告人小可主张户口簿记载有误而自身实际年龄并不满十八周岁，要求从轻或减轻处罚。为查清事实、准确量刑，师姐千里迢迢赶赴被告老家四川予以求证。面对90年代尚未联网的户籍管理，被告家乡村支书的敷衍与不配合，于莉坚决一查到底，敢于“较真儿”，表示“判刑容不得半点马虎，多一天不能判，少一天也不行”，最终通过多方走访成功核实被告人年龄，不满 18 周岁。“刑事案件办的不是案子，而是别人的人生”，深知手中法槌的重量，于莉坚持拿“放大镜”看证据，用“卡尺”来量刑，用一把尺子量出了法律的公平与正义。

“办理未成年人案件，应当秉持教育为主、惩罚为辅的司法理念。”如何让未成年被告人充分认识错误，进而获得感化与教育是于莉经常思考的问题。在菏泽市某高中发生的一桩校园血案中，主审法官于莉多次前往学校询问后得知被告人小刚成绩优异，系因一时冲动而参与聚众斗殴。结合本案具体情况及被告人的悔罪赔偿表现，于莉最终作出缓刑判决。自宣判后，小刚日夜承受良心的谴责，变得愈发自卑而不愿与人交流。得知这一情况，于莉数十次至其家中与他促膝长谈，并联系百里外一所学校助小刚重返校园。于莉的努力最终帮助小刚重新抬起头，踏上求学路，开启了崭新的人生。“希望用最大限度的温暖，给未成年犯罪人最大限度的挽救。”十余年间，于莉竭尽所能帮助失足少年回归社会，审理的 650 余起未成年人犯罪案件无一人重新犯罪。师姐对每一案件、每一少年、每一家庭的付出，使这些“折翼的天使”重新拥有了自己的飞翔梦。

“孩子的心理治疗极为重要，家长绝不能讳疾忌医。”谈及未成年人为被害人的案件，师姐坦言未成年被害人的心理治疗当属重中之重，法院有义务积极作为。为此，作为菏泽中院少审庭副庭长，于莉鼓励全庭法官考取心理咨询师证书，以便更好帮助未成年被害人修复心灵创伤，走出心理阴影。针对广泛存在的涉未成年人民事案件，师姐更是动情表示，“未成年人内心敏感且脆弱，案件审理时应极力避免其受到二次伤害”。作为一名法官与母亲，于莉始终崇法尚德，带着女性特有的温暖、细腻指引孩子走出迷惘、带领家庭走出阴霾。“法官妈妈”于莉十二年初心未变、信念不减，一次次在法律框架内寻觅未成年人心灵的救赎，赋予司法以应有的温度。

三、少审之路，道阻且长

“只有将未成年人权益保护的密网向前覆盖，才能从根源上降低青少年犯罪的发生。”作为一名少审法官，于莉一直将未成年人犯罪预防作为庭审之外的本职工作。在曾受邀参与的山东省菏泽市第一中学法治课上，于莉以案例形式生动讲述了打架斗殴的严重后果。令她感到意外的是，三年后自己竟收到一封表达感激的匿名信。来信人表示自己正是通过于莉的法治课才意识到打架斗殴距犯罪仅一步之遥，因此当即悬崖勒马、收心学习，最终顺利考上大学。谈及此事，于莉感慨孩子的“回头”便是自己多年普法宣讲的最好回报。春风化雨，爱心融冰。十二年间，于莉深入学校、社区开展法制宣讲两百余场，受益青少年近百万人次，于无数少年心中种下了法治的种子。

于莉（前）与孩子们在一起

谈及获评首届“齐鲁最美法官”，师姐坦言这体现了社会对少年审判的关注与重视，亦是对菏泽中院多年少审工作的认可。作为少审庭副庭长，于莉表示菏泽中院一直不断探索未成年人保护新模式，近年更是大力推进合适成年人制度的落地与完善。在涉未成年人刑事案件中，若其法定代理人难以到场，团市委、市妇联将以责任心和公益心为“硬标准”聘请合适成年人代替行使在场诉讼监护权，全方位维护未成年被告人诉讼权益。合适成年人制度的建立使涉案未成年人有了“临时家长”，其在场大大抚慰了未成年被告人紧张情绪，有效消除逆反对抗心理，在监督诉讼的基础上确保案件得以顺利推进。“放眼诉讼之外，多方配合发力共同预防未成年人犯罪乃是当务之急。”每当校园伤害案件多发，菏泽中院及时向教育局等相关部门出具司法建议，以便针对性地加强学生法制教育；目前未成年人通过网络平台学习犯罪方法的案件屡见不鲜，菏泽中院当即与公安信息部门达成司法协作，督促加强网络监管。各部门多年通力协作促使菏泽市未成年人犯罪低龄化的势头得到有效遏制，为祖国幼苗的健康成长撑起了一片蓝天。

法律发展进程之中，少年司法制度常为“先行兵”。谈及未来少年审判发展前景，于莉对少年审判与家事审判的融合发展充满期待。“家庭是少年成长最重要的空间，少年审判与家事审判的合一是时代所趋。”于莉表示，少年审判与家事审判理念相通，将其合一有助于“寓教于审”“寓助于审”，打造青少年成长的和谐家庭环境，从根源着手预防未成年人犯罪的发生。今后，师姐希望通过推动二者协同发展，完善未成年人司法权益保障，打造未成年人健康成长的锦绣花城。

［**人物名片**］于莉，山东大学法学院 2008 级硕士研究生，现任菏泽市中级人民法院少年审判庭副庭长。曾被授予全国法院先进个人、齐鲁最美法官、山东省富民兴鲁劳动奖章、山东省法院审判业务专家、山东省青少年维权工作先进个人、第十一届感动菏泽年度人物等荣誉称号，先后荣立个人一等功一次、二等功一次、三等功两次。

韩晓爽

坚守法庭察民意,公正司法化春风

一、学习无止境,思维贵创新

韩晓爽(右二)与校友寻访队员合影

“七彩纷呈,群贤聚集”,踏入济南市市中区人民法院七贤法庭,映入眼帘的便是对中国传统文化的精髓解读;徜徉于各具特色的主题调解室间,古往今来清正廉洁的法官故事俯拾皆是……正沉浸在七贤法庭独特的法治氛围中,一个亲切的声音从远方传来,随音而至的是她——温暖阳光、精致爽利的韩晓爽庭长。跟随韩晓爽进入办公室,布满绿植的装饰让人心情愉悦,“这里是我调整心态、应对压力的‘秘密花园’”,置身于这份盎然与芬芳中,师姐同我们分享起她的山大故事。

2007 年,在济南市市中区人民法院工作已满四年的韩晓爽逐渐认识到自身现有法律知识的局限,经个人申请、单位推荐报考了山东大学法律硕士。不料确定的婚期与考试时间冲突,无奈之下师姐只好忍痛放弃了这次机会。第二年,心中始终怀揣山大求学梦的韩晓爽虽然已有身孕,但毅然决定再次报考。不曾想,复试时间临近产期,已经出现产兆的师姐在坚持参加完政治考试后被直接送往医院,此时她的身体状况已经无法继续进行随后的复试,但韩晓爽坚持“无论如何我都要试一试”。2008 年 1 月 5 日,一场特殊的复试在医院待产室内举行,带着胎心监护仪的师姐在频频阵痛中奋笔疾书两个多小时,并在交卷后立刻被送进产房。四个多小时后女儿顺利诞生,她也如愿以偿获得了录取通知书,韩晓爽感慨,“和山大冥冥之中的这份缘分,是我们一家人永生难忘的记忆。”

在山大的日子里,韩晓爽白天开庭、晚上写判决、深夜看书学习,在理论与实践的交织中实现着法学知识结构的系统化提升。撰写毕业论文时,师姐将实务中广受争议的离婚时夫妻共同财产认定及分割问题作为研究方向,在归纳整理资料、提炼学术观点的过程中进一步夯实了自身的法理基础和说理能力。“山大人身上勤奋、严谨、踏实的精神,也在潜移默化中改变着我”,韩晓爽表示,不论工作中遇到多么疑难的案件和复杂的情况,她都能条分缕析、精益求精,“这都得益于山大三年的求学时光”。

二、春风化细雨,枝叶总关情

“基层法院特别是派出法庭是‘全科法官’养成的最佳场所。”从事审判工作的十七年间,韩晓爽一直负责办理传统民事案件,在审判一线倾听着最基层百姓的心声。从审理婚姻家庭案件的民四庭到直面社会矛盾纠纷的七贤法庭,虽然工作岗位几经调整,但她为民的初心却从未改变。2013 年起,韩晓爽便扎根于派出法庭,在坚守“基层中的基层”的过程中将审判服务的触角延伸至偏远乡村,践行着诉讼便民、司法利民的理念。为给当事人送达裁判文书,她在尚无地图指引、满是泥泞的山区辗转数小时,先后徒步近十公里;为探求案件真实情况,她深入厌讼群众家中,用“接地气”的济南话进行反复沟通……在点滴细节和实际行动中拉近与百姓间的距离,师姐表示,

"法官不是官，只有先摆正自己的位置，才能获得当事人的理解与信任。"

韩晓爽坦言，穿上法袍、戴着法徽坐在审判台上的那一刻，她所行使的是宪法赋予的神圣权力，承载的是权力背后那份沉甸甸的责任。"当事人的认可和鼓励是我工作的最大动力，也支撑着我一步一个脚印地坚定前行。"提及自己办案过程中的温情瞬间，师姐历历在目、如数家珍：曾经有一位白发苍苍的老人，用布满老茧的双手紧紧拉着韩晓爽，声泪俱下地感谢她帮忙争得了赖以生存的赡养费；曾经有一个4岁的孩子，靠在师姐的怀里用稚嫩的童声感谢她把自己的妈妈劝回了家；曾经有一位正值壮年的汉子，用深深鞠躬的方式向韩晓爽表达其得知判决无良雇主赔偿他身体受伤补偿金时的感激心情。十七年如一日，师姐坚持堂堂正正办铁案、清清白白做法官，在每起案件中敏锐捕捉争议焦点、努力探求案件真相。"法官这个职业所带来的职业尊荣感和内心满足感是其他任何职业都无法比拟的"，从帮助濒临破碎的家庭破镜重圆，到巧妙处理孤寡老人的赡养难题，韩晓爽累计办理各类民商事案件两千余件，也凭着自己的努力与勤奋收获了一个又一个沉甸甸的荣誉和奖杯。

三、心系百姓事，尽心解纠纷

"女性法官在处理家事纠纷方面具有天然的优势"，韩晓爽坦言，耐心细致、温声细语更容易捕捉到当事人内心深处的情感，进而赢得他们的信任。在一起离婚案中，女方当事人情绪激动地抱着孩子来到法庭，却因师姐轻抚孩子额头的一个动作瞬间打开心理防线，开始倾诉她的委屈与困难。在韩晓爽真诚热忱的分析和入情入理的劝说下，女方决定为了孩子重新回归家庭，几天后这对夫妻到法庭给师姐送来了喜糖，感激她帮助他们的婚姻重获新生。从事审判工作的十余年间，韩晓爽处理的大都是离婚、继承等家长里短的案件，常常剪不断、理还乱，一判了之可以"定纷"，却难以"止争"。经过不断摸索，师姐开始以能动和谐的司法效果为最高追求，努力通过多元手段实现案结事了人和。

"法官不能简单机械地就事论事、就案办案，而应当通过对当事人的积极引导，找准问题症结、还原案件全貌。"韩晓爽介绍，家事纠纷中的当事人大都情绪激动、毫厘不让，为促成双方调解，她往往会先静心倾听，在取得当事人信任后适时抛出问题，并根据其叙述内容不断调整思路，最终明确调解的突破口。师姐坦言，调解中的沟通态度与表达方式都是技巧和学问，"面对面调解"还是"背靠背调解"更考验着法官的经验与智慧。随着办理案件数量和类型的增加，韩晓爽也逐渐形成了自己独到的调解经验，善于在调解中充分发挥主观能动性，很快便成为远近闻名的“调解专家”。

谈及调解与审判的关系，师姐表示尽管调解在“家庭救治”方面具有独特作用，但也并非“万能良药”。只有根据具体案情“能调则调、当判则判”，在案件不同阶段把调解和审判用到极致，才能最大程度避免案件持续发酵、彻底化解矛盾纠纷。同时，韩晓爽认为调解工作不能“一招鲜，吃遍天”，她有时会将法言法语转化为通俗易懂的日常语言，以情感人；有时会选择结合法律规定和其他案例充分释法析理，以理服人。“只有因人制宜、因案制宜，才能让调解的效果事半功倍”，师姐如是说。

四、常修为政德，常怀律己心

“清正廉洁是法官的生命线”，从事审判工作的第一天起，韩晓爽就将清正廉洁作为自己立身行事的根本，勇敢地对各种诱惑说“不”。师姐表示，她曾拒绝过亲人帮忙疏通案件的请求，推辞过朋友组织的名为聚会实为介绍案情的饭局，退还过当事人送来的各类财物，因为她清楚地知道“身为一名人民法官，我要对得起头顶的国徽和胸前的天平，守得住公平正义的底色”。

工作中的韩晓爽（左三）

几年前的一起房屋租赁纠纷案中，某知名幼儿园因拖欠租金被出租人告上法庭，如果完全按照合同约定径行判决双方解除合同，可能会使数百名孩子面临无学可上的尴尬境地。于是，韩晓爽选择了对双方当事人进行调解这一“治本之策”，然而在一次调解过程中，幼儿园负责人从其他渠道得知师姐正面临女儿的入园难题，直接给她提供了一份幼儿园入园报名表，却被师姐严词拒绝。之后幼儿园三番五次、旁敲侧击地试探也都碰了“软钉子”，韩晓爽始终不为个人利益所动，坚持追求案件法律效果与社会效果的有机统一，经过两个多月的协调沟通促使该案成功调解。“与钱财这些身外之物相比，解决孩子教育问题的确是个不小的诱惑，但我依然守住了法官的底线”，师姐回想起那段经历仍感慨万千。

2017 年，韩晓爽在山东省高级人民法院“廉洁司法大家谈”活动中获得一等奖，并被选为宣讲团成员之一，在全省范围内进行巡回演讲。宣讲过程中，师姐总是带着自信与从容第一个出场，在感动听众的同时也在潜移默化中影响着更多的人。“日日洗脸净在外，时时反省明在心。”2019 年，深知百姓事、深谙百姓情的韩晓爽获评齐鲁最美法官，“心悬明镜，慎辨曲直是非；肩托法秤，守护正义公平”的颁奖词是对她法官之路最精炼的注解。法槌虽轻，但槌起槌落间，师姐的法治梦想闪耀如初。将忠诚铸进庄严的国徽，用公正架起金色的天平，在全面推进依法治国的雄关漫道上，韩晓爽将一如既往，坚守初心使命，一路高歌、阔步前行！

[人物名片] 韩晓爽，山东大学法学院 2009 级硕士研究生，现任济南市市中区人民法院七贤法庭庭长。曾获评齐鲁最美法官、山东省先进工作者、山东省优秀法官、济南市“三八红旗手”、济南市职业道德建设先进个人等荣誉称号，带领七贤法庭三次荣立集体三等功。

王 永

乘法律之风，扬帆创业之海

一、静水流深，求学实践蓄力量

“法君说，法律从未如此简单”，这样一句频频出现在《法君说》作品中的slogan，恰是王永创立法君传媒的初衷。从人民检察官到青年创业者，“善思考、能折腾”的师兄始终以实现法律实践价值为目标，坚定执着地追寻着自己内心的法治理想。时光回溯到十一年前，山大法学院便是他“法治梦”开始的地方。

王永（中）与校友寻访队员合影

2009年硕士毕业前夕，与导师楚成亚教授的一次长谈，让王永决心抓住“最后一次全身心学习的机会”，继续留在山东大学攻读博士学位。“想要探究政府与人民间的关系问题，不仅需要政治学基础，更需要法学视角。”为从更多角度和更深层次对行政管理这一领域进行深耕，师兄并未延续本科和硕士阶段的研究方向，而是选择了“殊途同归”的行政法学专业。回想在法学院三年的求学时光，王永印象最为深刻的是每年清明跟随导师肖金明教授为乔伟先生扫墓的场景，不仅肖金明老师在墓前的真情流露令师兄深受触动，乔伟先生严谨的治学精神和高尚的人格魅力更让他心生景仰。带着这份对学术的敬畏与虔诚，王永三年如一日潜心浩繁卷帙，大量阅读总结国内外文献、认真梳理归纳制度性条款，对我国检察官职业伦理规范进行了深入系统的理论阐述和实证分析。“功不唐捐，玉汝于成”，一篇具有多学科知识背景的高质量博士毕业论文，为师兄十年求学路画上圆满句号的同时，也开启了他五年短暂而精彩的从检之路。

2012年，王永作为高层次人才被引进至临沂市人民检察院工作，成为当时临沂检察系统唯一的博士研究生。然而，师兄并没有故步自封，时刻保持着“空杯心态”，虚心地向身边“博导”同事们学习请教，经过在侦监、公诉、民行等八个业务部门的轮岗锻炼，逐渐积累了丰富的业务经验和全面的实战技巧。2016年，王永挂职兰陵县向城镇副镇长，在直面基层一线最具体矛盾、最繁杂案件的过程中，他第一次真正“从理论的白塔迈进了实践的天地”。师兄介绍，由于基层群众普遍缺乏订立合同、保留字据、办理证件等最基本的法律知识和法治意识，因此遇到纠纷不依“法”而依“闹”解决的现象屡见不鲜，甚至最终酿成了一桩桩难以挽回的悲剧。“法律并非‘阳春白雪’，只有为更多百姓所熟悉和掌握才具有生命力”，在基层挂职的一年间，王永真切感受到全民普法工作紧迫的现实需要和巨大的发展潜力，从那一刻起，投身普法事业的种子已然在他心中悄悄萌芽。

二、扬帆起航，投身创业系远方

2017年6月，已经被确定为临沂市年轻后备干部培养对象的王永毅然辞职，踏上了写满未知却又心驰神往的漫漫创业路。“选择创业并非一时冲动，这是我深思熟虑后的结果”，师兄表示，正是看到迅速兴起的知识付费经济在普法领域的“空白”，他才决心去闯一闯这片值得深挖的广阔“蓝海”。“只要走的方向正确，每一分努力都不会被辜负”，王永和几位博士同学从零做起，采用动画这一便于公众接受和传播的呈现形式，讲述生活中常见的法律现象及其背后的法律规范。时至今日，师兄仍能记起《法君说》“处女作”的诞生过程，从反复推敲选题到十余次修改脚本，从对视频逐帧调整打磨到邀请近百位实务专家建议指导，短短四分钟的视频前后耗时近两个月。王永坦言，正是对第一部作品的“吹毛求疵”，使他们很快确立了内容标准、理顺了制作流程，迈出了“从零到一”的坚实一步。

然而，王永和团队很快便遇到了新的“拦路虎”。作为一个初创企业，公司缺乏富有经验的专业技术人员，不仅难以实现师兄对内容准确性的严格要求和对产品趣味性的极致追求，还一度因动画创作周期冗长、制作成本过高而引发了“财务危机”。“创业是一门‘探索科学’，只有不断尝试才知道路在何方。”经过不断地探索与调整，王永最终明晰了团队在法律动画原创能力方面的核心优势，重新调整了公司从选题到出品的全流程运营模式。从那时起，法君传媒秉持“由专业的人做专业的事”这一理念，在撰写出通俗易懂、风趣幽默的法律知识脚本的基础上，根据实际内容需要选择最为匹配的乙方供应链，实现了动画制作质量和效率的双提升。

“社会公众需求是我们不断迭代升级的原动力”，身处日新月异的融媒体时代，师兄紧跟发展潮流、坚持守正创新，在“内容为王”的基础上探索全矩阵媒体传播路径，逐步搭建起了涵盖动画、动漫、音乐、游戏等创意普法形式的完整产品线。“丰富的形式是表达的载体，精准的选题是产品的灵魂。”从将淮剧唱腔与公益诉讼检察巧妙融合的《鹤归来》，到以动漫 MV 形式展现宪法发展进程的《宪法之歌》；从“六一”儿童节推出朗朗上口的歌曲《防拐骗儿歌》，到七夕情人节发布饱含温情的微电影《爱是喜欢，爱是支撑》……三年间，王永带领团队围绕热点事件和热门话题，累计生产有温度、有态度的原创作品近 2000 部，成功孵化“王大虎”“法君村”等热门 IP，逐步成长为国内普法内容龙头企业。

三、沧海破浪，法治建设引航向

“成熟稳定的商业模式是持续进行内容输出的有力保障。”随着普法产品的日臻精良，王永开始尝试通过终端销售变现的“C 端”形式实现企业良性运转。然而，他针对职场女性、独居老人等不同用户群体打造的付费产品包，却因社群较小、流量分散等原因而始终无法形成“群聚效应”。2018 年初，临沂市兰山区人民法院邀请师兄制作一期普法视频，这次偶然的机会让他发现了新的“商机”。“我们负责提供优质内容，交由司法行政机关进行宣传推广”，王永坦言，这种模式调整从根本上解决了他们的后顾之忧，使他们能全身心地专注于产品研发本身。目前，法君传媒通过参与司法行政机关向社会力量购买服务的“B端”形式，与中央政法委、最高人民法院、最高人民检察院、司法部等百余家单位开展研发合作，承接学习强国、人民日报等官方平台法律知识动画的内容供给，《达拉崩吧之国际禁毒日版》全网总播放量达近千万次，“小兰大山来说法”系列动画累计点击量超一亿次，真正实现了“1+1>2”的普法效果最大化。

王永参加新兴法律服务业博览会

如今，凭借优秀的创意生产制作能力和丰富的项目落地实施经验，法君传媒已然成为普法这一垂直细分领域的行业领航者。谈及企业下一阶段的发展方向，师兄坦言“共享性法律知识平台”只是他们的1.0时代，打造“开源性法律服务平台”和“智能性法治诚信数据平台”才是法君人的终极使命。“只有拥抱科技，才能创造未来”，从受邀担任第五届“创青春”中国青年创新创业大赛项目评委，到应邀出席第三届新兴法律服务业博览会暨Legal+高峰论坛，王永始终不断探索新兴法律服务产业与现代科学技术的深度融合，借助VR、5G、大数据、人工智能等技术提升普法产品效能，为法律传播插上“科技翅膀”。

“法治宣传教育是全社会的共同责任”，师兄表示，普法活动是一项不间断、高频次、集中性的工作，不是“一次就好”，而是“一次次才好”。秉持普及法律知识、传播法治理念的初心，王永带领法君传媒毅然投身全民普法这项全面依法治国的长期基础性工作，以改变法律复杂高深、晦涩难懂的面貌为己任，为建设法治社会和法治国家贡献着智慧与力量。道阻且长，师兄将继续以《法君说》为文化载体，发挥其在司法行政机关与社会公众间的桥梁纽带作用，进一步打破传统刻板的普法形式、降低法律传播的认知门槛，让更简单、更有趣的法律内容“随风潜入夜”，飞入寻常百姓家。

［**人物名片**］王永，山东大学法学院2009级博士研究生，《法君说》创始人、法君传媒执行董事，曾任临沂市检察官培训学校副校长。带领团队获评2019年“北京市最具投资价值50强文创企业”，作品《防拐骗儿歌》《小司来了》荣获第十六届全国法治动漫微视频大赛一等奖。

后记

在本书即将付梓出版之际，对在本书编写过程中给予关心、指导和支持的各位校友、老师和同学表达诚挚的谢意。

感谢百忙之中为我们撰写寄语或接受采访的百余位校友！

感谢帮助联络校友和提供支持保障的近百位校友信使和学院教师，尤其是陈静、丁杰、董瑞、段君尚、范毅强、高乐鑫、葛明珍、巩合吉、郭传凯、韩晴、何晓斌、侯艳芳、李长勇、李云龙、刘春颖、刘建军、刘俊霞、刘新颜、柳忠卫、吕怡然、马得华、马建红、孟莲、彭哲、乔国、曲仪、石莹、孙犀铭、孙玉芝、汤学武、田蕙、王丙峰、王丽萍、王盛航、王阳、吴建中、肖金明、徐清霜、徐伟敏、徐晓、严杰、杨灵一、尹凤桐、于聪、于德宁、张录荣、张晓敏、周维峰、周岩等校友和老师！

感谢参与校友寻访活动和本书写作的众多同学！尤其是感谢陈梦婷、杨清国、牟浩杰、曹洪、李茜钰、赵梦影等同学对本书文稿进行再三校对。感谢柴宏芹、晁嘉璐、陈悦敏、房美莹、费明超、傅梦迪、韩金泥、雷晓琳、李丹丹、李婧、李鹏翔、李天慧、刘栋林、刘晓彤、马昕瑶、孙昊、王晖、王可一、王昆、王懋祺、王琪、王倩丽、韦媛媛、吴丽娜、吴闰桂、徐豪、徐佳逸、阎滢洁、杨悦、尹文迪、张国琪、张鹏飞、张玉婷、张子钦、赵楠、赵润淅、郑凤仪、郑福桦、朱雨晴等同学参与本书部分文字撰写工作。感谢柏光兰、陈亦馨、姜福欣、姜毅、覃琢、任依雯、隋心宇、王鸿宇、温鳌竹、杨颜旗、于慧、张宝文、张广胜等同学参与本书资料收集与整理工作！正是因为有众多同学的积极参与和辛勤劳动，本书才得以在如此之短的时间内呈现在全院师生与广大校友面前。

编　者

2020 年 11 月